中国科协创新战略研究院智库成果系列丛书·译著系列

全球人才竞争
——基于移民政策视角

［英］露西·塞尔纳（Lucie Cerna） 著

施云燕 译

中国科学技术出版社

·北 京·

图书在版编目（CIP）数据

全球人才竞争：基于移民政策视角 /（英）露西·塞尔纳著；施云燕译 . —北京：中国科学技术出版社，2022.6
ISBN 978-7-5046-9365-5

Ⅰ. ①全… Ⅱ. ①露… ②施… Ⅲ. ①移民—研究—世界②人才竞争—研究—世界 Ⅳ. ① D523.8 ② C964.1

中国版本图书馆 CIP 数据核字（2021）第 253292 号

First published in English under the title
Immigration Policies and the Global Competition for Talent
by Lucie Cerna
Copyright @ Lucie Cerna, 2016
This edition has been translated and published under licence from Springer Nature Limited.

策划编辑	王晓义
责任编辑	浮双双
封面设计	中文天地
正文设计	中文天地
责任校对	吕传新
责任印制	徐　飞

出　　版	中国科学技术出版社
发　　行	中国科学技术出版社有限公司发行部
地　　址	北京市海淀区中关村南大街 16 号
邮　　编	100081
发行电话	010-62173865
传　　真	010-62173081
网　　址	http://www.cspbooks.com.cn

开　　本	720mm×1000mm　1/16
字　　数	300 千字
印　　张	18.75
版　　次	2022 年 6 月第 1 版
印　　次	2022 年 6 月第 1 次印刷
印　　刷	北京中科印刷有限公司
书　　号	ISBN 978-7-5046-9365-5 / D·122
定　　价	99.00 元

（凡购买本社图书，如有缺页、倒页、脱页者，本社发行部负责调换）

中国科协创新战略研究院智库成果系列丛书编委会

编委会顾问　齐　让　方　新
编委会主任　任福君
编委会副主任　赵立新　周大亚　阮　草　邓　芳
编委会成员（按姓氏笔画排序）
　　　　　　王国强　邓大胜　石　磊　刘　萱　刘春平　杨志宏
　　　　　　张　丽　张丽琴　武　虹　赵　宇　赵正国　赵吝加
　　　　　　施云燕　徐　婕　韩晋芳
办公室主任　施云燕
办公室成员（按姓氏笔画排序）
　　　　　　王寅秋　刘伊琳　刘敬恺　齐海伶　杜　影　李金雨
　　　　　　钟红静　高　洁　薛双静

总　　序

2013年4月，习近平总书记首次给出建设"中国特色新型智库"的指示。2015年1月，中共中央办公厅、国务院办公厅印发了《关于加强中国特色新型智库建设的意见》，成为中国智库的第一份发展纲领。党的十九大报告更加明确指出要"加强中国特色新型智库建设"，进一步为新时代我国决策咨询工作指明了方向和目标。当今世界正面临百年未有之大变局，我国正处于并将长期处于复杂、激烈和深度的国际竞争环境之中，这都对建设国家高端智库并提供高质量咨询报告，支撑党和国家科学决策提出了新的更高的要求。

建设高水平科技创新智库，强化对全社会提供公共战略信息产品的能力，为党和国家科学决策提供支撑，是推进国家创新治理体系和治理能力现代化的迫切需要，也是科协组织服务国家发展的重要战略任务。中共中央办公厅、国务院办公厅印发的《关于加强中国特色新型智库建设的意见》，要求中国科协在国家科技战略、规划、布局、政策等方面发挥支撑作用，努力成为创新引领、国家倚重、社会信任、国际知名的高端科技智库，明确了科协组织在中国特色新型智库建设中的战略定位和发展目标，为中国科协建设高水平科技创新智库指明了发展目标和任务。

科协智库相较其他智库具有自身的特点和优势。其一，科协智库能够充分依托系统的组织优势。科协组织涵盖了全国学会、地方科学技术协会、学会及基层组织，网络体系纵横交错、覆盖面广，这是科协智库建设所特有的组织优势，有利于开展全国性的、跨领域的调查、咨询、评估工作。其二，科协智库拥有广泛的专业人才优势。中国科协在业务上管理210多个全国学会，涉及理科、工科、农科、医科和交叉学科的专业性学会、协会和研究会，覆盖绝大部分自然科学、工程技术领域和部分综合交叉学科及相应领域的人才，在开展相关研究时可以快速精准地调动相关专业人才参与，有效支撑决策。其三，科协智库具有独立第三方的独特优势。作为中国科技工作者的群团组织，科协不是政府行政部门，也不受政府部门的行政制约，能够充分发挥自身联系广泛、地位超脱的特点，可以动员组织全国各行业各领域广大科技工作者，紧紧围绕党和政府中心工作，深入调查研究，不受干扰地独立开展客观评估和建言献策。

中国科协创新战略研究院是中国科协专门从事综合性政策分析、调查统计及科技咨询的研究机构，是中国科协智库建设的核心载体，始终把重大战略问题、改革发展稳定中的热点问题、关系科技工作者切身利益的问题等党和国家所关注的重大问题作为选题的主要方向，重点聚焦科技人才、科技创新、科学文化等领域开展相关研究，切实推出了一系列特色鲜明、国内一流的智库成果，其中完成《国家中长期科学和技术发展规划纲要（2006—2020）》评估，开展"双创"和"全创改"政策研究，服务中国科协"科创中国"行动，有力支撑科技强国建设；实施老科学家学术成长资料采集工程，深刻剖析科学文化，研判我国学术环境发展状况，有效引导科技界形成良好生态；调查反映科技工作者状况及诉求，摸清我国科技人才分布结构，探索科技人才成长规律，为促进人才发展政策的制定提供依据。

为了提升中国科协创新战略研究院智库研究的决策影响力、学术影响力、社会影响力，经学术委员会推荐，我们每年遴选一部分优秀成果出版，以期对党和国家决策及社会舆论、学术研究产生积极影响。

呈现在读者面前的这套《中国科协创新战略研究院智库成果系列丛书》，是中国科协创新战略研究院近年来充分发挥人才智力和科研网络优势形成的有影响力的系列研究成果，也是中国科协高水平科技创新智库建设推出的重要品牌之一，既包括对决策咨询的理论性构建、对典型案例的实证性分析，也包括对决策咨询的方法性探索；既包括对国际大势的研判、对国家政策布局的分析，也包括对科协系统自身的思考，涵盖创新创业、科技人才、科技社团、科学文化、调查统计多个维度，充分体现了中国科协创新战略研究院在支撑党和政府科学决策过程中的努力和成绩。

衷心希望本系列丛书能够对科协组织更好地发挥党和政府与广大科技工作者的桥梁纽带作用，真正实现为科技工作者服务、为创新驱动发展服务、为提高全民科学素质服务、为党和政府科学决策服务，有所启示。

译者序

创新驱动本质上是人才驱动，人才是我们实现民族振兴、赢得国际竞争主动的战略资源。近年来，随着全球劳动力短缺、人口老龄化以及在科技创新、经济增长方面激烈竞争带来的挑战，各国都日益重视对人才特别是科技人才的争夺。特别是一些欧美发达国家，都加大了吸引全球优秀科技人才的力度，不断完善人才引进政策体系。在此方面，从移民政策视角研究人才的迁移一直是受到长期关注的领域，近年来越来越多的学者也开始关注高技能（或称高技术）移民，相关的研究也日益丰富。

该书以高技能移民为研究对象，分析了不同经合组织国家移民政策开放程度的差异性，以及导致差异的原因。该书属于国际公共政策会议官方丛书——《国际公共政策丛书》之一，采取了理论分析和实证研究相结合的研究方法，通过构建高技能移民的开放度指数，以及比较分析不同国家高技能移民政策案例等，系统而深入地展示了有关国家高技能移民政策形成的原因、过程，以及作为政策产出的政策工具、政策成效等，相信研究内容对于相关领域研究者具有重要的参考价值。

在该书的翻译过程中，我们力图忠于原文，使译文通顺流畅，并尽量保持专用术语翻译的准确性。本书由中国科协创新战略研究院的熊晓晓博士和曹启媛助理研究员进行了第一轮审校，由大连外国语大学的司炳月教授和宋刚副教授进行了第二轮审校，最后由中国科协创新战略研究院的孙斐斐博士进行最后一轮通稿审校。在此，对五位老师辛苦的审校工作表示感谢！尽管进行了多轮审校，但限于译者的水平，我们深感译文仍有一定提高空间，也难免留有遗憾，衷心欢迎读者批评指正！

译者 2022 年 7 月于北京

前言和致谢

经过长时间酝酿,这本书终于面世了。2004年,我在伦敦政治经济学院(LSE)攻读艾考·提勒曼(Eiko Thielemann)的新移民政策课程期间,发现自己对高技能移民有浓厚的兴趣。当时的文献主要涉及难民、家庭移民和低技能移民,而我个人则更好奇,既然高技能移民对移民目的国而言是理想的移民类型,那为什么不同国家对高技能移民的开放程度不同?我在伦敦政治经济学院的硕士论文以及之后牛津大学的博士论文,都对此进行了深入研究。从那以后,高技能移民这个话题越来越引起学者专家和政策制定者的重视,有关全球人才竞争的文献也因此越来越多。这些年来,我在高技能移民方面的工作取得了很大的进展,现借此机会将工作成果分享给大家。

在整个撰写过程中,我得到了很多人的慷慨相助和宝贵意见。

首先我要感谢大卫·鲁达(David Rueda)和马丁·鲁思(Martin Ruhs),感谢他们多年以来提供的宝贵意见和长期帮助支持,感谢他们给我的启发、鼓励和建议,感谢他们提供的各种宝贵资料。

与此同时,我也非常感谢伊布拉罕·阿瓦德(Ibrahim Awad)、安德鲁·贝尔(Andrew Bell)、安娜·布彻(Anna Boucher)、格莱特·布鲁持曼(Grete Brochman)、爱玛·卡麦尔(Emma Carmel)、亚历山大·卡维尔德斯(Alexander Caviedes)、周梦萱(Meng-Hsuan Chou)、马赛厄斯·卡扎伊卡(Mathias Czaika)、迈克尔·道斯彻(Michael Dorsch)、格雷·弗雷曼(Gary Freeman)、吉姆·豪里费尔德(Jim Hollifield)、克里斯蒂安·乔朴克(Christian Joppke)、德斯蒙德·金(Desmond

King)、乔安纳斯·林德沃尔（Johannes Lindvall）、琳赛·罗威尔（Lindsay Lowell）、亚当·鲁尔德克（Adam Luedtke）、凯茜·乔·马丁（Cathie Jo Martin）、苏珊·马丁（Susan Martin）、乔治·孟兹（Georg Menz）、雷金·保罗（Regine Paul）、克里斯托夫·鲁思（Christof Roos）、约翰·索特（John Salt）、莎拉·斯宾塞（Sarah Spencer）、杜安·斯万克（Duane Swank）、艾考·提勒曼（Eiko Thielemann）、海勒尼·提欧勒特（Hélène Thiollet）和娜塔斯卡·扎恩（Natascha Zaun），以及我在牛津大学政治与国际关系的同事们。感谢他们给予的帮助和意见。特别感谢南希·伯米欧（Nancy Bermeo）、安德鲁·格德斯（Andrew Geddes）和莎拉·本泽尔·豪博尔特（Sara Binzer Hobolt）对本书大部分章节所做的宝贵评注。还要感谢基里安·拉斯波恩（Gillian Rathbone）对本书编辑提供的帮助。

另外，我还要感谢我在法国、德国、瑞典、英国和美国的所有受访人，感谢他们愿意提出专业意见和付出时间，帮助我得以完成案例研究的相关章节。法国方面，感谢巴黎政治学院欧洲研究中心为我安排住宿，感谢OxPo计划和索菲·达彻斯奈特（Sophie Duchesnet）为我在巴黎政治学院期间提供的帮助，感谢弗吉尼·古拉东（Virginie Guiraudon）、帕特里克·勒高尔斯（Patrick LeGalès）和贝特茜·库珀（Betsy Cooper）帮助安排访谈。德国方面，感谢安科·海瑟尔（Anke Hassel）、凯·海尔布鲁诺（Kay Hailbronner）、豪格尔·科尔布（Holger Kolb）和巴斯提安·伍尔莫（Bastian Vollmer）给予的帮助。瑞典方面，感谢艾斯凯尔·瓦登斯基（Eskil Wadensjö）和瑞典斯德哥尔摩大学社会研究所（SOFI/SULCIS）为我在斯德哥尔摩期间提供的帮助，为我安排办公室和联系瑞典受访人。感谢哥德堡大学的弗丽达·波朗（Frida Börang）和卡尔·达尔斯特罗姆（Carl Dahlström）为瑞典案例提供的帮助。英国方面，感谢牛津大学移民政策和社会研究中心（COMPAS）工作人员提供的支持，并为我联系受访人。特别感谢莎拉·斯宾塞和马丁·鲁思。美国方面，感谢莱茜·钟（Lacey Chong）为我在华盛顿特区安排住宿，并协助我安排访谈。感谢南方卫理公会大学（Southern Methodist University）的吉姆·豪里费尔德和萨伊姆·布朗（Seyom Brown）帮我安排塔渥斯中心（Towers Center）的办公室。感谢安格鲁·阿曼德尔（Angelo Amador）帮助我安排访谈。

经费方面，非常感谢经济与社会研究理事会（ESRC）、牛津大学耶稣学院和政治与国际关系系、大众汽车基金会（Volkswagen Foundation）提供的赞助。

本人之前已发表论文收到的评述意见对本书观点产生了一定影响，尤其是关于联盟、高技能移民指数以及经济危机对移民影响方面的意见。其中包括：'The Varieties of High-skilled Immigration Policies: Coalitions and Policy Outputs in Advanced Industrial Countries'（2009），Journal of European Public Policy 16（1）：144-161；'The Crisis as an Opportunity for Change? High-skilled Immigration Policies across Europe', published in the Journal of Ethnic and Migration Studies in 2016；'Attracting HighSkilled Immigrants: Policies in Comparative Perspective', © The Author International Migration, © 2014 IOM International Migration 52（3）：69-84；和'The EU Blue Card: Preferences, Policies and Negotiations between Member States'（2014），Migration Studies 2（1）：73-96。感谢泰勒－弗朗西斯出版集团（www.tandfonline.com）、约翰·威利父子出版社（John Wiley & Sons）和牛津大学出版社允许我选用书中的部分章节图表。

感谢巴黎经济合作与发展组织（OECD），特别是安德里亚斯·斯彻里彻尔（Andreas Schleicher）、迪尔克·万·达米（Dirk Van Damme）和狄波拉·鲁思维尔（Deborah Roseveare）以及移民政策和社会研究中心提供的支持。但文中的观点均为个人观点，不代表经合组织或移民政策中心的观点。

感谢帕尔格拉维·马克米兰（Palgrave Macmillan）出版社编辑莎拉·克鲁雷-维格尼尔（Sara Crowley-Vigneau）和杰米玛·沃伦（Jemima Warren）给予的帮助。

感谢威廉姆·海尼斯（William Hynes）在无数次讨论中质疑我的论点，让我注意到真正的重点。期待日后能有更多的类似的辩论。

最后，感谢家人不断给我鼓励和支持。感谢我的父母伊丽娜（Irena）和杰瑞（Jerry）一直以来给我的帮助和关爱。他们一直极尽各种方式鼓励我的学业和职业发展，没有他们，我不可能走这么远。我多么希望我的父亲能看到这本书，但不幸的是，他已于2015年4月去世。父亲在工作期间，一直在世界各地奔波，曾亲身体会到高技能移民带来的机遇、挑战、奉献及付出。谨以此书献给我的父亲！

目 录

第一部分 简介和理论

第1章 高技能移民现状 ·············· 3
    论点 ·············· 4
    高技能移民的意义和背景 ·············· 6
        高技能移民的意义 ·············· 6
        高技能移民的背景 ·············· 10
    偏好、制度、联盟和政策 ·············· 12
    高技能移民政策指标 ·············· 17
    本书的依据和框架 ·············· 17
    【参考文献】 ·············· 22

第2章 高技能移民政策与联盟 ·············· 28
    高技能移民政策的政治经济框架 ·············· 28
    趋同与差异 ·············· 29
    假设 ·············· 33
    主体与偏好 ·············· 38
        本土高技能劳工 ·············· 39
        本土低技能劳工 ·············· 40

　　　　高技能行业 ··· 41
　　　　低技能行业 ··· 41
　　不同主体之间的联盟 ··· 42
　　　　A 组：高技能劳工 + 低技能劳工 vs. 资方 ····················· 43
　　　　B 组：高技能劳工 + 资方 vs. 低技能劳工 ····················· 44
　　　　C 组：低技能劳工 + 资方 vs. 高技能劳工 ····················· 45
　　高技能移民开放性弱化因素——劳工市场组织和政治代表 ······· 46
　　　　劳工市场组织 ·· 47
　　　　政治代表 ··· 56
　　假设 ··· 60
　　框架建议 ·· 62
　　　　政策变化 ··· 63
　　其他解释 ·· 64
　　　　结构性经济因素 ·· 65
　　　　文化因素 ··· 66
　　结论 ··· 66

　【参考文献】 ··· 67

第 3 章 高技能移民政策测评 ·· 79
　　高技能移民的定义 ··· 80
　　构建指数 ·· 82
　　方法 ··· 84
　　　　子类别的分类依据 ·· 84
　　　　"最优"政策？ ··· 87
　　排名和指数问题 ··· 88
　　　　高技能移民政策排名 ··· 89
　　分类：准入机制与工作许可证权利 ······································· 90
　　研究结果 ·· 90

政策变化···93
　随时间变化（2007—2012）···95
方法局限性···96
结论··98
【参考文献】··99

2 第二部分　法国、德国、瑞典、英国和美国的比较分析

第4章　德国和瑞典的政府、工会和雇主概况·····················105
德国···106
　劳工移民史··106
　综述···108
　1990年《工作居留条例》（AAV）······································110
　1998年《关于移民劳工招募禁令例外情况的新法令》
　　（ASAV）···111
　2000年绿卡···112
　2002年和2003年失败的提案··117
　2004年移民法··121
　2009年《劳工移民控制法》··122
　2012年修订的德国《居留法》···125
瑞典···127
　劳工移民史··127
　综述···130
　2001年的紧张局势和放宽移民政策的努力··························132
　2003年移民委员会···133

  2006 年新委员会报告 ··· 135
  2008 年移民法 ··· 137
  2008 年之后 ··· 144
 比较分析及结论 ··· 145
 【参考文献】··· 146

第 5 章　英美协会的游说 ··· 153

 英国 ··· 157
  劳工移民史 ··· 157
  综述 ·· 157
  1991 年引入两级工作许可证制度 ································ 159
  2000 年工作许可证制度改革（紧缺职业清单）············· 161
  2002 年高技能移民计划的实施 ··································· 163
  2002 年工作许可制度改革（紧缺职业清单的变更）······ 164
  2006 年积分制（PBS）··· 166
  2006 年高技能移民计划新积分制 ································ 169
  2011 年杰出人才签证··· 170
 美国 ··· 171
  劳工移民史 ··· 171
  综述 ·· 172
  《1990 年移民法》（IMMACT）··································· 175
  《1998 年美国竞争力和劳动力改善法》······················· 178
  《2000 年美国二十一世纪竞争法》（AC21）················· 182
  《2004 年 H-1B 签证改革法案》（《2005 财年综合拨款
   法案》）··· 185
  《2006 年综合移民改革法案》（《肯尼迪－麦凯恩法案》，
   CIRA06）·· 187
  《2007 年综合移民改革法》（《哈格尔－马丁内兹法案》，

CIRA07）……………………………………………………… 190
　　《2013年边境安全、经济机会和移民现代化法案》（S.744）…… 193
　　　2014年之后 …………………………………………………… 194
　　英国和美国雇主组织的差异 ……………………………………… 195
　　比较分析及结论 …………………………………………………… 198
　【参考文献】………………………………………………………… 200

第6章　法国国家和沉默的劳工市场主体 …………………………… 206
　　劳工移民史 ………………………………………………………… 208
　　综述 ………………………………………………………………… 209
　　1998年通知函 ……………………………………………………… 210
　　2004年通知函 ……………………………………………………… 211
　　2006年《移民和融合法》 ………………………………………… 213
　　2007年修订的《移民、融合和庇护管理法》…………………… 216
　　2007年关于设立法国国家技能与人才委员会的法令 ………… 216
　　2007年之后 ………………………………………………………… 217
　　2014年人才护照 …………………………………………………… 219
　　比较分析及结论 …………………………………………………… 220
　【参考文献】………………………………………………………… 222

第7章　高技能劳工的政治代表权 …………………………………… 227
　　各国经济危机和应对政策 ………………………………………… 229
　　　德国 ……………………………………………………………… 233
　　　瑞典 ……………………………………………………………… 236
　　　英国 ……………………………………………………………… 238
　　　美国 ……………………………………………………………… 241
　　比较分析及结论 …………………………………………………… 244
　【参考文献】………………………………………………………… 246

第 8 章　结论和政策影响 ·· 251
　　偏好、联盟和政策 ·· 252
　　法国、德国、瑞典、英国和美国的劳工市场组织和政治代表 ····· 253
　　政策影响 ·· 255
　　前行之路 ·· 260
　　【参考文献】 ·· 261

附录 A　类别说明 ·· 263

附录 B　国别说明 ·· 264

附录 C　1990—2015 年的政策变化 ··· 268

附录 D　访谈清单 ·· 271

本书缩略语表

AAU	美国大学协会
AAV	有偿工作居住证
AC21	美国 21 世纪竞争法
ACIP	美国国际人才理事会
ACWIA	美国竞争力和劳动力改善法
AeA	美国电子协会
AEA	美国工程协会
AFL-CIO	美国劳工联合会和产业工会联合会（"劳联 - 产联"）
AFP	法新社
AILA	美国移民律师协会
AL	阿拉巴马州
AMS	瑞典国家劳工市场委员会
ANPE	法国国家就业中心
ASAV	招聘中止例外条例
ASL	澳大利亚
AUT	奥地利
AZ	亚利桑那州
BA	文科学士学位
BCC	英国商会
BDA	德国雇主协会联合会
BDI	德国工业联合会
BEL	比利时
BERR	商业、企业和管理改革部

BITKOM	德国联邦信息技术、电信和新媒体协会
BMAS	德国联邦劳动及社会事务部
BMBF	德国联邦教育及研究部
BMI	德国联邦内政部
CA	加利福尼亚州
CAN	加拿大
CBI	英国工业联合会
CBO	美国国会预算办公室
CDI	发展贡献度指数
CDU	基督教民主联盟
CEO	首席执行官
CIRA	综合移民改革法
CO	科罗拉多州
CQ	国会季刊
CSU	基督教社会联盟
CT	康涅狄格州
CWA	美国通信工人工会
D	民主党人
DAG	德国雇佣行业工会
DE	特拉华州
DEN	丹麦
DfES	英国教育与技能部
DGB	德国工会联合会
DHS	美国国土安全部
DIHK	德国工商总会
DOL	美国劳工部
DPE	专业人员部（劳联-产联）
DTI	英国贸易与工业部
DWP	就业和养老金部

EEA	欧洲经济区
EMN	欧洲移民网络
ESC	经济及社会理事会
Etc	等等
EU	欧盟
EURES	欧洲就业服务门户网站
FDP	自由民主党
FIN	芬兰
FL	佛罗里达州
FRA	法国
FY	财政年度
GA	佐治亚州
GAO	美国审计总署
GDI	性别发展指数
GDP	国内生产总值
GER	德国
HDI	人类发展指数
HO	英国内政部
HRDC	加拿大人力资源发展部
HS	高技能
HSI	高技能移民
HSMP	高技能移民计划
IA	爱荷华州
IAN	移民、庇护及国籍法
ICT	信息和通信技术
IDA	丹麦工程师协会
IEEE	电气电子工程师学会
IFPTE	国际专业技术工程师联合会
IGBCE	矿业、化工和能源工会

IL	伊利诺伊州
ILO	国际劳工组织
IMMACT	1990年移民法
IND	移民和国籍管理局
IOM	国际移民组织
IPPR	公共政策研究所
IRE	爱尔兰
IT	信息技术
ITA	意大利
ITAA	美国信息技术协会
JAP	日本
LCA	劳工情况申请
LO	瑞典工会同盟
LS	低技能
MA	马萨诸塞州
MAC	移民咨询委员会
MI	密歇根州
MP	议会成员
NAM	美国制造商协会
NEL	荷兰
NGO	非政府组织
NJ	新泽西州
NOR	挪威
NSF	国家科学基金会
NSPE	美国专业工程师学会
NV	内华达州
NY	纽约州
NZL	新西兰
OECD	经济合作与发展组织

OFII	法国移民和融入局
PA	宾夕法尼亚州
PBS	积分制
PCG	职业合同工集团
PE	职业工程师
PES	公共就业服务组织
PhD	哲学博士
POR	葡萄牙
PR	比例代表
PROSA	计算机专业人员协会
Pt/s	分
R	共和党人
R & D	研究与开发
Rep	代表
SACO	瑞典职业协会联盟
SAF	现瑞典企业联合会（SN）
SAP	瑞典社会民主党
SC	南卡罗来纳州
SCIRP	移民及难民政策特别委员会
SEK	瑞典克朗
SEMTA	科学、工程、制造和技术联盟
Sen	参议员
SIA	半导体行业协会
SMEP	技术移民入境计划
SN	瑞典企业联合会
SPA	西班牙
SPD	德国社会民主党
S & T	科学和技术（"科技"）
STEM	科学、技术、工程和数学

SWE	瑞典
SWI	瑞士
TARP	问题资产救助计划
TCN	第三国公民
TCO	瑞典专业雇员联合会
TFW	临时外籍劳工
TMP	临时移民计划
TUC	工会联合会
TX	得克萨斯州
UK	英国
USA	美国
UT	犹他州
VA	弗吉尼亚州
VDI	德国工程师协会
Ver.di	德国服务行业工会
VoC	资本主义的多样性
VT	佛蒙特州
WA	华盛顿州
WI	威斯康星州
WP	工作许可证
WY	怀俄明州
Yr/s	年
ZDH	德国中小企业联合总会

第一部分

简介和理论
INTRODUCTION AND THEORY

第1章

高技能移民现状

为应对劳动力短缺、人口老龄化、人力资本减少以及在创新、竞争力和经济增长方面激烈竞争带来的挑战，经济合作与发展组织（Organization for Economic Co-operation and Development，OECD，简称经合组织）[①]国家现已将争夺全球人才作为其政策的主要着力点之一。全球人才和"精英人才"是指接受过高等教育，在信息通信技术、工程、金融、生物技术以及医疗保健等行业工作的高技能移民。[②]随着全球化和新技术的出现，各国政府意识到自己必须马上采取行动，以免落于人后。但与畅通的贸易和资本流动形成鲜明对照的是，即便是高技能劳工的流动，也存在诸多障碍。

2006年，《经济学人》就曾预警：当务之急是要消除障碍，因为即使是美国也在限制进入本土的高技能移民的数量，而日本和许多欧洲国家的情况

[①] 在经合组织国家中，本书重点关注澳大利亚（ASL）、奥地利（AUT）、比利时（BEL）、加拿大（CAN）、丹麦（DEN）、芬兰（FIN）、法国（FRA）、德国（GER）、爱尔兰（IRE）、意大利（ITA）、日本（JAP）、荷兰（NEL）、新西兰（NZL）、挪威（NOR）、葡萄牙（POR）、西班牙（SPA）、瑞典（SWE）、瑞士（SWI）、英国（UK）和美国（USA）。

[②] 通常指在特定领域拥有大学学位或广泛/同等经验者（Iredale 2001：8；另见 Salt 1997：5），定义考虑了教育、职业甚至薪资（Chaloff and Lemaître 2009）。详见第3章。

则更甚（The Economist，2006）。尽管政策的目标都是吸引高技能移民，但目前有些国家仍处在努力放宽政策的阶段，而另外一些国家在吸引"精英人才"方面则已经卓有成效了。不同国家的高技能移民（HSI）[①]政策各不相同。

例如，德国的结构性失业率很高，而英国不存在这种情况，但两国在某些行业和部门都面临相似程度的劳动力短缺。对此，两国采取的政策应对手段却并不相同。英国实施开放的高技能移民政策，以此弥补劳动力缺口，而德国在放宽其长期以来的限制性政策方面则更为谨慎。同样，瑞典长期以来对高技能移民也实行限制性政策，以保护高技能劳工免受劳工市场竞争的影响。但是，政策会因时而易。近年来，英国开始施行高技能移民限制政策，而德国和瑞典反而变得更加开放。相比之下，美国在转向技术移民方面的多次政策改革努力，迄今为止却均未取得成功。

不同国家和不同时期出现这些差异的原因是什么？这是现代社会如何推动经济、社会和政治发展所面临的一个重要问题。不同国家间存在巨大的政策差异，但很少有文献对此做出解释。对此，本书将重点从发达工业国相关主体建立的不同联盟入手进行研究，以弥补这方面的不足。

论　点

本书对经合组织国家的高技能移民政策进行了比较分析，从高技能移民开放性角度来阐明政策之间的差异。按照传统的党派方针，政党奉行的政策会与其最重要选区的偏好保持一致。劳方和资方被划分为代表高技能和低技能部门。本书认为，虽然各国的高技能移民政策都致力于提高对高技能移民的开放程度，但政策之间仍然存在着差异。由于高技能劳工、低技能劳工和资方之间存在不同的联盟，因此各国左、右党派对高技能移民

[①] 就欧洲联盟（EU）而言，大多数成员国都面临劳动力短缺的问题（OECD/EU 2014）。因此，高技能移民政策越来越多地针对"第三国公民"，即来自欧盟以外的移民。

的态度也并不一致。本书提出了各国对高技能移民的开放度指数（高技能移民指数），并据此对各国在不同时间点的开放度进行排名。另外，本书还介绍了法国、德国、瑞典、英国和美国5个详细的研究案例。这些案例通过描述不同政策主体的偏好，对不同的高技能移民指数产出进行了分析；相应的指数主要来自政策主体在各种联盟之中的偏好汇总，也会受到经合组织国家制度约束的影响，例如劳工市场组织和政治代表。

本书也可补充高技能移民政策的相关文献。相关文献的数量虽然不断增加（Bhagwati and Hanson, 2009; Boeri et al., 2012; Boucher, 2016; Cerna, 2009, 2014a; Chaloff and Lemaître, 2009; Chiswick, 2010; Duncan, 2012; Shachar, 2006; Smith and Favell, 2006; Triadafilopoulos, 2013; Wiesbrock and Herzog, 2010），但其中有许多文献的重点都不在于对不同国家之间的高技能移民政策差异进行系统解释。此前，文献对于高技能移民有一些有影响力的工业民主政治经济学解释，本书提供的证据将对此进行挑战，并对左派代表劳工利益、右派代表资方利益的传统党派方针提出质疑（Hibbs, 1977; Alt, 1985）。本书还对"资本主义的多样性"这一重要理论（Bucken-Knapp, 2009; Caviedes, 2010; Hall and Soskice, 2001; Menz, 2009）加以完善，反对全球化理论——即各国的政策正趋同于一个共同的（盎格鲁-撒克逊）模式（Cornelius et al., 1994; Freeman, 2006），并质疑劳工移民政策遵循经济增长和失业率周期的普遍观点（Calavita, 1994; Shughart et al., 1986）。通过分析，本书对这些常见假设提出质疑，并以劳工市场组织和政治代表的联盟为重点，对高技能移民做出更为全面的解释。

高技能移民的意义和背景

高技能移民的意义

高技能移民是政治经济学、移民、全球化和公共政策领域学者以及政策制定者密切关注的问题。在过去10年中，经合组织国家受过高等教育的移民人数增加了70%以上，2010-2011年达到2730万人（OECD，2014）。在澳大利亚、加拿大、爱尔兰、新西兰、瑞士和英国的高技能劳工中，移民占其中的20%以上（OECD，2012：54）。[①] 鉴于高技能移民可以对分配产生积极和消极的影响，这个百分比已是一个相当大的数目。然而，现有文献还缺少关于技术移民对分配的影响，以及由此带来的政治问题方面的研究。了解移民的关键因素，对各个领域的学者和政策制定者具有重要的意义。高技能劳工移民究竟可以带来哪些益处？

第一，高技能移民对迁入国来说似乎是一种净收益（Chiswick，2005，2010）。它能够提高竞争力、创新力，促进经济增长，提升生产力、效率以及刺激创业和发明[②]（技术进步）（Boeri et al.，2012；Chiswick，2010；Nathan，2014；Peri，2012）。根据内生增长理论，人力资本存量的增加会带来动态增长和溢出效应（Romer，1994）。[③] 澳大利亚的一份报告指出，如果政府在未来20年内将技术移民人数增加50%，那么到2024—2025年，经济将增长3.5%，平均收入将提高335美元

[①] 其中，瑞士较值得注意，有许多高技能移民都属于金融行业。澳大利亚、加拿大和新西兰等国几十年来都将政策对准高技能群体。

[②] 此处指资源利用效率和技术进步的传播速度（Chiswick，2005）。

[③] 但是，长期增长效果和挤压效果难以衡量，并且缺少相关的系统性实证证据（Ruhs，2008）。

（Productivity Commission of Australia, 2006：137）。另一项美国研究预测，在2003—2007年，如果没有绿卡和H-1B签证（永久和临时签证）限制，将有额外的18.2万名科学、技术、工程和数学（STEM）领域的外国毕业生留在美国，这些人群的收入和对GDP的贡献到2008年将达到140亿美元，纳税达到27亿～36亿美元（Holen, 2009：2）。

通过吸引高技能移民的方式提升技术水平，可以加快科学发展的速度，这可能对特定人群大有裨益（Borjas, 2006：32）。此外，高技能移民还可以为所在国创造就业机会。例如，美国的一项研究表明，2000—2007年，每增加100名拥有STEM学科高级学位的外籍工人，就平均为美国本土居民创造262个工作岗位，但非STEM领域则平均只创造44个岗位（Zavodny, 2011）。最近的一项估算显示，2013年美国H-1B签证的低上限导致直接新增岗位减少了10万个，间接创造岗位减少40万个（Compete America, 2014）。虽然有研究显示其他（文化）因素对经济增长也有积极但微小的影响，但这些因素难以被估测（House of Lords, 2008；Ruhs, 2008）。

第二，虽然在中长期内，国家可通过国内储备（尤其是妇女、青老年劳工以及已有的移民）来应对劳动力短缺，但是高技能移民可以在短期内帮助国家填补这种短缺。研究表明，未来就业增长将集中于服务活动。欧洲委员会新增技术人员和岗位议程预计，到2020年，欧盟（EU）的卫生部门专业人员缺口将达到约100万（European Commission, 2010：9），信息通信技术从业人员缺口最高将达到90万（European Commission, 2014）。[①] 因此，政府受到来自企业和雇主协会的压力越来越大，它们要求政府解决高技能行业劳动力短缺问题。资本方面，岗位空缺会影响公司的生产率和利润，进而对整个经济产生不利影响。根据经济效率和分配的观点（Borjas, 1995），因为高技能移民能够刺激工资和失业人群重新分配，

---

① 应注意劳动力短缺的同时还可能存在失业问题，这对政策制定者在向选民证明提案合理性方面可能是一个挑战。

所以还可以减少不平等现象。高技能移民通过消除劳动力短缺，可以降低现有高技能劳工的工资，从而缩小劳工市场中高技能劳工与低技能劳工之间的工资差距。①

第三，高技能移民对发达工业国的财政似乎也有积极影响。高技能移民可以作为一种人口老龄化解决方案，对国家福利明显有益（Geddes, 2003: 6）。高技能移民属于高收入人群，很可能在不依靠福利的情况下，还能贡献大量税款用于支持当前的养老金系统（Ruhs, 2008）。有些观点认为，增加技术移民对国家有利，特别是福利小国（Hainmüller and Hiscox, 2010; Medina, 2010）。移民会缴纳社保，但其中很少有人能工作至退休或工作时间长到可以领取全部的福利（Freeman, 1986: 58）。因此，高技能移民具有重要的经济意义。

第四，高技能移民也具有重大的政治意义。由于高技能移民会对分配产生影响，因此迁入国政府需密切关注如何平衡经济需求与贸易保护主义措施。一方面，工业民主国家出于人口结构、劳动力短缺和人力资本积累需求等多种原因，会争取国际高技能移民。为了拥有稳定的合格工人来源，资方/企业所有者也会向政府施加压力，要求开放高技能移民政策。由于短期填补劳动力短缺的选择方案很少，因此经合组织国家都要争取"精英人才"。另一方面，高技能移民也会产生成本。社会中的某些群体可能会因此失业，例如特定行业中与高技能移民存在竞争的本土高技能劳工，可能由此导致工资和工作机会减少，或者至少感觉有所下降（Malhotra et al., 2013）。因此，尽管高技能移民可能对社会整体有利，但有些群体可能会反对进一步的高技能移民自由化。邦德（Bound）等人（2013）在1994—2004年对美国计算机科学产业的研究发现，高技能移民增加了该行业的整体就业人数，且提高了对辅助业务（如维修）的需求，但本土劳工的工资和就业人数却减少了。

---

① 这一点至少从理论上讲是可以成立的，但是还有很多其他原因导致高技能行业工资具有黏性，例如长期合同、特异性、经验溢价。

在危机时期，这种负面影响会进一步凸显，因为随着经济增长放缓和失业率上升，本地工人对社保的要求和需求不断增加。有些国家在20世纪90年代的失业率很高，同样的情况在21世纪初又再次出现（表1.1）。

表1.1　不同国家的失业率

国家	1990年	1995年	2000年	2005年	2008年	2010年	2012年
澳大利亚	6.7	8.2	6.3	5.1	4.3	5.3	5.4
奥地利	3.9	3.9	3.7	5.2	3.9	4.5	4.4
比利时	6.6	9.7	6.9	8.4	7.0	8.4	7.6
加拿大	8.1	9.5	6.8	6.8	6.2	8.1	7.3
丹麦	7.2	6.8	4.3	4.8	3.5	7.6	7.7
芬兰	3.2	15.3	9.8	8.4	6.4	8.5	7.8
法国	8.5	11.1	9.1	9.7	7.4	9.4	9.9
德国	4.8	8.0	7.2	9.5	7.6	7.2	5.5
爱尔兰	13.4	12.3	4.3	4.4	5.9	14.1	15.3
意大利	8.9	11.2	10.1	7.7	6.8	8.5	10.8
日本	2.1	3.2	4.7	4.4	4.2	5.3	4.6
荷兰	5.9	6.6	2.9	4.7	3.0	4.5	5.3
新西兰	7.8	6.3	6.0	3.7	4.3	6.7	7.2
挪威	5.8	5.5	3.4	4.6	2.6	3.7	3.3
葡萄牙	4.8	7.3	4.0	7.6	8.1	11.4	16.4
西班牙	13.0	18.4	11.1	9.2	11.4	20.2	25.2
瑞典	1.7	8.8	5.6	7.3	6.3	8.7	8.1
瑞士	3.9	3.5	2.7	4.5	3.4	4.6	4.3
英国	6.9	8.5	5.4	4.8	5.4	7.9	8.1
美国	5.6	5.6	4.0	5.1	5.8	9.8	8.2

资料来源：经合组织统计数据。
注：标准失业率按劳动力百分比表示。

对社保的需求增加会对人们的福利产生影响，影响对象不仅包括本国公民还包括移民。由于劳工市场条件恶化，本土高技能劳工可能会对社保提出更高需求，但高技能移民享受到福利的可能性会更小。问题的关键在于，他们可以向政府施加多大压力，以及是否能够得到补偿。移民增加还可能给社区带来一系列挑战，包括住房、教育和医疗的需求增加等。例如，派瑞（Peri）等人（2013）的研究显示，STEM 移民的到来会导致本地高技能公民的房价上涨。从分配影响看，这对政府和社会内部都造成了一定的政治经济压力。[1] 政策的成本和收益对于政策主体能够获得的收益，以及根据确定的问题和政策偏好调整移民政策至关重要。从对劳工移民的需求变化中也可以看出这一点。

高技能移民的背景

从 1945 年开始，劳工移民让人联想到的主要是低技能或非熟练劳工。随着高技能人才移民需求越来越大，这种情况也随之变化。经合组织国家对高技能劳工的需求相对增加，可以说是由 3 个因素造成的（Chiswick and Hatton, 2003）：计算机革命[2]、世界经济全球化[3]和低技能劳工大规模移民，特别是向美国和西欧移民[4]。

全球化和技术创新导致世界经济中对劳动力的需求快速变化。在经合组织国家中，有些特定行业的劳工市场在高低技能两级都出现了短缺的情况。知识经济鼓励工人接受教育和培训，同时经济重点也从农业和工业转移到了服务业。相对于非技术劳工而言，侧重于技能的技术变革提高了高技能劳工的生产率，这导致对高技能劳工的需求出现增长。然而，对于处

---

[1] 部分民意调查（European Commission, 2012）显示，同意欧盟成员国鼓励增加第三国技术移民以填补劳动力短缺和应对老龄化挑战的受访者比例在各国之间差异很大。

[2] 自 20 世纪 90 年代以来，计算机革命在强度和覆盖率两方面快速发展，促进了技术先进经济体的发展，也刺激了对高技能劳工的需求（Chiswick and Hatton, 2003）。

[3] 信息、通信和运输成本降低促进了全球化进程（Chiswick, 2005）。

[4] 不同地区的低技能移民大量涌入美国和西欧之后，随着低技能劳工就业机会减少，大多数国家增加了低技能劳工的移民难度，更倾向于高技能劳工（Chiswick and Hatton, 2003）。

于工资分配中段的工人来说，由于他们的岗位可以常规化并被技术取代，因此会在竞争中失利（Autor et al., 2003）。相比之下，许多低技能岗位无法常规化且属于交际型，因此不容易被替代。节约人力的技术需要由高技能工程师和技术人员开发。在高技能领域，信息通信技术、工程、生物技术以及近年来的卫生部门，都由于劳动力短缺给政府带来了不少的挑战（OECD/EU, 2014）。吸收高技能移民因此被当作是这一问题的短期解决方案。

我们可以将一国的国家措施分成两种高技能移民吸引模式：①人力资本模式；②劳动力短缺模式。[①] 采取人力资本模式时，根据内生增长理论，人力资本存量增长会带来动态增长并产生溢出效应（Romer, 1994）。按照这种模式，加拿大和澳大利亚分别从20世纪60年代末和80年代末开始，通过建立积分制度吸引高技能移民，将移民政策的重点放在高技能移民上。"定居国"利用移民来增加本国的人力资本存量，并将这种类型的移民视为永久性移民。近年来，两国还实施了临时劳工移民政策，用以填补短期劳动力短缺。

采用第二种高技能移民模式的国家主要有美国、日本和欧洲国家。由于全球高技能行业对劳动力需求的快速变化，在劳动力严重短缺之际，人们对高技能移民的关注也越来越多。美国从《1990年移民法》开始重视高技能移民。同样，日本也于同年将重点转移到高技能移民上，以填补劳动力短缺。欧洲国家加入高技能移民竞争的时间大多较晚，一直到20世纪90年代后期，才改变法规吸引高技能移民，以此应对高技能领域特定行业的劳动力短缺问题。这些国家只是临时性的吸引高技能移民，以便给本国工人留出培训/教育时间。

经合组织国家对于吸引高技能移民显得尤为迫切，许多政府都在谈论"全球人才大战"。但是，他们似乎并没有开放边界欢迎所有高技能移民。这是什么原因呢？是什么阻止了他们？本书将对此做出解答。移民就其本

---

① 部分观点（Papademetriou et al., 2008）认为，有许多国家已经转向混合模式，既包括人力资本，也包括劳动力短缺。

质而言，需要采取跨学科的研究方法。正如传统的经济学家、社会学家、地理学家、人类学家和法律学者所分析的那样，显然，政治是理解移民政策的核心因素。移民也可作为一项重要的案例研究，帮助我们了解各种政治进程，例如联盟、行为主体政治代表、政策制定，以及全球化影响。对高技能移民的重视突出了政治与经济关联的重要性，因此本书对政治经济学、移民和公共政策文献也有一定的贡献。

偏好、制度、联盟和政策

文献中对高技能移民的定义较广，但本书只关注迁入国接收的、受过高等教育的初级合法劳工移民。由于本书重点针对特定行业的高学历（通常指硕士或博士学位）高技能移民政策，因此对高技能移民的定义比某些常用定义更为严格。其中，特定行业主要指参与国际竞争的部门，例如：通信技术、工程、高科技和生物技术。由于全球经济的变化，这些行业受到劳动力短缺的影响最大。但因为各国经济状况以及劳动力短缺的程度各不相同，所以这些行业对各国的重要性也并不相同，具体取决于经济需求以及相应专业领域的毕业生人数。由于政府监管措施不同，本土高技能劳工在劳工市场上与高技能移民的竞争更加激烈，而其与"受保护的"公共行业工人的竞争相对较小，因此研究的重点应放在私营和参与国际竞争的行业部门。此外，私营和公共部门的劳工市场组织也并不相同。

如前所述，一个国家吸引高技能移民的模式可分为人力资本模式或劳动力短缺模式。本书的重点为劳动力短缺模式，即高技能部门劳动力短缺对特定行业部门和整个经济都有害，但影响程度因具体国家和时间而异。由于劳动力短缺对本书十分重要，因此我们首先需要研究劳动力短缺的两种已知缘由：①结构性劳动力短缺，例如卫生保健行业，是源于新就业人数受到专业协会限制，属于由供应引起的短缺；②技术引起的短缺，是源于新技术的技能基础尚未建成，属于需求引起的短缺。①

不过，劳动力是否短缺有时存在争议。一般而言，对于声称存在劳动力短缺的行业和职业，工资应相对上涨，就业增长速度高于平均水平，且失业率相对较低并不断下降（Martin and Ruhs，2011：180）。对于公共政策而言，当特定行业劳工市场需求不断增长时，常用短缺形容（Teitelbaum，2014：119）；对于雇主而言，劳动力短缺是指在他们照常能提供的工资水平下，或是在现行的工资和就业条件之下，没有足够的合格应聘者（Martin and Ruhs，2011：180）。总体而言，从这些示例可以看出，"短缺"没有统一的定义或测评标准（MAC，2008：13）。②

劳动力短缺有一项简单指标是职位空缺数，而职位空缺数并不总是根据技能水平来区分。表1.2为职位空缺数随时间的变化情况。对于大部分国家而言，在20世纪90年代和21世纪初期职位空缺数一直增加，到经济危机之后才有所下降，直到最近才又再次增加。但是，国家与国家之间的职位空缺数差异很大，比如职位空缺数量最多的是美国，之后依次是英国和德国。

表1.2 不同国家1990—2013年的职位空缺数

国家	1990年	1995年	2000年	2005年	2008年	2010年	2013年
澳大利亚	58900	74100	115825	140050	17341	177200	143125
奥地利	55622	24986	35495	26209	37498	31009	26383
比利时	18805	19652	53144	—	—	—	—
芬兰	26926	8305	17120	29102	37493	28497	33725
德国	296489	295788	452102	255758	389048	359349	456975
挪威	6596	8790	18425	13321	26571	24324	17787
葡萄牙	9458	7968	15141	9058	16044	19842	15707

---

① 有关劳动力短缺的详细分析，请参见 OECD 2003 以及 OECD/EU 2014。
② 感谢马丁·鲁思的提醒。

续表

国家	1990年	1995年	2000年	2005年	2008年	2010年	2013年
西班牙	51657	28216	106792	—	—	—	—
瑞典	41525	14967	35108	22348	37980	33264	48065
瑞士	20941	9132	17259	12538	17707	16697	14054
英国	173642	182842	358267	621167	616750	471500	—
美国	—	—	4266584	4045167	3653500	2850583	3911000

资料来源：经合组织统计数据。

注：数据经过季节调整，未按技能水平进行区分。部分国家和年份数据缺失。澳大利亚2008年数据为内插法计算数据，英国2013年数据为外推法计算数据，美国2000年数据根据2001年数据计算得出。

然而，简单的职位空缺数据并不能说明全部情况，调查的结果也是如此。调查中雇主往往表示存在招聘难问题，而非劳动力本身短缺（OECD，2003：105）。在部分国家，一方面，雇主表示劳动力持续短缺；另一方面，失业率又很高。对于雇主（通过调查）得出的职位空缺数量，各国政府采用的频率越来越低。有许多政府（比如瑞典和英国）通常会根据毕业率和退休率，通过较为复杂的统计分析来研究当前和未来的短缺。但是，这些方法也并非没有问题，并且依赖于数据。所以，在劳动力短缺的准确程度方面，雇主经常与劳工代表有不同意见（EMN，2011；IOM，2012）。德国和瑞典的情况就是如此：两国的雇主对信息通信技术行业的劳动力短缺数量做出了相应估算，对此，工会则认为雇主为了获得廉价劳动力夸大了估算结果。

根据经济学理论，劳动力短缺的职业或行业的工资和就业率应较高。由于劳工市场环境不同，短缺类型也不同，雇主和工人需要采取不同的应对措施（Martin and Ruhs，2011）。因此，《移民咨询委员会（MAC）2008年报告》提出了四组劳动力短缺基本指标：基于雇主的指标（基于技能调查的短缺报告）、基于价格的指标（收入增长相对较快）、基于数量的指标（就业或失业量），以及其他基于行政数据（职位空缺/失业率）的失衡指标。两种方法之间的差异，突显出通过背景信息和劳工市场情况进行背景分析的必要性（MAC，2008：13-14）。

简介和理论 第一部分

全球化对世界各地的经济结构产生了深刻的影响。资本和贸易流动相对自由了，但人员流动，即便是"精英人才"的流动，也受到限制。由于全球化的影响，许多高技能产业出现集群现象，比如硅谷就是这样一个案例，但也并非所有高技能行业都是如此。由于病患必须在特定的地点接受治疗，因此医疗服务尤其无法交易和流动。工程、高科技、信息通信技术和生物技术等行业即便可交易，但也不会一直选择外包这种方式。① 本书选取了5个国家进行详细分析，这些国家都非常重视知识，所以对高技能行业尤为看重。不过，要想创新，必须要重视知识产权。高技能劳工虽然对国家经济十分重要，但在许多国家，教育和培训很难适应不断变化的经济需求（The Economist，2001）。包括STEM领域在内的这些行业，它们在特定时间所需要的高技能劳工，会超出国家教育系统的供给量。此外，空缺的职位通常需要的是具有几年工作经验的毕业生。因此，高技能移民是一种短期填补劳动力缺口的解决方案。

本书首先从一个基本假设开始，即理性主体偏好通过政治程序实现目的。在个体层面上，本书认为对高技能移民具有特定偏好的主体分为4种：本土高技能劳工、本土低技能劳工、高技能行业和低技能行业。与其他主体相比，这些主体在高技能移民问题上有着更多的利益相关，而后两种行业群体联合起来形成一个整体，即"资方"。究其原因，当高技能移民数量增加时，高技能和低技能行业在一定程度上都可以从中获益，进而很可能会支持放宽高技能移民政策。从劳工角度，高技能和低技能劳工群体具有不同的高技能移民偏好，因此必须区别对待。高技能劳工将倾向于增加对高技能移民的限制，因为高技能移民对本土高技能劳工而言意味着劳工市场竞争。低技能劳工会适度支持高技能移民，因为他们可以从高技能移民创造出的新增就业机会中受益。由于雇主可以从更多的高技能移民中受益，

---

① 比如IT行业中的应用程序维护、定制应用程序开发和系统集成更倾向于选择外包的方式。而IT咨询、传统IT外包和市场营销的外包可能性较小，约占整体行业就业量的50%，而IT外包的总体可能性不大可能会增加。公司方面的不利因素有：不合适的流程、管理人员的态度或规模不足（Farrell et al.，2005：147 & 25）。

因此资方会采取更为开放的高技能移民态度。对高技能移民来说，本地低技能劳工和资方都是补足关系，而本土高技能劳工则是替代关系。

从理论角度，本书提出以下等式进行分析："偏好 + 制度 = 产出"。"偏好"指政治主体（高技能劳工、低技能劳工和资方）的个人需求和愿望。"制度"指正式和非正式规则，此处指劳工市场组织和政治代表制度。"产出"指高技能移民立法政策。本书的主要论点是：高技能劳工、低技能劳工与资方具有不同的高技能移民偏好，这些群体组成的联盟，加上劳工市场组织和政治代表制度（主要是高技能劳工）的影响，共同导致不同国家之间产出不同的高技能移民政策。第 2 章为相应理论框架的总体介绍。简而言之，本书针对国家政治经济机构和联盟，对不断产生的政策差异做出解释。

在此过程中，本书会提及一些观点，从而使重点更加明确。首先，本书重点关注高技能移民迁入国，忽视迁出国（虽然有部分国家由于既是迁出国又是迁入国导致两者区别并非总是那么明显），以便阐明迁入国在填补高技能行业劳动力短缺时其高技能移民政策的变化。其次，本书考虑高技能移民的立法层面（政策文本），并未考虑政策实践层面（例如移民量等政策效果）。理论框架的目的是为了对形成的立法政策进行分析，并研究经合组织国家的政策制定方式。另外，由于不同技能的移民量数据有限，因此并不能完全反映政策的影响。再者，对于欧盟/欧洲经济区（EU/EEA）成员国（在分析的 20 个国家中有 15 个），分析对象主要着眼于第三国公民（TCN）中的高技能移民。但这种专题分析所包含的政策并不能覆盖欧盟内部移民的情况。在欧盟内部自由流动的工人中，高技能劳工也是其中的一部分，他们可以在欧盟内部自由流动。虽然新欧盟成员国有些例外，但迄今为止尚未对此提出异议。此外，由于欧盟地区出现不同程度的高技能劳工短缺，因此欧盟在 2009 年通过一项关于第三国公民欧盟蓝卡的指令。最后，本书并非只考虑成功实行的政策，还考虑了未能通过的提案，以便更好地了解政策主体的偏好，最终查明主体如何建立有效的联盟让政策顺利通过，以及联盟在某些情况下无法达成预期结果的原因。

简介和理论 第一部分

高技能移民政策指标

不同国家的高技能移民政策存在明显差异，但很少有研究对此进行系统的比较分类和评估。因此，对各国的高技能移民进行更为详细的研究，并根据附带条款条件对政策进行分类很有必要。由于高技能移民政策目前尚无比较数据，因此本书提出了国家对高技能移民的开放度指数（高技能移民指数），并将其分为若干种准入机制和工作许可权，以此来构建数据。根据高技能移民立法政策在不同时间点（2007年和2012年）的开放程度，对20个国家进行排名，分析各国高技能移民政策和准入机制的开放性。国家之间的高技能移民竞争程度，取决于高技能移民政策的宽松程度和准入管制的限制程度。[①] 第3章介绍了高技能移民指数的构建以及各国的排名结果。高技能移民指数的主要目标是比较各国对高技能移民的开放度，并对2005年琳赛·罗威尔（Lindsay Lowell）做出的排名进行相应增补和更新。高技能移民指数可为理论预期提供⋯⋯。

本书的内容和框架

本书分为两部分。前3章为一部分，介绍了主体理论框架和一些定量证明依据，同时还按不同的时间点建立了相应的高技能移民指数，以此反映不同国家在高技能移民开放性上的差异。本书后面部分对法国、德国、瑞典、英国和美国这5国的高技能移民政策的变化进行了更为详细的研究。

[①] 与琳赛·罗威尔讨论后，笔者发现此处最好采用"开放程度"和"严格程度"，因为有些国家对本国准入的移民数量没有限制，但准入管制却很严格（美国实施了1986年《控制法》）。但参考贸易经济分析术语，本书采用了"开放程度"和"限制程度"（Kee et al., 2009）。

17

因此，分析同时使用了定量和定性数据，以及其他不同类型的证据（例如政党、工会和雇主协会的正式文件、媒体报道、学术政策分析、精英访谈）。[1] 第3章提供了20个国家在2007年和2012年的高技能移民指数。这些指数是用来反映各国对高技能移民的立法开放程度，并不代表当时的统计学分析。它们为高技能移民政策开放性与解释变量（劳工市场组织和政治代表制度）之间的关联提供了初步证明。第4～第7章为本书的定性研究部分，通过历史和因果分析对5个案例进行了详细研究。[2] 高技能移民的最新发展情况对移民政策越来越重要。定性章节则通过深入了解和分析问题，揭示了深刻的因果和理论复杂性。

书中首先确定主体及其偏好，以及转折点、偏好变化和联盟更迭，然后再分析它们与高技能移民政策的关联。由于主体偏好会因外在因素（例如失业率、劳动力缺口、政府更迭）的影响而变化，因此主体会加入新的联盟，各种联盟游说活动也愈演愈烈，这导致多年来各国一直没有出现过相同的联盟，也没有出现相同的政策。基于此，本书必须加入定性方法，通过政策立场文件、报刊文章和政党宣言研究，弥补定量分析和有限数据的不足。政策变更是一个复杂的过程，要想全面了解政策变更的原因，必须先了解政策的历史、经济、政治和社会背景（King et al., 1994）。

以一些国家为例（如德国），虽然雇主之间协调得宜，且是工会强有力的谈判伙伴，但雇主协会的集权度指标却很低。在欧盟国家中，2004年只有爱尔兰、瑞典和英国对新欧盟成员国的移民劳工开放，这对三国的劳工移民政策产生了重要影响。因此，本书的案例研究章节对背景情况进行了详细的分析。

移民指数研究选取了20个国家，案例研究章节则选取了1990—2015年的5个国家（法国、德国、瑞典、英国和美国）。有部分国家在20世纪60年代末期（如加拿大）和20世纪80年代末期（如澳大利亚）实施了人

---

[1] 法语和德语均由笔者自行翻译。

[2] 目标是连通政策流程的各个阶段，让调研人员能够通过事件的动态来确定特定决策的原因（Tarrow, 2004: 173）。

力资本模式的技术移民政策。但美国以及欧洲大多数国家/地区由于从20世纪90年代起开始产生高技能劳动力短缺的情况，因此它们从那一时期起才开始招募高技能移民。

选取20个经合组织国家建立高技能移民指数这一方法十分有效。[①] 在本书第二部分案例研究分析选取的5国中，有4个国家（法国、德国、英国和美国）的高技能移民政策在1990年发生了变化。在此之前，高技能行业的劳动力短缺在这些国家并不明显，高技能移民也不是问题。对于瑞典，资方在2001年就开始游说提高对高技能移民的开放度，但是政府在2007年之前一直没有提出重大的立法议案。研究的主要问题是要阐明各国政策的差异以及随着时间推进发生的变化。

本书慎重选择的5个国家在解释变量上较之以往具有明显的变化。如果提出的理论框架有意义，则应能解释各国明显的政策变化。解释变量包括工会密度、工会和雇主协会的集权度/协调度、政策制定过程中是否考虑劳工市场主体，以及（高技能劳工）主体的政治代表制度。通过案例研究可以查明因果关系、确定对政策选择的影响，并了解1990年以来的政策发展情况。

在劳工市场组织方面，选取的5个国家能够充分满足分析需求。工会和雇主协会的集权度/协调度在瑞典和德国特别高，但在英国、美国和法国则相对较低。其他因素的差异也很重要。由于瑞典和德国的工会和雇主协会在政策制定过程中的参与度较高，因此会参与到政府谈判之中。而法国、英国和美国的工会和雇主协会在政策制定过程中的参与度较低，其中，法国和英国相对美国而言较高。在某些国家/地区，是否游说政府制定所需的政策由协会决定。

至于工会密度，瑞典最高（超过70%），其次是德国和英国，美国和法国则较低。英国的集权程度较低且工会权力日益弱化。美国的集权程度和工会密度也很低。尽管如此，这些国家（尤其是美国）的行业协会却很

[①] 选取的20个国家涵盖欧盟、北美、大洋洲和日本的所有主要高技能移民迁入国地区。

活跃，起到了类似于工会的作用。

对于（高技能劳工）政治代表制度，选取的案例在这一方面也有很大的差异。虽然高技能劳工群体在不断壮大，但通常还是算作小众群体。尽管如此，他们的利益在政治过程中也并未被忽视。得益于强大的左翼工会组织，瑞典高技能劳工的利益能得到相应的代表，而法国和英国的代表程度则有限。美国和德国的代表程度则属于中等水平：高技能劳工的代表是通过美国的地区/州（国会议员和参议员）或德国政党来实现的。在代表程度中等的情况下，高技能劳工通常会通过与其他群体联盟（例如反移民群体）来增加其影响力。

本书中的案例分析采用访谈调查法，这也是移民研究的常用方法（Caviedes，2010；Menz，2009；Paul，2015；Watts，2002）。案例研究章节综合采用了精英访谈以及对报纸和互联网上背景信息进行内容分析的方法。访谈对象包括各种劳工和雇主组织和/或公司，以及政治层面的代表。大部分访谈都是面对面采访，有个别为电话采访，时间在2007—2010年，范围覆盖法国巴黎、德国柏林/波恩/法兰克福、瑞典斯德哥尔摩/北雪平、英国伦敦，以及美国华盛顿哥伦比亚特区（见附录D列表）。访谈有以下3个目的：首先，对政党、政府部门、工会和雇主协会的立场声明加以补充；其次，帮助识别主体间联盟并确认主体偏好；最后，用于评估政党和劳工市场主体对其政策偏好及其随后产出政策能阐述到什么程度。由于受访者的个人偏见，访谈具有一定的局限性，因此需要通过报刊和相关组织的立场声明加以补充，并进行严格的评估。

除美国外，其他案例均为欧盟成员国，因此可能会受到欧盟法例的影响。但前欧盟委员会主席罗马诺·普罗迪（Romano Prodi）在2001年就已经指出欧盟亟须放宽对劳动力流动的限制，尤其是技术行业，该行业到2003年的合格工人缺口将高达170万（The Economist，2001）。因此，欧盟委员会在2005年发布了一份关于经济移民的绿皮书，随后又在2007年10月提出了针对第三国公民的欧盟蓝卡指令。欧盟理事会在2009年5月25日批准了该指令，成员国有两年的时间将其转化为国家法例

（Council，2009）。虽然有这些欧盟委员会的指令，但是准入政策却是由成员国负责的，由其来决定准入移民的数量和条件。即使工人自由流动对欧盟国家有益，但在大多数通过国家高技能移民政策吸引欧盟以外高技能劳工的成员国中，劳动力短缺仍然普遍存在，[1]而这些针对非欧盟高技能移民的国家政策正是本书的重点。

本书对政治经济学、移民和公共政策方面的文献具有一定的理论和实证价值。从理论的角度，本书提供了一个简单的框架帮助理解高技能移民政策的变化。从实证的角度，本书提供了5个详细的案例研究和1个用于20个国家排名的高技能移民开放度指数。本书的目的是为了促进政治经济学学术研究，具体而言，为有关各种资本主义、政治代表制度以及劳工市场组织和联盟建设的文献发展添砖加瓦，同时也能为不断发展的移民、公共政策和全球化的政治经济学领域做出贡献。

本书编排如下：第2章提出论点，详细说明主要假设和假说，并为之后的章节确定政治经济学框架。本书定义了本地高技能劳工、本地低技能劳工和资方3个主体的概念，它们会通过建立联盟来推行他们所偏好的政策，即更为开放或更具限制性的高技能移民政策。这些主体联盟会受到劳工市场组织和政治代表制度两种因素的影响。

第3章提出高技能移民指数并对经合组织国家进行相应排名。在对各国的高技能移民政策开放度差异进行说明时，由于没有相关数据，因此在此章构建了一个指数作为弥补。

第4～第6章重点讨论工会/专业协会和雇主协会对政策形成的影响。第4章对高集权度/高协调度的国家（德国和瑞典）进行比较，第5章为对低集权度/低协调度的国家（美国和英国）进行比较。在这两章中还会介绍劳工市场主体对高技能移民的立场，以及特定国家出现的不同联盟类型。第6章重点分析法国。法国的劳工市场主体，尤其是工会和雇主协会的力量和能力相当薄弱，因此国家在高技能移民自由化中发挥了重要作用。

---

[1] 参见塞尔纳（2014a，b）。

第7章讨论的内容包括政治代表制度对高技能移民政策形成的影响、全球经济危机的影响，以及高技能移民政策变化和各主体的制度代表，从政治代表制度和动员情况方面进行案例比较分析。

案例研究章节的内容包括主要相关主体及其高技能移民偏好和联盟伙伴介绍，并研究了联盟如何调整才能让不同的政策得到通过和实施——这意味着采取更为开放或更为严格的高技能移民政策政策。通过案例研究，解释联盟如何随着政策的变化而发生变化。对于未通过的政策案例，这些章节也分析了相关原因。此外，各章还对可能引起特定主体偏好发生变化的外在因素进行了分析。

第8章总结了从1990年至2015年6月左右，有关高技能移民政策的主要观点和研究结果。强调了高技能移民给各国带来的各种机遇和挑战，并提供了一些政策思路以帮助各国应对不同的高技能移民困境，以及探究高技能移民对南北问题有何意义等。

【参考文献】

［1］ALT J, 1985. Political parties, world demand and unemployment［J］. American Political Science Review, 79（4）: 1016-1040.

［2］AUTOR D, LEVY F, MURNANCE R, 2003. The skill content of recent technological change: An empirical exploration［J］. Quarterly Journal of Economics, 118（4）: 1279-1333.

［3］BHAGWATI J, HANSON G. 2009. Skilled immigration today: Prospects, problems and policies［M］. New York: Oxford University Press.

［4］BOERI T, 2012. Brain gain and brain drain: The global competition to attract high-skilled migrants［M］. Oxford, UK: Oxford University Press.

［5］BORJAS G, 1995. The economic benefits from immigration［J］. Journal of Economic Perspectives, 9（2）: 3-22.

［6］BORJAS G, 2006. Immigration in high-skill labour markets: the impact of foreign students on the earnings of doctorates [R]. NBER Working Paper, 12085.

[7] BOUCHER A, 2016. Gender, migration and the global race for talent [M]. Manchester: Manchester University Press.

[8] BOUND J, BRAGA B, GOLDEN J, 2013. Recruitment of foreigners in the market for computer scientists in the US [R]. Michigan: Working Paper, University of Michigan.

[9] BUCKEN-KNAPP G, 2009. Defending the Swedish model: Social democrats, trade unions and labor migration policy reform [M]. Lanham: Lexington Books.

[10] CALAVITA K, 1994. US immigration and policy responses: The limits of legislation [M] // Cornelius W, Martin P, Hollifield J, Controlling immigration: A global perspective. Stanford: Stanford University Press, 55-82.

[11] CAVIEDES A, 2010. Prying open fortress Europe: The turn to sectoral labor migration [M]. Lanham: Lexington Books.

[12] CERNA L, 2009. The varieties of high-skilled immigration policies: Coalitions and policy outputs in advanced industrial countries [J]. Journal of European Public Policy, 16 (1): 144-161.

[13] CERNA L, 2014a. Attracting high-skilled immigrants: Policies in comparative perspective [J]. International Migration, 52 (3): 69-84.

[14] CERNA L, 2014b. The EU Blue Card: Preferences, policies and negotiations between member states [J]. Migration Studies, 2 (1): 73-96.

[15] CHALOFF J, LEMAÎTRE G, 2009. Managing highly-skilled labour migration: A comparative analysis of migration policies and challenges in OECD countries [R]. Paris: OECD Social, Employment and Migration Working Paper 79.

[16] CHISWICK B, 2005. High skilled immigration in the international arena [R]. Bonn: IZA Discussion Paper 1782.

[17] CHISWICK B, 2010. High-skilled immigration in a global labor market [M]. Washington, D.C.: AEI Press.

[18] CHISWICK B, HATTON T, 2003. International migration and the integration

of labour markets [M]. BORDO M, TAYLOR A, WILLIAMSON J, Globalization in historical perspective. Cambridge: National Bureau of Economic Research, 65-117.

[19] COMPETE AMERICA. 2014. Compete America launches jobs loss calculator [R]. [s.n.]: Compete America.

[20] CORNELIUS W, MARTIN P, HOLLIFIELD J, 1994. Controlling immigration: A global perspective [M]. Stanford: Stanford University Press.

[21] COUNCIL, 2009. Council Directive 2009/50/EC of 25 May 2009 on the conditions of entry and residence of third-country nationals for the purposes of highly qualified employment [R]. Brussels: Council of Ministers.

[22] DUNCAN N, 2012. Immigration policymaking in the global era: In pursuit of global talent [R]. Basingstoke: Palgrave.

[23] EUROPEAN COMMISSION, 2010. An agenda for new skills and jobs: A European contribution towards full employment [R]. Brussels: European Commission.

[24] EUROPEAN COMMISSION, 2012. Special eurobarometer 380: Awareness of Home Affairs [R]. Brussels: European Commission.

[25] EUROPEAN COMMISSION, 2014. Grand coalition for digital jobs [R]. Brussels: European Commission.

[26] EMN, 2011. Satisfying labour demand through migration, EMN Synthesis Report [R]. Brussels: Home Affairs.

[27] FARRELL D, 2005. The emerging global labour market: Part 1—The demand for offshore talent in services [R]. San Francisco: McKinsey Global Institute.

[28] FREEMAN G, 1986. Migration and the political economy of the welfare state [J]. Annals of the American Academy of Political and Social Science, 485: 51-63.

[29] FREEMAN G, 2006. National models, policy types and the politics of immigration in liberal democracies [J]. West European Politics, 29 (2): 227-247.

[30] GEDDES A, 2003. The politics of migration and immigration in Europe [M]. London: SAGE.

[31] HAINMÜLLER J, HISCOX M, 2010. Attitudes towards highly skilled and low skilled immigration: Evidence from a survey experiment [J]. American Political Science Review, 104 (1): 61-84.

[32] HALL P, Soskice D, 2001. Varieties of capitalism: The Institutional Foundations of Comparative Advantage [M]. Oxford: Oxford University Press.

[33] HIBBS D, 1977. Political parties and macro-economic policy [J]. American Political Science Review, 71 (4): 1467-1487.

[34] HOLEN A, 2009. The budgetary effects of high-skilled immigration reform [R]. [S.l]: Technology Policy Institute, March.

[35] HOUSE of Lords, 2008. The economic impact of immigration [R]. [S.l]: House of Lords report (HL 82-I).

[36] IOM, 2012. Labour shortages and migration policy [R]. Brussels: IOM.

[37] IREDALE R, 2001. The migration of professionals: Theories and typologies [J]. International Migration, 39 (5): 7-24.

[38] KEE H L, NICITA A, OLARREAGA M, 2009. Estimating trade restrictiveness indices [J]. The Economic Journal, 199: 172-199.

[39] KING G, KEOHANE R, VERBA S, 1994. Designing social inquiry: Scientific inference in qualitative research [M]. Princeton: Princeton University Press.

[40] MAC, 2008. Report summary [R]. London: Migration Advisory Committee.

[41] MALHOTRA N, MARGALIT Y, HYUNJUNG C, 2013. Economic explanations for opposition to immigration: Distinguishing between prevalence and conditional impact [J]. American Journal of Political Science, 57 (2): 391-410.

[42] MARTIN P, Ruhs M, 2011. Labour shortages and US immigration reform: Promises and perils of an independent commission [J]. International Migration Review, 45 (1): 174-187.

[43] MEDINA M, 2010. Give me your engineers, your Ph. D. s, yearning to fund my welfare state. Fiscal crises and high-skilled immigration policies [D]. Louisiana: Washington University St Louis.

[44] MENZ G, 2009. The political economy of managed migration: Nonstate actors, Europeanization, and the politics of designing migration policies [M]. Oxford: Oxford University Press.

[45] NATHAN M, 2014. The wider economic impacts of high-skilled migrants: A survey of the literature for receiving countries [J]. IZA Journal of Migration, 3(4): 1–20.

[46] OECD. 2003. Labour shortages and the need for immigrants: A review of recent studies [M]//. OECD SOPEMI 2003, OECD. Paris: OECD, 103–127.

[47] OECD. 2012. International migration outlook (SOPEMI 2012) [M]. Paris: OECD. OECD. 2014. International migration outlook (SOPEMI 2014) [M]. Paris: OECD.

[48] OECD, EUROPEAN UNION. 2014. Matching economic migration with labour market needs [M]. Paris: OECD.

[49] PAPADEMETRIOU D, SOMERVILLE W, TANAKA H. 2008. Hybrid immigrant-selection systems: The next generation of economic migration schemes [R]. Washington, D.C.: Migration Policy Institute. Report.

[50] PAUL R, 2015. The political economy of border drawing: Arranging legality in European labour migration policies [M]. New York, Oxford: Berghahn.

[51] PERI G, 2012. Rationalising US immigration policy: Reforms for simplicity, fairness and economic growth [R]. Washington, D.C.: Brookings Institution.

[52] PERI G, SHIH K, SPARBER C, 2013. STEM workers, H-1B visas and productivity in US cities [R]. London: UCL.

[53] Productivity Commission of Australia, 2006. Economic impacts of migration and population growth [R].Canberra: Productivity Commission of Australia.

[54] ROMER P, 1994. The origins of endogenous growth [J]. The Journal of Economic Perspectives, 8(1): 3–22.

[55] RUHS M, 2008. Economic research and labor immigration policy' [J]. Oxford Review of Economic Policy, 24(3): 403–426.

[56] SALT J, 1997. International movement of the highly skilled [R]. London: International Migration Unit.

[57] SHACHAR A, 2006. The race for talent: Highly skilled migrants and competitive immigration regimes [J]. New York University Law Review, 81: 148-206.

[58] SHUGHART W, Tollison R, KIMENYI M, 1986. The political economy of immigration restrictions [J]. Yale Journal on Regulation, 51: 79-97.

[59] SMITH M, FAVELL A, 2006. The human face of global mobility: International highly skilled migration in Europe, North-America and the Asia-Pacific [M]. New Brunswick: Transaction Publishers.

[60] TARROW S, 2004. Triangulation [M]// BRADY H, COLLIER D, Rethinking social inquiry: Diverse tools, shared standards, Lanham, MD. Oxford: Rowman & Littlefield.

[61] TEITELBAUM M, 2014. Falling behind? Boom, bust and the global race for scientific talent [M]. Princeton: Princeton University Press.

[62] THE ECONOMIST, 2001. Bridging Europe's skills gap [J]. The Economist, 03-31.

[63] TRIADAFILOPOULOS T, 2013. Wanted and welcome?: Policies for highly skilled immigrants in comparative perspective [M]. New York: Springer.

[64] WATTS J, 2002. Immigration policy and the challenge of globalisation [M]. Ithaca: Cornell University Press.

[65] WIESBROCK A, HERZOG M, 2010. The legal framework for high-skilled migration to the EU: EU and US labour migration policy compared [R]. Maastricht: Maastricht Working Papers MGSoG/2010/001.

[66] ZAVODNY M, 2011. Immigration and American jobs [R]. [S.l]: American Enterprise Institute for Public Policy Research and the Partnership for a New American Economy.

第2章

高技能移民政策与联盟

正如第1章所强调的,经合组织的国家政府会因为劳动力短缺、人口老龄化和国际竞争等不同的原因吸引高技能移民,但他们的高技能移民政策各有不同。为什么有些国家的高技能移民政策更为开放?本章阐述了本书的理论框架。尽管目前高技能移民自由化有增强的普遍趋势,但自由化的速度和深度各不相同。由于高技能劳工、低技能劳工和资方团体之间存在不同的联盟,因此,各国左右党派对高技能移民的态度也并不一致。本书认为,不同主体具有不同的高技能移民偏好,这些主体组建成联盟,加上劳工市场组织和政治代表制度的影响,这些导致不同国家采用不同的高技能移民政策。

高技能移民政策的政治经济框架

本书的理论框架参考了多种文献,并将大量的政治经济学和公共政策文献与移民政策政治学综合起来。高技能移民如今已成为一个复杂的政治问题,因此在理解相关政策时政治学思路非常重要。政治经济学为移民这一"非理论性"问题提供了一条非常有效的思路（Freeman，2002：82）。现有文献通常强调结构性经济因素和党派派系，但对高技能移民政策的差异缺少充分说明。本章除了对不同国家政策之间日益趋同的观点提出质疑，还从资本主义多样性的研究视角（VoC）做出了更为详尽的解释（Hall and Soskice，2001），此类研究更强调不同国家政策的差异性。

趋同与差异

根据公共政策文献，"趋同"是指随着时间的推移，政策之间越来越相似（Heichel et al.，2005）。经济趋同观点认为，根据最佳惯例做法和效率的主张，各个国家正趋于一致（Crouch and Streeck，1997）；社会趋同观点认为，在全球文化传播的环境下，人们会采用相似的规范（Featherstone，1990）。在本书中，这两种观点明显不同。全球化和技术创新正在改变世界各地的习俗和惯例，并形成一种普遍的、共通的模式，或多或少带着盎格鲁－撒克逊模式的影子。

根据移民文献，趋同假说（Cornelius et al.，1994；Freeman，2006）观点认为，工业化劳动力迁入国之间在政策和公众对移民的反应方面越来越相似。经合组织国家的政府为了竞争新市场，不得不解除或放宽对劳动力和资本市场的管制（Hollifield，2000）。根据这一观点，各国由于技术劳动力短缺，国内都有类似的压力，因此移民政策正在趋同。但趋同假说的支持者在将相似点作为"趋同政策例证"时却变得更加谨慎（Cornelius et al.，2004：15）。

弗雷曼（2006）根据威尔逊（Wilson）（1980）的主体集散收益和成本框架提出一种移民政策型分配模式。根据弗雷曼的政治经济学解释，临时劳工移民政策属于非移民工作签证的范围，由利益团体的政治性决定。高技能移民已经成为一项可以创收的无成本政策，可以在以技术和创造力为重点的全球经济背景下，为社会创造大范围的可观利益（Freeman，

2006：238）。吸收高技能劳工对输入国有益，但成本（如有）却是分摊的。

弗雷曼进一步强调，高技能移民政策在发达的工业国家之间正在趋同，因为有些欧洲国家已经修改国家法律允许外国技术工人进入，并且移民者所在社会近年来对利用临时技术劳工储备的关注度也越来越高（2006：237-238）。弗雷曼指出，虽然大多数国家都以支持为主，但美国的临时高技能移民计划却引起了一些有关本土高技能劳工贬值的争议（Freeman，2006）。①

本书则认为，各国的高技能移民政策仍存在着差异。根据部分文献观点，劳工移民政策会因制度因素而异（Bucken-Knapp，2009；Caviedes，2010；Haus，2002；Menz，2009；Paul，2015；Watts，2002）。尽管各国政府在放宽政策上可能表现出相似的政策目标，但其最后出台的政策和条件并不与这些实际目标完全一致。各国的政策在开放的深度和速度上也存在差异。在资方和（高技能）劳工团体游说力度和投入不断增加方面，美国并不是唯一的国家；在其他国家，高技能团体也会游说政府或直接参与政策制定过程，并以此推动制定更具限制性的政策。因此，政策的形成是资本、低技能劳工和高技能劳工之间结成不同联盟的结果。

瓦特斯（Watts）认为，尽管乍一看来，移民政策的结果支持了趋同假说，但进一步研究诸如法例和签证限额等具体措施后却会发现：不同的偏好和政策效果是国内政治、经济和体制条件共同作用的结果（2002：5）。与之类似，也有文献关注到欧洲国家的国家移民历史、不同的劳工市场需求和经济发展状况或不同的移民管制管理集中程度等国内因素对移民政策趋同的限制（Baldwin-Edwards，1991；Collinson，1994）。本书将证明由于国内政治经济体制和联盟不同，高技能移民政策不会趋于一致。

涉及资本主义多样性的文献（Hall and Soskice，2001）中虽然强调各

---

① 目前，技术劳工招募计划在富裕的民主国家中激增，一般情况下引发的冲突不大。但在美国，围绕技术劳工招募却出现了各种利益集团政策冲突的情况（Freeman，2006：241）。

国经济体系差异持续存在，但该文献只关注经济论证和制度互补，因此具有一定的局限性。① 对此，豪尔（Hall）和索斯克斯（Soskice）（2001）认为，国家之间的差异体现在诸如劳工市场监管、教育培训或公司治理体系的制度结构上。在自由型市场经济（Liberal Market Economies, LMEs）中，公司主要通过等级制度和市场竞争来协调各种公司活动，这主要由供求关系决定；而在协调型市场经济中（Coordinated Market Economies, CMEs），公司更依赖非市场机制来管理与其他主体的活动和建立核心能力，主体之间通过战略互动参与来实现平衡（Hall and Soskice, 2001: 8）。

属于自由型市场经济的国家有澳大利亚、加拿大、爱尔兰、新西兰、英国和美国；属于协调型市场经济的国家有奥地利、比利时、丹麦、芬兰、德国、日本、荷兰、挪威、瑞典和瑞士；而法国、意大利、葡萄牙和西班牙则属于混合经济，它们同时具有自由型市场经济和协调型市场经济的元素，政府发挥着重要作用。卡维尔德斯（Caviedes，2010）、布肯-科纳普（Bucken-Knapp，2009）和孟兹（2009，2011）认为，根据资本主义多样性可以得到一些关于移民政策的假说：自由型市场经济属于劳工市场管制解除的一种形式，应对劳工移民表现出更大的支持；而协调型市场经济为了保护劳资关系和教育培训制度方面的比较优势，因此应对较为迟疑。由于此类假说侧重于高技能行业相关领域（劳工市场组织和教育培训），因此乍看之下似乎很有吸引力。但是，由于政治联盟的重要性更大，因此这些说法并不能充分解释高技能移民政策。

保罗（Paul, 2015）一方面支持各国的社会经济监管具有多样性；另一方面则因为资本主义多样性不能解释对外招聘作为一种教育体系的补充策略在协调技能储备方面所起的作用，所以在某种程度上又认为与资本主义多样性有所区别。基于此，她借鉴了多个不同的政治经济学模型，这些模型会影响潜在的制度互补性，从而影响各国吸纳高技能移民。

---

① 如果一种制度的存在（或效率）可以提高另一种制度的收益（或效率），则两者（特别是不同经济领域的制度）可视为互补（Hall and Soskice, 2001: 37）。

进一步研究发现，不只上述三种经济群体之间存在高技能移民差异，同一种经济群体内部也存在高技能移民差异。① 例如，在混合经济体中，西班牙对高技能移民的限制性最强，而法国和意大利则在罗威尔（2005）排名中处于中间位置。多年来，有许多国家（如法国和西班牙）从最初的限制高技能移民变为进一步开放，国家分类也因此发生了变化。与其他国家（如奥地利和瑞典）相比，荷兰等协调型市场经济国家更倾向于进一步开放高技能移民。在自由型市场经济国家中，爱尔兰在过去几年中经过几次政策改革，从限制性政策转变为非常开放的政策，之后又变为限制性更强的政策。

鲁思（2013）在对资本主义多样性和劳工移民的首次实证检验中证明，在某些类型的市场经济体中存在不同的劳工移民管制模式。例如，自由型市场经济体会采用雇主主导的体制，而协调型市场经济体会对劳工市场章程有着更大程度的监管措施，因此在该国的方案中会附加较多的需求限制。但他又发现，在自由型、协调型和混合经济体内部，国家计划的开放程度在统计上没有表现出显著差异（Ruhs, 2013：78）。

资本主义多样性文献对本书非常重要，这些文献不仅吸收了不同的互补性观点，还帮助本书将国家划分为特定的国家或行业类别。因此，这些文献为分析各国对劳工移民政策的立场提供了一个简单的模型。即使在自由型市场经济体和协调型市场经济体内部也可能发生剧烈的政策转变，因此就高技能移民政策而言，一个国家最终可能会更倾向于与本国资本主义模式相反的国家。基于此，必须建立一个更为完善的理论框架来解释经合组织国家之间的差异。

鉴于导致国家间政策效果不同的政治流程，本书对资本主义多样性文献进行了扩展。按照凯斯彻尔特（Kitschelt）的观点，即使面临的问题类似，现有的制度条件连同其与主体偏好的相互作用依然有可能导致政治经

---

① 特伦（Thelen）(2009) 与斯万克等人（2008）分析了协调型市场经济体内部的差异，并按照分裂型（如日本）或连带型（如瑞典）对各国进行了划分。

济政策和制度差异再现（1999：448）。如今的多样性表明，当前的政治体系和劳工市场组织存在不同的政治结构和制度设置。本书提出的方法为经合组织国家不同的高技能移民政策提供了一种政治经济学解释，这也是现有文献主要缺失的部分。

假　设

本书首先从一个基本假设开始，即理性主体偏好通过政治程序实现目的。在个体层面上，有高技能移民特别偏好的主体分为4种：本土高技能劳工、本土低技能劳工、高技能行业和低技能行业。这也是本书认为的4个重要主体。因为高技能移民对他们直接参与的行业具有重要意义，所以本书假设这四个主体在高技能移民问题上涉及的利益比其他主体更多，但本书也认同可能存在其他相关主体。

由于其中的两个行业主体都支持高技能移民，因此下文统称为"资方"。负责管理这些主体政治参与的政治经济组织和制度决定了主体的偏好和行为（Martin and Swank，2004）。偏好与制度相互影响，在两者的共同作用下形成特定的政策。"偏好"是指主体的个人需求和愿望。"制度"指正式和非正式规则。"产出"[①] 指高技能移民法律管制政策；根据海默尔（Hammar）1985的定义，指与高技能移民选择和准入有关的官方法定规则和程序。以临时性准入的初级合法高技能移民为重点对象，目的是为了填补在国际行业竞争中出现的劳动力缺口，特别是至关重要的知识经济方面的劳动力缺口；与之相反，永久性政策则主要侧重于增加迁入国的人力资本（图2.1）。

图2.1为对高技能移民有不同偏好的三个主体（高技能劳工、低技能劳

[①] 此处的重点是"政策形成"（即政府采取的政策），区别于常用术语"政策效果"（即政策相关目标的实际效果）（Holzinger and Knill，2005：776）。感谢安德鲁·格德斯提供此参考。

工和资方）示意图。3个主体可以通过建立联盟来支持产出其所期望的政策（更为开放或更具限制性的政策）。劳工市场组织和政治代表是两种相互作用的制度。其中，劳工市场组织包括工会密度、工会和雇主协会的集权度/协调度以及政策流程参与度；政治代表主要是指政治过程中对（高技能）劳工的代表，它可以通过不同的机制实现，例如政党（或政党、地区/州的内部派系）或政党与劳工市场主体之间的某种联系。

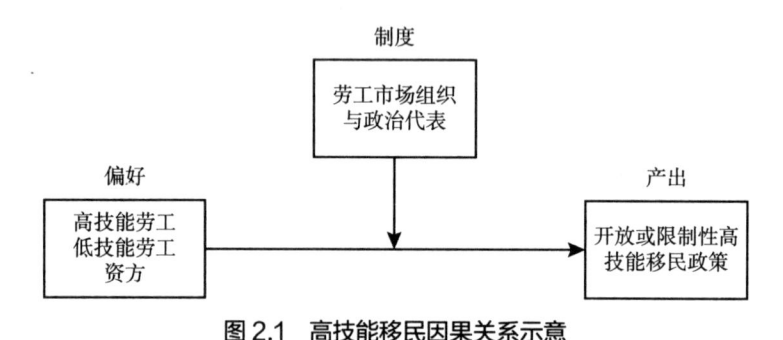

图 2.1 高技能移民因果关系示意

资料来源：改编自塞尔纳，2009：147。

如果偏好不变，制度也基本保持不变，当外在因素影响到主体的偏好程度时，政策就会发生相应的变化。例如，由于外在因素，高技能劳工更倾向于限制性的移民政策。因此，高技能劳工有极大的政治动机，为自己所期望的结果进行游说。与此相关的外在因素有：国家/选区/州的经济/人口/工业发展（例如，劳动力短缺、人口老龄化、人口受教育程度提高、失业率）和政府（政党）更迭。如果一国（或地区/州）对高技能劳工的需求发生变化，这可能会影响特定主体的偏好。劳动力短缺会增强资方对更为开放的高技能移民的偏好。就失业率而言，如果失业率上升，会加剧本地高技能劳工对限制性政策的偏好，而本地高技能劳工随之会更加努力争取在劳工市场或政治层面上获得代表，与其他主体建立联盟，推动形成其所期望的政策。来自政策实施效果（高技能移民流量）的反馈也具有一定的影响，如果所期望的政策效果未见成效，资方会寻求进一步放宽政策。主体的权力和影响力也会因外在因素而改变。

政府更迭虽然影响不是很大，但也算作一种具有影响的外在因素。高技能移民并不是政府/政党议程中的主要问题，因此政府更迭不会对相关政策产生重要影响。例如，中右翼政府新当选后不会首先处理不断变化的高技能移民政策。尽管该当选政府是基于不同的政纲，但由于政府与雇主协会之间的联系，还是会对高技能移民政策产生影响。因此，政府更迭后，原本可能受到工会和左翼联合阻挠的高技能移民政策可能会出现转机。然而，即使外在因素会强化主体的偏好，它们也只是为新联盟的建立创造条件，而不能让新联盟自动形成（Gourevitch and Shinn, 2005）。本书认为，经济问题比文化因素的影响更为显著（Malhotra et al., 2013; Mayda, 2006; Scheve and Slaughter, 2001），因此本书只采用经济一个角度。① 国别观点文献认为，解释移民政策必须考虑历史经历、文化习惯和社会冲突的影响（Hollifield, 1992; Money, 1999）。有些观点将移民问题分成两个方面，既处理经济问题，也处理文化问题（Brubaker, 1992; Zolberg, 1999）。但这些观点大多适用于（低技能）劳工移民，并不能同时解释不同国家同一时段采取类似政策的情况（Meyers, 2000）。因此，按照凯斯勒（Kessler, 1999）的观点，本书重点围绕各主体的经济利益而非文化问题，其主要原因如下：

与普通移民相比，高技能移民数量较小，因此与本地人口中因文化归属变化带来的负面情绪关联的可能性较小（Money and Falstrom, 2006）。但是，在过去十年中，经合组织地区受过高等教育的外籍人数增长了70%，超过3100万（OECD, 2014：9）。在此期间，受过高等教育的移民占外籍人口增长的45%。特别是英语国家或移民历史悠久的国家，受过高等教育的外籍人口所占比例远远高于本地人口（图2.2）。因此，与高技能群体相关的政治紧张局势在未来可能会加剧。

---

① 例如，根据提莫尔（Timmer）和威廉姆森（Williamson）（1998）的结论，（美国）移民政策一直以来既不受传统宏观经济状况的影响，也不受迁入国仇外心理或种族主义情绪的影响。相反，在一些试图保护本土工人的工资和技能津贴的国家中，收入分配尤为重要。

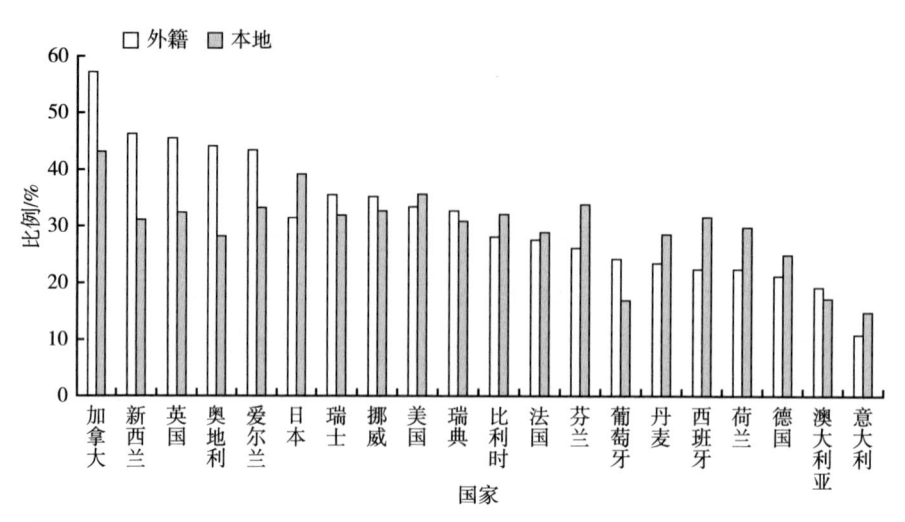

图2.2　2013年外籍和本地适龄（15～64岁）工人中受过高等教育的人口比例
资料来源：OECD，2014：48。

尽管如此，高技能移民的收入和纳税较高，对社会福利的依赖较少，而且精通迁入国语言，这些都有助于他们融入迁入国社会。[①] 与高技能移民相比，本土居民经常发现低技能移民的社会融入问题更大。此外，因为科学家、工程师和医师移民分散到全国各地后，可以加强国家稀缺人才补给，且易于融入国内人口（Portes and Rumbaut，1996：293），所以高技能劳工和专业人才带来的社会问题要比体力劳动者少得多。高技能移民在迁入国往往比较分散，因此不太可能造成地理集中和引发当地居民的强烈反对，也不大可能对迁入国形成实质性的直接影响（Nathan，2014）。

总体而言，高技能移民对经济增长有利。澳大利亚生产力委员会在报告中指出了政府在20年时间里将当前的技术移民吸收人数增加50%后可能会产生的影响。按照委员会推算，2024—2025年，国家经济将增长3.5%，平均收入将提高335美元（Productivity Commission of Australia，2006：137）。按照博尔加斯（Borjas，2006：32）的观点，一般而言，通过高技能移民的方式增加技术人群量可以加快科学发展的速度，对特定人群大有

---

① 感谢提姆·海顿（Tim Hatton）提供此参考。

裨益。然而，尽管高技能移民对社会总体有益，但与之存在直接竞争的工人却可能因为工资降低和就业机会减少而经受损失（Nathan，2014）。因此，高技能移民会影响到不同劳动力和资本行业的分配，而各行业也会基于此形成不同的高技能移民政策偏好。[①]

本书的观点认为，不能仅仅通过简单的党派调查来推断各国和政党会形成怎样的高技能移民政策，判断左派就会捍卫劳工利益，右派就会代表资方偏好（Alt，1985；Hibbs，1977）。[②] 如果是这样的话，我们就可以直接推断左派会支持更具限制性的高技能移民政策来保护本地工人，而右派则倾向于更为开放的高技能移民政策来取悦资方选民。

然而，因为知识经济已经成为当前的重点，所以我们没有发现各政党和高技能移民立场之间存在这种简单的关联（Driver and Martell，2002）。例如，德国的社会民主党（简称"社民党"）由于成员人数减少以及由此引发的对新选民群体的重视，在选举中同时赢得了高技能劳工和低技能劳工的支持（Norris，2004）。英国的新工党力求在提高经济竞争力的同时对工人实施传统保护措施。正如鲁达（2005，2007）在其内部人－外部人模型中的描述那样：因为关注的是内部人的偏好，所以左翼（社会民主党人）在很大程度上忽略了外部人，这导致其不再捍卫所有劳工群体的利益。

由于以上原因，有许多政党会试图在提高经济竞争力的同时对工人实施传统保护措施。我们还发现，由于各党派意识到了知识经济和总体经济发展的重要性，党派竞争也随之出现了变化。近几十年来，高技能劳工的数量有所增加。与低技能劳工相比，他们不太可能与某一特定党派关联到一起。但是，由于去工业化，在许多国家，即使是低技能劳工数量也在下

---

① 尽管没有直接的证据或指数可以衡量劳资双方的高技能和低技能行业对高技能移民政策的偏好，但根据这些群体的分配结果，同时假设各国之间不存在偏好分配差异，就可以通过推断得出这一结论。

② 从广义上讲，社会民主党／社会主义党／工党属于左翼党派，保守党／基督教民主党属于右翼党派，但党派分析最好按左翼、右翼区分。

降。这迫使左翼党派开始争取本地的高技能劳工成为选民，而与此同时，也出现了一些可以吸引部分高技能选民（包括绿党）的新党派。这些党派在某些国家可能属于重要的主体。总体而言，针对高技能移民的选民竞争更加激烈，尤其是高技能选民的数量在不断增加。在德国的案例中，与强烈支持放宽高技能移民政策的社民党、绿党和自由党相比，基督教民主联盟（简称"基民盟"）支持限制性更大的高技能移民政策（Cerna，2014）。党派中吸收了不同选区的偏好，再表现出相似的立场，以此吸引尽可能多的选民。例如，英国的工党和保守党曾经对高技能移民都持类似的立场：他们一致认为高技能移民对英国的经济和社会有益，因此政府应集中精力促进对高技能移民的吸收（Somerville，2007）。

但近年来，保守党对高技能移民的限制却越来越严格，因此引起选民对工党之前移民政策的不满，并对越来越多的右翼党派做出回击。基于此，本书的分析方法有别于传统模式，将劳动力和资方视为不同的群体。主要问题在于：哪个党派代表（高技能）劳动力或资方，以及劳工市场主体与政党之间是否存在关联。

主体与偏好

根据以上假设，本书按高技能与低技能对行业进行分类。高技能移民会对与移民（替代者）具有类似技能的本土高技能劳工产生不利影响，但通过互补效应可以让其他本地群体受益。高技能移民对本土高技能劳工的负面影响，主要体现在具有竞争性的国际行业。受保护部门（通常是公共部门）的工人受到的威胁较小，甚至可能因高技能移民对经济的整体作用而受益。因此，本次分析的重点是具有竞争性的国际行业。当高技能移民的收益集中在特定经济部门的雇主中时，与那些对高技能移民劳动力依赖度较低的公司（低技能行业）相比，高技能密集型行业（例如高科技或工程行业）的公司对开放的高技能政策表现出更大的兴趣。

表2.1是根据行业对高技能劳工的依赖性以及高技能移民的互补性/替代性[1]做出的行业业主和工人偏好预测。互补性是指如果高技能移民人数增加，对低技能劳工的需求也会增加的情况。替代性是指如果高技能移民人数增加，由他们作为替代本土的高技能劳工，因此出现对本土高技能劳工的需求减少的情况。

表2.1 高技能移民政策偏好行业模型

高技能移民	互补（低技能劳工）	替代（高技能劳工）
高技能劳动力依赖性高（高技能行业）	业主强烈支持移民，但工人支持度则较低/一般	业主强烈支持移民，但工人强烈反对
高技能劳动力依赖性低（低技能行业）	业主和工人对移民的支持度均较低/一般	业主对移民的支持度较低，而工人则强烈反对

资料来源：塞尔纳2009：148

本土高技能劳工

本书的观点是，由于劳工市场竞争或其自身观念，本土高技能劳工会反对开放的高技能移民政策（Malhotra et al., 2013）。[2] 随着高技能劳工移民、合格工人的供应增加，相关行业的薪酬会随之降低（Bound et al., 2013；Borjas 1995，2003）。具体而言，根据博尔加斯的研究发现，1993—2001年，高技能移民的涌入对美国博士毕业生的工资影响巨大。工资的下降幅度因行业而异，从理工科博士的3.6%到计算机和机械

---

[1] 如果移民劳工能够取代本土劳工，或减少资方对本土劳工的需求并降低其回报率，那么移民劳工与本土劳工之间视为替代关系；如果移民提高了本土工人的回报率，那么两者之间则视为互补关系（Ethier，1996：50-68）。

[2] 这基于封闭经济条件下的一般均衡"要素比例"分析（Borjas et al., 1996）。有些评论家认为，由于技术中心和城市的集聚效应，高技能移民可以作为本土高技能劳工的补充（Florida, 2002），或者相比低技能移民，高技能劳工总是更偏好高技能移民（Hainmüller and Hiscox, 2010）。感谢迈克尔·多尔斯科（Michael Dorsch）提供此参考。

工程博士的 10% 不等（Borjas，2006）。根据上文提及的澳大利亚生产力委员会报告，技术移民人数增加会加剧专业人才就业市场竞争力，导致专业人才工资下降约 5.4%（Productivity Commission of Australia，2006：134）。与低技能劳工相比，本土高技能劳工的流动机会较少，从而不得不接受较低的工资和/或面临失业，因此而蒙受损失。以美国特殊专业人员 H-1B 签证为例，根据马尔豪特拉（Malhotra et al., 2013）的研究显示，与信息技术（IT）行业的 H-1B 签证持有人存在直接竞争的高技能劳工反对进一步开放的高技能移民政策。因此，本土高技能劳工群体有游说限制高技能移民的政治、经济动机。另外，几年前，葡萄牙的牙科医生曾公开批评（甚至示威抗议）葡萄牙的巴西籍牙医太多（Fonseca et al., 2005：19）。如果在危机时期有大批移民涌入，本土高技能劳工被取代的可能性也更大（Devlin et al., 2014）。

本土低技能劳工

本书观点认为，由于互补效应，低技能劳工对高技能移民会有部分或中等程度的支持（O'Rourke and Sinnott，2006）。高技能移民会推动迁入国劳动力服务需求的增长，因此本土低技能劳工的生产力和工资也随之提高，从而对低技能劳工有利（Chiswick，2005）。新增加的移民会推动住房建设等领域的需求增长，因此商人、劳工、运输工人和生产工人的薪酬可能会略有增加（Productivity Commission of Australia，2006：134）。莫勒提（Moretti，2010）研究发现，在美国，在生产与本地需求的共同作用下，市内的一个高技能岗位在本地非贸易行业额外创造了 2.5 个就业岗位。例如，高技能移民可以雇用本土低技能劳工来协助他们开展业务、盖房和照顾他们的孩子和家庭，因此增加并相对提高了本土低技能劳工的就业机会和工资。此外，高技能劳工通过创新能够带动经济增长，可以帮助低技能劳工富裕起来，并提高他们的长期生活水平（Crouch et al., 2004）。

高技能行业

高技能移民可以降低工资并有利于可持续发展，因此高技能行业（如高科技、工程行业）的业主/雇主会强烈支持高技能移民（Chiswick，2005）。对于无法外包的行业，在劳动力短缺的情况下，高技能资本对高技能移民的支持力度还会更大。高技能移民会增加劳动力供应，从而降低相关行业的工资。由于资本的生产成本降低，因此资本可以降低产品的价格，提高竞争力。高技能劳工储备增加可以节省资本的培训和技能学习成本，以及根据市场条件招聘劳工的成本（Productivity Commission of Australia，2006；Nathan，2014），资本业主的利润也会增长（Devlin et al.，2014）。因此，高技能资本群体也有游说放宽高技能移民政策的政治和经济动机。

低技能行业

高技能移民的进入会增加销售机会并提高产出和利润，低技能行业业主/雇主因此也能间接受益。高技能移民属于低技能资本产品的消费者。最终，高技能移民还可以通过新技术来帮助改善生产工艺和降低生产成本。可以通过开展新业务来满足额外增加的服务需求（特别是运输、通信等不可交易的服务需求），因此会加剧竞争。参与竞争的公司由此可以提高定价效能，并采用成本效益更高的生产方法，从而提高整体经济的生产率（Productivity Commission of Australia，2006：120）。

本书将高技能和低技能资本统称为"资方"。虽然低技能资本不太可能投入资源用于游说更为开放的高技能移民政策，但两个资本内的行业都会以某种方式（高技能行业程度无疑较高，低技能行业程度较低）支持放宽高技能移民政策。劳工群体之间的偏好较为多样，需要区别对待。下文分析只考虑3个因素：本地高技能劳工、本地低技能劳工和资方。

不同主体之间的联盟

本书首先从某些高技能移民政策入手调查不同主体之间的联盟情况。此次研究，特别是对特定政策的劳资联盟分析，是对以下政治经济学文献的补充：古勒维奇（Gourevitch）（1986）、黑斯科克思（Hiscox）（2002）和罗格维斯凯（Rogowski）（1989）的重点为自由贸易，斯文森（Swenson）（1991）的重点为劳资关系中的集权制度，古勒维奇和史恩（Shinn）（2005）的重点为公司治理。关于劳工移民，瓦特斯（2002）和豪斯（Haus）（2002）也讨论过类似的工会与雇主联盟。法国、意大利、美国等多个国家已经出现跨阶级联盟，在这些国家，雇主与工会虽然分别出于不同的原因，但是他们结成联盟，共同支持更为开放的劳工移民政策[①]（Watts，2002）。

"联盟"是指意图影响政策的某种政治活动，如投票或游说（Hiscox，2002：35）。其主要观点是，政策会影响主体的分配结果，即会产生输赢得失（Freeman，1995，2006）。根据一般假设，劳工会结成反对资本的联盟并会反对移民，因此，可以确定存在阶级内部联盟的情况。但是，在劳工和资本按行业划分后，就不太可能出现劳工一致要求对高技能移民进行限制，以及资本一致游说支持更为开放的高技能移民方针的情况。相反，由于同一行业的工人和资本业主可以出于共同利益进行合作，因此不同资本和劳工群体之间可能会结成特殊的（跨阶级）联盟（Iversen，2006）。

联盟在发挥生产功能时是如何将输入转化为输出的呢？由于主体之间存在利益竞争，因此主体会结成联盟来影响政策流程，这一点显得很重要。从战略角度，只要不同主体可以结成联盟，就可以影响最后的结果。在某些情况下，单个主体就会有足够的权力来推动形成其所期望的政策。比如，

[①] 雇主希望有更多人才储备，包括能适应新情况的移民工人。工会希望改善移民的法律和就业状况，让雇主不能通过雇用"不稳定"的移民来削弱本土工人的工资和工作条件；许多劳工领袖认为限制性的移民政策最终会伤害移民和本土工人的利益（Watts，2002：4）。

某个特定主体在危机时期比其他主体更具优势。但在大多数情况下，主体都必须结成联盟才能实现自己的偏好，尤其是在对劳工和资方团体都参与政策制定的国家中。获胜的联盟都是那些拥有财力（资本）或选民支持（工人、工会）以及随之带来权力的联盟。部分群体会得益于其在政治体系中的特权地位（他们可能有很多选民），其他群体则得益于财力和较小的群体（资本）来发挥作用。

联盟需要伙伴之间的妥协和折中。例如，资方能得到较多的高技能移民签证，但作为回报，要为本地工人提供更多的保护。主体之间会协商权衡，但这一过程主要在暗中进行，只有在面谈时才会公开。假设如果结成联盟更有可能推动形成期望的政策，则主体就会加入联盟。此时，与其他主体相比，联盟的力量相对较大。

就高技能移民而言，联盟会出现在劳工市场或政治层面。相关主体主要是高技能劳工、低技能劳工和资方。由于移民政策由政府决定，因此这些主体会结成不同的联盟来影响政策形成。表2.2列出了本地高技能（High Skilled，HS）劳工、本地低技能（Low Skilled，LS）劳工和资方3个主体可能结成的6种联盟。这些联盟组合取决于劳动力市场组织率以及政治代表性。形成的政策按开放性或限制性来区分。[①]

A组：高技能劳工 + 低技能劳工 vs. 资方

（A1）如果高技能劳工与低技能劳工权衡一致，则会结成联盟，与资方对立，实现更具限制性的高技能移民政策。限制高技能移民的目的是为了保护低技能劳工免受低技能移民的影响，或者是为了争取更高的工资。与低技能劳工

[①] 由于开放性和限制性存在程度大小的问题，因此仅使用"开放性"/"限制性"这两种变量会出现一些问题。例如，高技能劳工与低技能劳工联盟和高技能劳工与资方联盟相比，其政策的限制性更强。但在高技能劳工与资方联盟的情况下，还可以采取折中方案放宽高技能移民政策，但附加一些保护高技能劳工的条件。如果高技能劳工与低技能劳工结盟，则更为开放的高技能移民政策提案可能会被否决。

表2.2 政治联盟和形成的高技能移民政策

联盟阵容	优胜者	高技能移民产出预计
A组：		
（1）高技能劳工+低技能劳工 vs. 资方	高技能劳工+低技能劳工	限制性
（2）高技能劳工+低技能劳工 vs. 资方	资方	开放性
B组：		
（1）高技能劳工+资方 vs. 低技能劳工	高技能劳工+资方	限制性
（2）高技能劳工+资方 vs. 低技能劳工	低技能劳工	开放性
C组：		
（1）低技能劳工+资方 vs. 高技能劳工	低技能劳工+资方	开放性
（2）低技能劳工+资方 vs. 高技能劳工	高技能劳工	限制性

资料来源：Cerna, 2009：150。

相比，高技能劳工的群体较小（通常集中在工程或信息通信技术等行业），因此能够更有效地组织和争取其期望的产出，特别是当政策具有较强限制性的时候。低技能劳工群体较大，支持力度只会在较低或一般水平。虽然高技能移民对低技能劳工有益，但这种关联是间接的，这导致其影响程度低于高技能劳工。虽然高技能移民政策可以使低技能劳工受益，但由于这种联系比较间接，其对低技能劳工的影响比高技能劳工小。因此，在结盟方面，低技能劳工不用投入多少精力和资源，高技能劳工就会愿意加入并主导（Cerna，2009）。

（A2）如果资方获胜，则高技能移民产出将是更为开放的政策。按照上文讨论，资方群体将从高技能移民中受益，因此将会游说放宽高技能移民政策。

B组：高技能劳工+资方 vs. 低技能劳工

（B1）如果高技能劳工与资方达成协议并决定在某些条件下做出权衡取舍，则可结成联盟。本土高技能劳工由于劳工市场竞争会反对高技能移民，而高技能产业却会非常支持高技能移民，两者的偏好相反。当本土高技能劳工无法满足数量和劳动生产率需求时，两者可能会结成联盟。如前文所述，有许多行业和细分行业无法选择外包。如果高技能行业能够确保为高技能移民提供相同的工资待遇和工作条件，并且不威胁到本土高技能劳工在劳工市场中的地位，则可结成联盟。相对于高技能行业对高技能移民的大力支持，由此产生的政策和所附加的协议及条件而言，仍然可以被认为是更具限制性的政策。高技能移民政策存在不同程度的限制力度（Cerna，2009）。

（B2）如果低技能劳工获胜，则高技能移民产出会更加开放。由于就业机会增加，因此高技能移民对低技能劳工有益。在这种情况下，资方也属于获胜方。

C 组：低技能劳工 + 资方 vs. 高技能劳工

（C1）低技能劳工与资方结盟的目的是争取实现开放的高技能移民政策。高技能移民可以作为本土高技能劳工的补充，对两者都有益，因此他们可以团结起来，对抗支持限制高技能移民的高技能劳工群体。

（C2）如果高技能劳工在政治对抗中获胜，则根据上文描述的劳工市场竞争观点（Cerna，2009），高技能移民政策会更加具有限制性。

在上述 3 种组合情况下，可能的结果有两种：开放性高技能移民政策或限制性高技能移民政策，[①] 具体取决于联盟相对于第三主体的势力——要么联盟获胜并实现其所偏好的政策，要么对手（第三主体）成功争取到其所期望的政策。只有最有实力的联盟才能获胜。这种实力指政治资源，比如选票、游说能力或直接行动，具体因各种群体、国家和时间而异。结成哪种联盟以及哪个联盟能取得政治胜利则取决于偏好与制度的共同作用，它将限制产出的可能性大小。

当偏好或制度发生变化时，高技能移民会在国家内部发生变化。不过，制度变化一般需要很长时间。如果一个或多个主体群体的政策偏好发生变

[①] "限制性"是指以下某一个或多个方面加以限制：①机制；②选拔；③权利。"开放性"则指与限制性相反的意思。

化且达到足以破坏联盟平衡的程度,则可能会出现新的组合。当外在因素发生变化时(例如,出现劳动力短缺、高技能移民的涌入、特定行业的失业率上升或工资下降),高技能移民偏好就会发生变化。随着偏好变化,每个群体(以及每个潜在联盟)在转变政策立场时都会面临权衡取舍问题。下文会讨论偏好在高技能移民政策领域的体现方式,以及如何通过制度弱化或强化相关政策。

高技能移民开放性弱化因素——劳工市场组织和政治代表

制度的重要性在很多文献中都得到认可,并且对不同的政策领域也适用(North,1990;Przeworski,2003)。本书认为,制度是限制主体行为的一系列规则,是一种吸收各种偏好并将政界人士与选民联系起来的机制。目前已经有很多学者将制度约束的概念应用到不同的政策领域,比如医疗保险方面可参见伊莫格特(Immergut)(1992),再分配方面可参见伊沃尔森(Iversen)和索斯克斯(2006),教育方面可参见安瑟尔(Ansell)(2010),宏观经济方面可参见卡尔莫夫斯(Calmfors)和德里弗尔(Driffill)(1988)。

在移民文献中,不同的制度是影响移民政策制定过程的重要因素。例如,古拉东(Guiraudon,2000)围绕主体政策场所的观点指出:即使公众倾向于限制移民,国家的法院和官僚体制仍然可以实施宽松的政策,因为这些可以在暗中进行。由此可以看出制度在推动形成高技能移民政策时的重要程度。根据塞特里斯·帕里布斯(Ceteris paribus)的观点,[①] 笔者认为劳工市场组织和政治代表是两个最重要的制度因素,可以汇集有关部门的偏好,因此此次分析着重于劳工市场组织和政治代表。

---

① 因为偏好与产出之间相互的制度作用不是只有劳工市场组织和政治代表这两种,因此必须假设其他条件相同。有其他指标可能会影响国家对高技能移民的需求,如高技能行业的失业率、高等教育体系的类型或特定行业的"实际"劳动力短缺的迹象。

由于资方,尤其是劳动力,可能会分散在不同的地区和行业,因此这些主体必须通过劳工市场主体或政治代表组织起来,以实现各自的偏好。虽然在某些国家(包括美国),跨国公司会直接游说政府,但它们也会通过利益集团和联盟来增强他们的游说能力。在大多数国家,雇主和公司通过雇主协会游说。至于(分散的)高技能劳工,他们的力量需要通过工会和专业协会实现,因此,必须进行协调和联合。

劳工市场组织既可以实现权力的集中又可以顾及利益集团的代表。劳工市场是高技能移民需求和交换产生的场所。笔者的分析将会表明,政治代表的作用方式与劳工市场组织类似:雇主和工人只有在政治层面上将各自的利益集中到一起才能获得代表。雇主和工人是分散的群体,因此需要政治组织,否则他们的利益在政策制定中就会被忽略。劳工市场组织与政治代表这两种制度具有一个共同的特征指标:特定主体的代表性以及由此产生的联盟势力。制度会影响政治对抗中的政策获胜方。

劳工市场组织

高技能劳工、低技能劳工及资方可以通过工会和雇主协会代表来强化对高技能移民的各种偏好。中介机构、高校、移民律师、独立和政府分析师、研究中心和非政府组织等其他利益集团也可以参与移民讨论。例如,在美国等一些国家,以雇主为主导的移民劳工政策经常成为特殊利益政策,会对招聘机构和移民行业产生重大影响(Martin and Ruhs,2011:179)。因此,高校、移民律师和中介机构(包括印度外包商在内等商业性劳工招聘单位)在游说政府放宽高技能移民政策方面发挥了重要作用(Martin and Ruhs,2011)。

因为劳工市场组织是一项重要的高技能移民政策产出指标,并决定了联盟对解释高技能移民产出的重要程度,所以本书主要关注点在工会和雇主协会方面。分析工会和雇主协会各项指标对政策影响方面的文献有很多,例如经济绩效分析时采用的集权度/协调度(Calmfors and Driffill,

1988；Hall and Franzese 1998；Traxler et al.，2001；Wallerstein et al.，1997），收入分配和再分配（Rueda and Pontusson，2000）以及政府的再分配作用力度（Swank and Martin，2001）。

在移民文献中，卡维尔德斯（2010）、法持尼（Facchini）、梅达（Mayda）和米沙拉（Mishra）（2011）、豪斯（2002）、孟兹（2009）、瓦特斯（2002）主要分析一般劳动力移民方面形成的政策，只关注了劳工市场主体（工会和雇主协会）。而本书将分析范围拓展到高技能移民，并结合政治代表这一新制度限制因素进行了补充。本书结合工会和雇主的集权度／协调度以及在政策制定过程中的参与度，对在两者共同作用下、以产出不同高技能移民政策为目标的联盟进行分析。目前为止，学界尚未发现有关这一方面的深入研究（Caviedes，2010；Menz，2009）。之所以如此，是因为劳工市场制度决定了联盟在解释高技能移民输出方面的重要程度。

先前的研究表明，工会对劳动力移民政策有相当大的影响（Milkman，2006），但工会对劳动力移民及其相对成功情况的反应会因国家背景因素而有所不同，其尤其依赖于工会在社会中的相对权力状况（Penninx and Roosblad，2000）。在某些情况下，工会对政策的权力较大，能够设定劳工移民的条件。本书中的观点是工会密度、工会与雇主的集中度／协调度，以及政策制定中劳工市场主体的参与度是几个重要的因素。

首先，要评估工会所代表的高技术劳工的比例，即高技能劳工的工会密度。其中，"密度"是指成为工会会员的雇员人数与赚取工资和薪水者的总人数之比（Wallerstein，1999：659）。如果总体工会密度高，那么高技能劳工成为工会会员的可能性就会增加。当至少有一半劳工成为工会会员时，随着总体技能水平提高，大量高技能劳工加入工会的可能性会很高。在斯堪的纳维亚半岛国家（工会密度高达80%），[①] 有各种按职业划分的联合会，也有专门为蓝领、白领和大学学历工人设置的各种高级协

[①] 最好查看高技能劳工和低技能劳工的工会密度，但由于数据有限，有一定难度。因此，在主要（低技能）联合会组织率为50%~66%的情况下，如果将技术工会和专业工会的工会组织率合并在一起（24%~50%），则认为高技能工会的密度较高。

会。工会运动在政策制定方面有着相当强大的影响力。业界高技能劳工通过工会获得代表。在其他国家，工会主要由低技能劳工构成，并且由于高技能移民对他们具有积极的影响，因此显示出更为开放的高技能移民偏好（图2.3）。

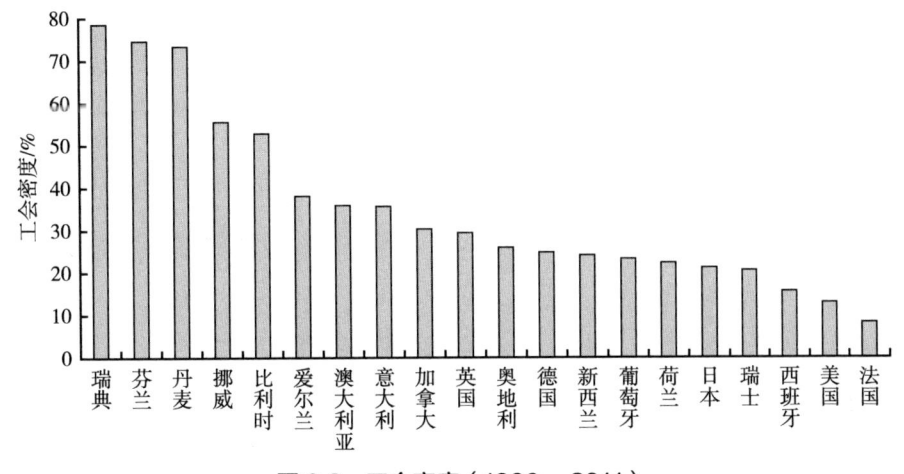

图2.3 工会密度（1990—2011）

资料来源：Visser, 2013, ICTWSS。

注：其中，澳大利亚和美国数据为工会会员率，而非工会密度。工会会员率指全国家庭或劳动力调查中，工会净会员人数占赚取工资和薪水总就业人数的比例。澳大利亚和新西兰有部分数据缺失。丹麦、法国、葡萄牙、西班牙、瑞典、瑞士和英国为2010年的数据。

总体而言，高级工会联合会往往起到包容的作用（Olson，1982）。包容性是指高级联合会或工会覆盖各种利益群体和选区的程度（Wallerstein et al.，1997：381）。根据奥森（Olson）(1974)的观点，一个组织如果代表所有工人（或行业中所有企业），那么它会减少对高技能移民的限制，因为它有让其所在社会更加繁荣的动机并会考虑广大社会群体的（长期）利益（Olson，1982：74）。基于这样的逻辑，因为高技能移民可以为整个社会带来更多的经济增长，所以联合会表现出更为开放的态度和立场。联合会的组织包容性较高，可以兼顾共同利益，因为高技能移民在增加就业机会的同时会让低技能劳工从中受益。

但是，奥森关于组织间的团结合作行为的假设并不适用于高度工会化的国家,因为在这些国家中,高技能劳工拥有独立的工会联合会。本书认为,在这种情况下,高技能劳工工会保持更具限制性的高技能移民政策立场,因为他们希望通过对面向高技能成员的政策偏好加以限制,来保护工会成员的工资和就业条件。由于高技能移民是本土工人的竞争者,可能对本土的高技能劳工的工资和就业率产生负面影响,所以工会倾向于保护本土高技能的成员。包括丹麦在内的几个国家,工会都曾对高技能移民政策提出过反对意见。

根据工会和移民"正统"的观点,工会应该抵制移民,因为移民对当地劳动力构成威胁:对工会而言,劳动力过剩,特别是非工会会员的劳动力过剩,会削弱工会的力量,并且会如上文所述,可能导致工资和待遇降低(Avci and McDonald,2000;Castles and Kosack,1973)。

另一方面,如果高技能劳工不是工会会员,则工会采取限制性立场的可能性降低。德国工会联合会是德国的主要工会联合会,必须迎合不同类型的会员群体,包括具有不同技能水平的工人。斯特里克(Streeck)和海瑟尔表示,德国政府帮助确保社会利益由少数包容性组织代表,这些组织可以代表其选民有效和合法发声,覆盖整个社会层面,包括所有重要的社会类属(2004:104)。

其次,联合会在高技能移民政策制定中的权力力度取决于各国的劳工市场组织,特别是工会和雇主的集中度。有组织的工人和雇主都会有特定的高技能移民偏好,并且在各国表现出不同的集中度。肯沃斯(Kenworthy)(2003)、斯万克和马丁(2004,2012)将工会和雇主的集权度按是否存在国家级工会、雇主联合会,以及高级联合会对会员的权力(任命权,以及集体谈判、停工和自有冲突基金的否决权)进行评分。由于高集权度或高协调度的结果通常类似,因此本书将集权度/协调度视为一个变量(下文两者意思对等)。如图2.4所示,有些国家的工会和雇主的集权度很高(如斯堪的纳维亚半岛国家),但其他国家这两项指标都较低(如法国和美国);而加拿大和美国都没有全国性的高级雇主协会(Ebbinghaus and Visser,2000)。

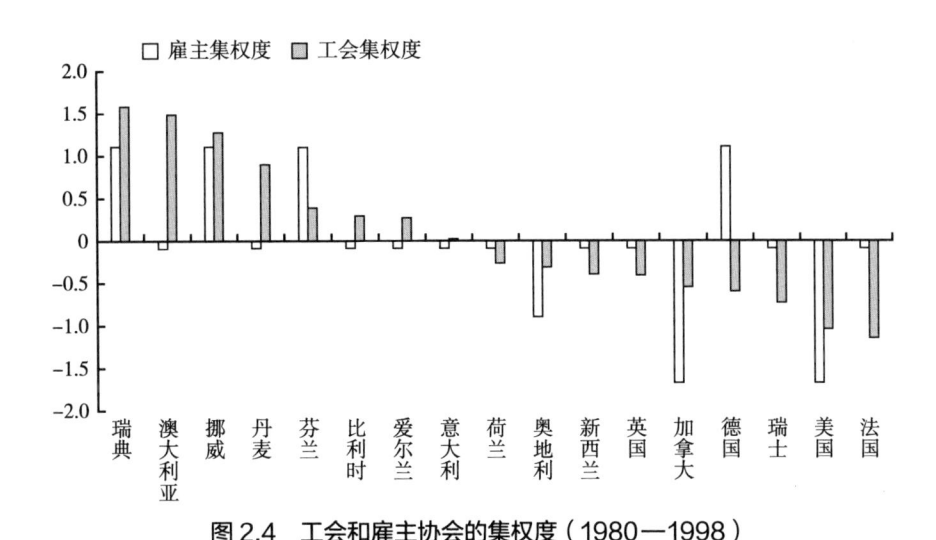

图 2.4　工会和雇主协会的集权度（1980—1998）

资料来源：Swank and Martin，2004：599。

劳工和雇主的组织情况对高技能移民分析十分重要。雇主的集权度/协调度通常与工会的这两个指标一样。如果工会集权度很高，则工会的权力较为强大，会争取他们预期的偏好。在这种情况下，工会联合会可以游说争取限制性较大的政策。在工会集中度较低的国家，工会较为分散，无法形成足够的权力来争取更具限制性的政策。

劳动力只有经过组织后才能代表国家大部分工薪群体并集中组织决策，从而形成权力。通过这些方式，劳动力才可以与资方和政党谈判（Kitschelt，1988：211-212）。由此可以推断，高技能劳工通过组织可以获得权力。与低技能劳工相比，高技能劳工属于小群体，但即使小群体也拥有否决权。根据海格尔德（Haggard）和韦伯（Webb）的观点，即使是较小的利益群体，凭借制度也可以通过否决权降低阻止立法程序的难度，以维持长期稳定（1994：50）。这些"否决者"是一定数量的个人或集体主体，他们必须同意拟议的政策调整（Tsebelis，2002：2）。虽然制度和党派否决者较为常见，但利益集团也可以是否决者，这种情况下的否决者指的是工会/专业协会。当劳工组织的主体在政治政策制定过程中具有"否决权"时，为了克服改革的障碍，政府会寻求协商达成一致改革意见（Ebbinghaus and Hassel，2000）。

在一些国家（如斯堪的纳维亚半岛国家），高技能劳工的数量不断增加，并建立了独立的工会和工会联合会。如果高技能群体正在或将要建立自己的独立工会，那么他们便可以在工会运动中获得否决权（Rees，1963：75）。麦克恩（McKeown）（1999）认为，随着国际贸易水平不断提高，技术工人的势力也随之增强，而这却削弱了低技能劳工的势力（Golden et al.，2008）。与以低技能劳工工会为主的国家相比，在具有单独高技能劳工工会且高技能劳工工会参与政策制定过程的国家中，本土高技能劳工的偏好得到关注的可能性更大。斯堪的纳维亚地区就是如此：他们具有专门的高技能劳工工会联合会，且这些联合会会与雇主和政府一起参与政策制定；高技能劳工的偏好因此能够得到关注，并且有相应的渠道可以表达他们限制高技能移民的偏好。在奥地利，工会集权度很高，工会联合会能够表达自己的偏好并争取更具限制性的政策。

综上所述，大多数限制性的高技能移民政策可能出现在工会和雇主集权度较高的国家。在斯堪的纳维亚半岛国家，技术/专业工会代表高技能劳工时，可能会反对放宽高技能移民政策。由于工会的势力，以及由此导致的雇主无法通过任何政策变更（两者均属于与政府谈判的内容），因此预计出台的政策会限制高技能移民。当工会放松其立场，并就高技能移民政策的特定条款和条件与雇主进行谈判时，国家可能会在一定程度上放宽高技能移民政策，而这种变化的条件是：原先的高技能与低技能劳工联盟转变为高技能劳工与资方联盟。联盟伙伴共同协商确定权衡方案。高技能劳工同意放宽高技能移民，但与资方谈判要求对移民的就业条件和工资附加限制性条件。

变化的原因各有不同：①近年来，有些国家的工会势力越来越弱，即工会密度和集权程度有所下降，因此，他们与雇主之间缺少谈判筹码。②工会意识到因为无法在短时间内培养出足够数量和符合教育水平要求的本土工人，终将会影响国内经济的发展状况，这不仅会损害工会成员（特别是低技能劳工）的利益，也会对国家的整体经济造成损害。③国际贸易开放度

简介和理论 第一部分

的提高加剧了国际竞争力和生产率方面的压力，与前几年相比，各国必须更为迅速地对这些挑战做出应对。

在工会化和集权度较高的国家，工会参与政策制定过程，并有能力为自己的利益游说。劳工市场组织对政策的形成很重要。在德国和瑞典等工会密度和集权度较高的国家，工会参与谈判。例如，在德国，工会联合会（DGB）以及雇主协会联合会和工业联合会（BDA和BDI）会参与政府的政策制定过程。在瑞典，有3个工会联合会——瑞典工会联合会、瑞典专业雇员联合会和瑞典职业协会联盟（LO，TCO，SACO），以及一个雇主协会——瑞典企业联合会（SN），会参与政府谈判。虽然德国的工会密度比瑞典低，但劳工市场主体的集权度/协调度相对较高，足以代表劳动力和资方。

在美国等工会密度和集权度较低的国家，高技能群体的限制性偏好不一定会被忽视，可以由专业协会代表，即由可以行使经济和政治权力的利益团体（Freidson，1986：225）代表。它们专为工程师、信息技术专家、科学家、医生、律师或建筑师等专业人士而建立，充当着职业的联盟组织，对商品或服务的供应具有垄断控制权，可以在竞争中保护协会的高技能成员（Freidson，1986：63）。这种专业协会会设置协会成员保护并通过强大的证书制度[①]来限制诸如移民之类的外部人群使用协会以前的教育和培训资源，以发挥与工会相似的作用。许多高技能移民在短期内从低技能工作入手，需要很长时间才能晋升到与其高技能水平相对应的职位。专业协会经常参加各种有影响力的政治运动来支持或反对立法提案（Freidson，1986）。

在美国，专业联合会曾多次游说反对增加H-1B签证数量，但与雇主相比，它们的组织性和影响力大多较低，并且缺乏全国性的伞状组织（Freeman and Hill，2006；Teitelbaum，2014）。这些雇主建立了临时联盟，并结合了他们的政治和财政资源，来争取更加开放的高技能移民政

---

① 这种专业协会会决定接受实践培训者的资质和人数、培训的内容、培训合格结业和从业许可要求，以及从业条款、条件和目标（Freidson，1994：33）。

53

策，直到最近，政府才屈服于雇主的游说（Hula，1999）。在英国，职业合同工集团（Professional Contractors Group，PCG）是 IT 领域自由承包商和顾问的代表，曾游说政府采取更具限制性的高技能移民政策——特别是，因为 IT 行业本土高技能劳工受到高技能移民的竞争影响，还曾试图将 IT 职业从紧缺职业清单中删除。详细情况，可参见案例研究中的英国部分。

德国和瑞典也存在专业联合会。他们比较关注通过限制会员数量来保护会员的利益，但不参与移民政策的制定过程，因为有工会联合会会正式参与。弗雷德森（Freidson）曾指出，与英语国家的专业协会不同，欧洲大陆的专业协会没有对接受专业培训以及执业资格和执业岗位的取得设置相应的标准（Freidson，1994：39）。在这些国家中，只有国家和国家公务员才有这种权力。这就解释了为什么专业协会在盎格鲁-撒克逊国家中具有如此重要的作用，他们有经济和政治动机游说制定更具限制性的高技能移民政策。在欧洲国家，专业标准由政府制定。案例研究显示，劳工市场组织在高技能移民政策的形成中发挥着重要作用。

最后，工会和雇主组织是否有与政府联系的渠道，以及是否参与政策制定都很重要。根据孟兹所言，组织势力是主体代表性和组织集权度以及与政府的关系/关联的综合结果。如果劳工市场组织有渠道与政府联系（例如，通过三方政策体系），那么他们的组织势力就会增强（Menz，2009）。劳工组织主体与政府代表（行政部门和立法部门）举行会议或磋商，以及参与立法磋商过程和政策制定过程，都可以与政府取得联系（Menz，2009）。例如在德国，工会和雇主与政府的联系程度一般；相比之下，瑞典的工会和雇主通过社会伙伴关系和三方政策制定的惯例，与政府建立了强大的联系渠道。

图 2.5 为工会和雇主在政策制定中的参与程度图表，即各国统合政策制定的程度（协会参与度）。图中的分数表示高级组织在国家调控中的总体影响力（Traxler et al.，2001：75），由此可以比较工会和雇主协会在公共政策中的作用。美国和加拿大雇主没有行业间高级雇主协会，因此没有评分。

协会之所以存在，就是为了有助于在资本方中取得政治影响力。① 在德国和瑞典，雇主的得分比工会低，因为主要的高级组织都是纯粹的雇主组织，其活动范围通常比对应的混合型组织要小（Traxler et al., 2001: 77）。

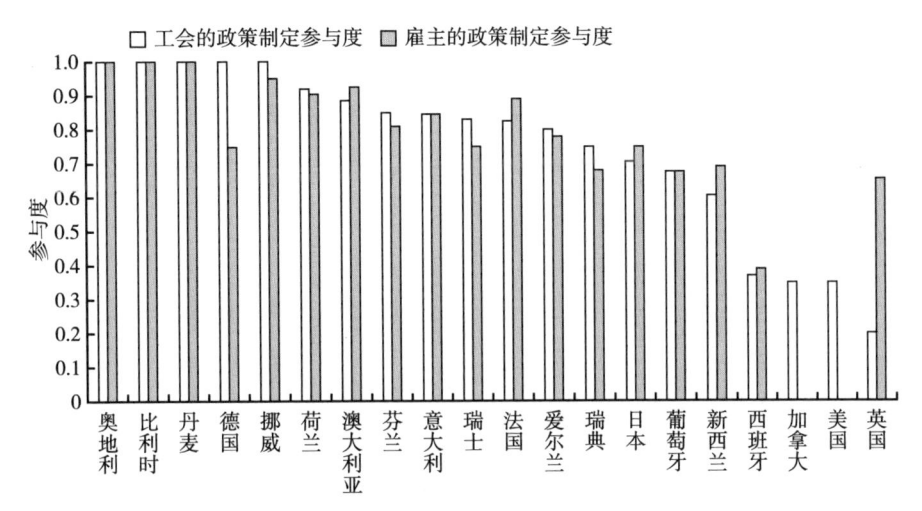

图 2.5 工会和雇主的政策制定参与度（1980—2002）

资料来源：Traxler, Blaschke and Kittel, 2001: 68, 经 Swank 和 Martin（2012）更新。

通过参与公共政策，协会可以在没有会员直接支持的情况下发挥影响力和行使权力，由此取得一定的权力。只有参与国家调控，雇主和劳工组织才能获得间接权力（Traxler et al., 2001: 77）。因此，问题的重点是高级组织是否参与和政府的协商及谈判。

有趣的是，与雇主相比，英国的工会指标相当低，但考虑到政府与工会之间的联系在撒切尔夫人时代（1979—1990）被打破，目前只恢复了一定程度就不足为奇了。雇主协会在政策制定和游说政府放宽高技能移民方面发挥了重要作用。许多限制高技能移民的国家，其工会的政策制定参与度也很高，因此必须分析参与政策流程的工会有哪些类型。如果这些工会

---

① 虽然右翼通常与企业联系在一起，左翼与工人联系在一起，但现在这种划分并不像以前那样明显了。大多数政党都呼吁要发展知识型经济和实现经济发展。

主要代表低技能劳工，那么根据上文提出的包容性观点，他们会站在更加开放的高技能移民立场。如果高技能工会/联合会参与政策制定过程，那么形成的政策很可能对高技能移民的限制性较大；如果工会的政策制定参与度很低，那么形成的政策很可能对高技能移民更为开放。

在工会运动活跃、工会化程度高且工会与政府联系紧密的国家中，高技能劳工在政策制定中能够得到代表并发挥影响力；而在工会运动疲软、高技能工会组织率较低且与政府关联有限的国家中，情况恰恰相反。在这种情况下，高技能劳工通过劳工市场主体的代表性将受到限制，但他们的限制性偏好可以通过政党代表。例如，由于支持国内人口教育/培训，尤其是在高失业率时期，因此德国的基民盟曾提出比执政社民党/绿党更具限制性的移民政策，而不是吸收移民工人（Boswell and Hough，2008）。下文主要讨论主体偏好的政治代表。

政治代表

一国的工会和雇主协会所涵盖的劳工和雇主利益各有不同。虽然这些劳工市场群体对政党十分重要，但政客并非总是以游说开支的高低或游说的激烈程度作为投票依据，而是必须考虑其所在地区/选区的选民利益。在美国，如果选民主要来自信息技术密集的地区，那么政客可能会投票支持增发H-1B签证。相比之下，当政客瞄准本土高技能选民时，他们会反对增加高技能签证的发放。由于政治代表程度存在差异，因此本书将这种制度约束考虑在内。

尽管各党派对高技能移民政策的偏好未必明确，但仍有大量研究讨论政党在移民政策制定中的作用（Breunig and Luedtke，2008；Money，1997；Perlmutter，1996）。如果政党与特定主体关联密切，那么应有明确迹象表明政党的高技能移民偏好。然而，由于劳工有高技能和低技能之分，因此哪个党派会支持劳工的偏好有时并不明显。如果政党代表一个以上的核心选区，就可能在高技能移民问题上出现立场分化——要么立场模糊，要么以一个核心选区为主导。

例如，在瑞典等国家，左翼政党代表并呼吁保护工人的利益；但在德国或英国，左翼政党因其"新左派"立场，也争取更开放的高技能移民政策。与之相反，瑞典等国家的右翼政党针对商业选区，有时会呼吁采取更开放的政策；但英国等国家的右翼政党针对本土主义思潮较强的选区和高收入选民，对高技能移民提出并实施了限制政策。在德国等国家，右翼政党经常出现立场分化，对文化保守和劳工保护主义选区呼吁实施高技能移民限制性政策，对商业选区呼吁开放政策（Boswell and Hough，2008）。

当执政党与特定劳工市场主体建立关联时，党派差异具有重要作用，特别是在具有强大阶级结构（如社民党/工会或中右翼政党/雇主协会）的国家（Kitschelt，1994；Kunkel and Pontusson，1998）。据此，政党行为就可以更好地与联盟模式联系起来。

高技能劳工的政治代表可通过政党、地区/州或劳工市场主体与政党之间建立关联等不同机制实现，这对高技能移民政策的形成至关重要。[①] 高技能移民政策何时会发生变化？如上文所述，主体的偏好会因外部因素而改变。例如，在高失业率时期，本地高技能劳工对限制性高技能移民政策的偏好可能会增强。尽管高技能移民问题对政党来说并非重点，但政府更迭还是会对高技能移民政策产生影响。偏好变化会影响结盟的政治动机，从而影响政策的形成。显然，当高技能劳工通过政党或地区/州以及工会与政党关联实现代表的情况随着时间的推移而变化时，高技能移民政策也会随之发生变化。

在工会和左翼政党联系密切的国家，因为工会和社民党可以阻止政策的变化，所以高技能劳工可以增加代表并争取更加具有限制性的政策。斯堪的纳维亚半岛国家就是如此。即使高技能劳工群体实力不是很强，也可

---

① 尽管本土高技能群体正在不断增长，但通常本土高技能劳工仍被视为少数群体，虽然本书将本土高技能劳工看成一个团体，但他们各自的目标往往有一定差异。这意味着，并不是所有本土高技能劳工都会反对更开放的高技能移民政策。国内产业和公共部门的劳动者比出口导向部门（特别是IT、技术或工程领域）的高技能劳工更不容易受到影响。

以通过与其他群体（如反移民群体）结盟来赢得代表。出于不同的原因，反移民群体也同样反对更为开放的高技能移民政策。两者结盟后会争取推行更具限制性的政策。例如，某个政党内部有一小部分高技能劳工群体，他们可以与（文化）保守派结盟。在德国，一个政党（基民盟/基社盟）内部的高技能劳工代表与该政党内部的保守派结盟，可以争取更具限制性的政策或否决政策提案。

这些联盟也可以跨党派组建。在美国，民主党的高技能劳工代表与共和党的（文化）保守派结盟。这些联盟与全面的移民改革（涵盖高技能和低技能的合法和非法移民）尤为相关。地方选区和文化保守派选民在美国发挥着重要作用。高技能劳工可以通过地区获得代表。美国高技能劳工代表在一系列政策改革问题上得到了"反移民"群体的支持。如果高技能劳工的政治代表力较低，那么所形成政策的开放性将更强。资方代表也能够在有限的阻力下推行自己的偏好。不过，随着时间的推移，高技能劳工可以将其与政治代表的关联制度化。

工会作为群众性组织，可以通过影响其成员取得选举权，因此会争取左翼政党的支持（Kjaergaard and Westphalen，2001：109）。瑞典的案例研究表明，瑞典工会与社民党之间的关联可以通过推动对高技能劳工的保护来阻止放宽高技能移民政策。工会与社民党之间的这种紧密关联提高了各自的政治实力，并影响了包括移民政策在内的许多政策（Lindvall and Sebring，2005）。

政党是一个寻求影响力并聚集利益的机构。如果高技能劳工得到代表，那么可以预期形成的政策将对高技能移民产生更大限制。这种代表只有在政党执政的情况下才能具有政治权力。在联邦制国家，该代表可以是反对派，但需要州级/国家级的实力。根据派姆特尔（Perlmutter）的观点，这类国家的官员具有对国家政策表达异议的手段，政客们有重要的选举机会，可以表达他们对更加一致和扩张性的国家政策立场的抵制（1996：379）。

德国可作为说明这个一般性结论的例子。在20世纪90年代末和21世

简介和理论 **第一部分**

纪初的政策变化时期，德国基民盟并不掌权，但仍然可以多次阻止政策提案的通过。虽然是反对党，但在德国联邦参议院中占多数席位，因此根据德国两院制规定，依然具有权势（参见案例研究章节）。德国议会上下两院（德国联邦参议院和联邦议院）中占多数席位的政党往往不同。在这种情况下，德国的基民盟/基社盟（CDU/CSU）和社民党（SPD）相互阻挠对方的政治经济改革意图。由于联邦参议院的重要地位，政客们会参与州选举的竞选活动（Kitschelt，2004：35）。

高技能劳工的权力通常不足以推动形成其期望的政策，因此必须寻求其他群体的支持。例如，反移民群体反对实行开放性的移民政策（无论是低技能移民政策还是高技能移民政策），因此，这两个群体可以结盟，增强谈判能力。中右翼党派，如德国基民盟，对工人和文化保守派都具有吸引力（Boswell and Hough，2008）。考虑到市场和组织经验两方面的因素，这符合凯斯彻尔特（1993）提出的左翼自由主义和右翼专制主义政治偏好形成模式。[①] 因此，高技能劳工可以通过与工会内部的保守派结盟成功以阻止政策变化。

与政党类似，如果高技能劳工在一个地区或州有代表，那么形成的政策很可能对高技能移民产生更大的限制。高技能劳工可以通过地区性集中在有聚集性效应的选区获得政治代表（Money，1997；Money and Falstrom，2006）。国会议员的连任在很大程度上取决于其对选民利益的代表能力。他们会对选民表达的需求和偏好做出高度响应（Bowles，1998）。与上述政党不同，美国的政党纪律要求最低，大多数当选官员在响应政党要求之前，可以自行应对选民的施压和偏好（Elazar，1972）。

高技能劳工的代表可以是国会议员或参议员等个人政治代表。在地方投票率比美国低得多的其他国家，情况就不一样了。"地方表决力"指地区级因素对选民决策的影响程度（Morgenstern and Swindle，2005：145）。

[①] 如果以利润或利息为主要收入来源，在私营部门（特别是在具有国际竞争力的公司）工作，人们在第一个层面上会具有更强的资本主义取向。教育水平高、客户互动型和符号处理型任务结构以及女性性别使各主体在第二个层面上具有更强的自由主义取向（Kitschelt 1993：304）。本土高技能劳工可以在右翼阵营中，也可以与工人群体中的专制派建立联盟。

摩根斯特恩（Morgenstern）和斯文德尔（Swindle）(2005：151)认为，议会制背景下的政党应该有较强的动机对候选人（或地区）差异化的机会和动机进行限制。议会制国家的地方表决力得分比总统制国家平均低16分左右，是因为这些国家有较强的动机对候选人（或地区）差异化的机会和动机进行限制（Morgenstern and Swindle, 2005：151, 162）。

然而，如上所示，来自选区/州的高技能劳工代表将设法与文化保守派建立联盟，以增强其政治权力并成功推行政策。这在全面移民政策（即涵盖合法和非法的、低技能和高技能的移民）中尤为有效。

对于限制性较高的高技能移民政策，如果制度阻力较小，则有望实现开放性高技能移民政策。但是，制度化的关联和代表可以随着时间的推移而建立，也可以针对具体情况而建立。与低技能劳工相比，高技能劳工往往收入更高、纳税更多、使用的福利更少，因此可成为政党的重要支持者。可以预见，随着时间的推移，高技能移民政策将因下列两个因素发生变化：①代表不同群体的主体形成制度；②工会与左翼政党之间建立关联。（高技能劳工的）政治代表对高技能移民政策的推出至关重要。

假　设

根据已有的理论和文献，此处推导出以下关于联盟和可能形成的政策的假设（Cerna, 2014）。前3个假设以关于劳工市场主体和联盟的理论工作为基础，即工会密度高、雇主和工会的集权度和政策制定参与度高的国家会采用限制性最强的高技能移民政策（Cerna, 2009），这一结论也可以从资本主义多样性的文献中大致推导得出。协调型市场经济具有高技能与低技能工会结盟、工会密度高和工会集权度高的特点，而工会在劳工市场的移民准入管理方面具有制度优势，因此该特点将对高技能移民产生更大的限制（Krings, 2009；Menz, 2009）。在自由型市场经济中，由于劳工市场主体的权力分散，工会的话语权少于雇主（Menz, 2011）。

假设 4 借鉴了现有与利益集团游说相关的文献（Facchini et al. 2011；Freeman and Hill，2006）。拥有资源并有政府关系的群体更有可能影响到政策的制定。假设 5 和假设 6 建立的基础是关于政党及其在移民政策制定中所起作用的文献（Breunig and Luedtke，2008；Perlmutter，1996），以及关于政党和劳工市场主体互动的文献（Kitschelt，1994；Kunkel and Pontusson，1998；Lindvall and Sebring，2005）。

假设 1：如果工会密度高、工会集权度高且工会的政策制定参与度高，那么高技能和低技能劳工之间有望结盟，制定出更具限制性的高技能移民政策。

假设 2：如果工会密度高，工会和雇主集权度高，劳资双方的政策制定参与度高，那么高技能劳工和资方之间有望结盟，制定出更具限制性的高技能移民政策。

假设 3：如果工会密度中等偏低，工会和雇主集权度高，低技能劳工和资方参与政策制定，那么低技能劳工与资方之间有望结盟，制定出更开放的高技能移民政策。

假设 4：如果劳工市场关键变量较低，那么有强烈偏好的市场主体可以通过大力游说进入政府。各主体（指资方、低技能劳工和高技能劳工）内部可能形成联盟，从而制定出更开放的政策；或者高技能劳工内部形成联盟时，将制定出限制性的政策。

假设 5：如果各劳工市场主体均无强烈的高技能移民偏好，或者其实力弱小（例如在工会的密度和集权度低，工会和雇主的政策制定参与度低或无制度准入的国家），那么执政党可以在政策制定中发挥重要作用，形成的政策可能更开放，也可能更具限制性。

假设 6：政党（或者党内派别、地区／州内的派别）代表其中一个主要主体的利益时，或者与劳工市场主体或其他集团建立联系时，对政策的形成（互动效应）发挥着重要作用，形成的政策可能更开放，也可能更具限制性。

政府和劳工市场主体的偏好与政治活动、强化偏好的外部因素、联盟建设和政策形成等内容的分析，参见案例研究章节。

框架建议

理论表明,在高技能移民政策限制性最强的国家,高技能劳工具有很强的代表性,工会密度高,工会和雇主协会集权度也高,劳工市场主体的政策制定参与程度也很高,这些都会影响主体之间建立联盟。另一方面,在高技能移民政策开放程度最高的国家,也可能高技能劳工代表权有限,工会密度低,工会和雇主协会的集权度也低,劳工市场主体的政策制定参与程度也较低。由此,可以推断存在政治代表权中等的个中情况——集权度或高或低,决策参与度或高或低。在这种情况下,劳工主体与其他群体可以通过建立联盟赢得政治代表,但是形成的政策会随着时间的推移而变化。

根据制定的框架,可将国家分为5种不同的类型。表2.3根据组成特定联盟的条件及其对可能形成的政策造成的影响,对各案例国进行了简单分类。然而,因为不断变化的政治经济条件可能会强化主体偏好,随后主体为推动形成其预期的政策会寻求建立不同的联盟,所以国家的分类可能会发生变化。

表 2.3 案例类型

项目	工会密度	工会集权度	雇主集权度	工会的政策制定参与度	雇主的政策制定参与度	(高技能劳工的)政治代表力
类型1	高	高	高	高	高	高或低(因政党而异)
类型2	中低	高	高	高	中高	中高(因州和政党而异)
类型3	中低	低	低	中	高	中高(因选区而异)
类型4	低	低	低	中	中	中低(因政党而异)
类型5	低	低	低	中低	中低	中低(因地区和州而异)

续表

项目	模式	预测情况	对政策形成的可能影响
类型1	劳工市场主体（劳工和雇主）实力强大；政治代表力的高低取决于执政党。例如：瑞典	低技能劳工＋高技能劳工（或资方）	限制性（或开放性）
类型2	劳工市场主体实力十分强大；高技能劳工在工会中的代表力不足；但可能有政党内部代表。例如：德国	低技能劳工＋资方	开放性
类型3	雇主实力强大，高技能劳工在工会中的代表力不足；但可能有政党内部代表。例如：英国	资方或高技能劳工＋资方	开放性（或限制性）
类型4	高技能劳工在工会中的代表力不足；（特别是）工会和雇主权力分散，未充分参与政策制定；所在州实力强大。例如：法国	州（＋资方）	开放性
类型5	高技能劳工在工会中的代表力不足；劳工市场主体集权度／政策制定参与度不高；取决于进行游说的（权力分散的）协会；但可能有区／州代表。例如：美国	高技能劳工（或低技能劳工或资方）	限制性（或开放性）

资料来源：改编自塞尔纳，2014：73。

政策变化

正如第1章所论述的那样，偏好是稳定不变的，各种规则和惯例也只会缓慢地发生变化，但是联盟和政策确实会改变。外来的主体可以影响到各主体的偏好，进而影响他们接受选择权的能力。主体、偏好和制度可用于解释高技能移民政策的变化，而它们又与影响政策形成的外部因素相互作用。有关主体实力及其偏好的背景信息，参见案例研究。

例如丹麦，高技能劳工和资方结盟并就政策的各种附加条件达成一致后，虽然国家政策立场限制性较高，但是依然能够在一定程度上放宽其高技能移民政策（Stenum，2005）。有些高技能劳工工会也愿意放宽高技能移民政策，以确保未来福利和经济发展，这类例子如丹麦工程师协会（Danish Society of Engineers，IDA）与丹麦金属行业工业工会（Industry Trade Union，Dansk Metal）共同合作，以推动社会福利和经济的发展。

然而，大多数工会对其所在领域的劳工移民表示高度关切。例如，计算机专业人员协会（The Association of Computer Professionals, PROSA）曾发表以下高调言论，将移民问题与欧盟的扩张联系起来：①外国专业人员工资不得过低；②丹麦失业的本土 IT 专业人员待遇必须优于外籍专业人员（Stenum 2005：16）。丹麦社民党在 1993—2001 年执政期间，间或与丹麦激进自由党组成联盟。2001 年，丹麦社民党领导的政府在败选后辞职，由自由党和保守党组成的少数派联盟成立，该联盟以自由党人安德尔斯·弗格·拉斯姆森（Anders Fogh Rasmussen）为领袖（Pedersen，2005）。在随后 2005 年 2 月举行的选举中，自由党赢得了多数席位。由于工会和政府之间的联系中断，权力被削弱，工会在阻止高技能移民政策变化方面处于更不利的地位，但至少会设法继续参与谈判，影响政策的附加条款。

其他解释[①]

经济形势等结构性因素，例如经济增长、失业、劳动力短缺和移民率，以及对移民的敌意等文化因素，本身并不能用于解释高技能移民政策的变化。例如，德国等对移民（和高失业率）持有较强敌意的国家已经实施了更开放的高技能移民政策，而美国等"文化开放"的国家虽然失业率较低，甚至面临劳动力严重短缺的问题，却采取了更具限制性的移民政策。尽管如此，历史、经济、社会和文化背景在一定程度上仍是解释高技能移民政策变化的重要因素。

[①] 结构性经济因素和文化因素也可能对高技能移民产生影响，因此本节将重点放在这两种因素上。此外也存在对移民控制政策的其他解释，如外交政策考虑、马克思主义解释（Meyers，2000，2004）和国际安全问题（Rudolph，2003）。这些解释更多涉及其他类型的移民，或者未充分考虑到所有相关主体。本书论述的重点在于国内政治。

简介和理论 第一部分

结构性经济因素

学者、政客和政策制定者都常以经济情况为由解释劳工移民政策的跨国差异。根据这一观点，英国作为低失业率国家，本应该立即实施开放的高技能移民政策；与此相反，德国由于失业率高而难以通过新的移民法案。这可以更为直接地向选民印证这种政策变化的合理性。但实际上，经济状况并非总是与高技能移民政策相关。在经济衰退时期曾出现政策放宽，而在经济繁荣时期也曾有政策限制。2004年德国提出放宽高技能移民政策的立法提案，那些失业率最高的州却并未投反对票；与此类似，那些失业率较低的州却往往投了反对票。这完全由各州政府的执政党决定的。如果德国的工会是某个州的主要政党或政党联盟的伙伴，那么该州要么反对该提案，要么弃权。

失业率不能成为支持或反对放宽高技能移民政策的决定性因素。豪斯表示，美国在20世纪80年代和90年代初一直实施相对开放的移民政策，却在20世纪20年代初实施了限制性移民措施，但这两个时期都有经济衰退和本土主义膨胀的特征（1995：287）。自19世纪中期以来，每一次严重经济衰退都掀起了抵制移民的浪潮，新移民沦为经济衰退的替罪羊。其"限制性"根源可以追溯到20世纪70年代的"滞胀"，其进一步激化却发生在20世纪80年代失业率相对较低的时期（Calavita，1994：64）。经济因素只有在捕捉到主体偏好转变，然后这些转变被纳入政策之中时才发挥重要作用。例如，在经济危机时期，高技能劳工偏好加剧并通过寻求结盟以推行更具限制性的高技能移民政策，本土高技能劳工反对这些政策的呼声可能会随之日益高涨。然而，选民们通常并不理解，当国家失业率高的时候，某些特定行业也可能存在严重的劳动力短缺。

文化因素

文化是解释移民政策差异的另一个因素,有时被称为"民族认同"方法(Meyers,2000)。有观点认为,各国独特的历史、公民和国籍的概念,以及关于国家身份和社会冲突的探讨,造就了自身的移民政策(Meyers,2000:1251)。布鲁贝克尔(Brubaker)(1992)是这一论点的著名支持者之一。但是,一个国家的价值体系或行为习惯等文化因素并不能解释文化实践的变化,因为这两者的变化亦十分缓慢(Gourevitch and Shinn,2005:8)。例如,从文化角度理解,美国作为"传统"移民国家可能成为对高技能移民开放程度最高的国家,而英国、法国、德国和瑞典可能依次是高技能移民限制性程度递增的国家;但实际形成的政策与此有较大的差异,文化因素无法用来解释高技能移民政策的变化。

通过对各国进行比较,可以发现这些替代因素不足以解释高技能移民政策形成的过程。结构性经济因素不一定引起政策变化;它们只能影响主体偏好,进而影响联盟和政策的形成。文化因素无法用于解释高技能移民政策的变化,至少对于"移民国家"来说是如此。德国虽然直到21世纪初还自称为"无移民国家",但也已经设法放宽高技能移民政策;美国作为传统移民国家,随着时间的推移,却实行了更具限制性的政策;英国和瑞典都改变了各自的政策。如果文化因素可以充分解释各国的政策,那么在整个调查期间,政策偏好也理应保持不变。我们需要更好地了解,在何种条件下,这些(外部)因素在高技能移民分析中发挥作用。

结 论

本章为分析各国高技能移民政策的差异建立了理论框架。高技能移民的课题在政治学中仍有较大探索空间。与以党派、资本主义多样性和结构性经济因素为解释的现有文献相比,本章通过阐述联盟观点为高技能移民政策的差异性提供了更为丰富的解释。本章通过劳工和资方分类对常见的党派文献提出质疑。高技能移民政策之间可以存在差异,而不是趋同,原因如下:①本地高技能劳工、本地低技能劳工和资方的偏好不同,并随着时间的推移而变化;②可能出现6种不同的政治联盟;③制度是偏好转化为政策的中间载体。

本章对一些要点进行了阐述。随着劳动力日益短缺,国际上"精英人才"的争夺战将日益激烈。一些由主体和政治经济机构建立的联盟将阻碍各国放宽高技能移民政策的进程。这可能会加剧各国内部劳资双方在政策上的紧张关系,而关系的调和取决于各个执政党。下一章将通过建立高技能移民指数,评估不同时间点上各国高技能移民政策的相对开放性或限制性,并检验理论框架的预期在现实中是否成立。第4~第7章为详细的案例研究,是定量分析的进一步补充。第8章将进一步详述上文观点,并讨论研究中发现的一些政策影响。

【参考文献】

[1] ALT J, 1985. Political parties, world demand and unemployment'[J]. American Political Science Review, 79(4): 1016–1040.

[2] ANSELL B, 2010. From the ballot to the blackboard?The redistributive political economy of education [M]. Cambridge: Cambridge University Press.

[3] AVCI G, MCDONALD C, 2000. Chipping away at the fortress [J]. International Migration, 38(2): 191–213.

[4] BALDWIN-EDWARDS M, 1991. Immigration after 1992 [J]. Policy and Politics, 19(3): 199–211.

[5] BORJAS G, 1995. The economic benefits from immigration [J]. Journal of Economic Perspectives, 9(2): 3–22.

[6] BORJAS G, 2003. The labour demand curve is downward sloping: Re-examining the impact of immigration on the labour market [J]. Quarterly

Journal of Economics, 118(4): 1335-1374.

[7] BORJAS G, 2006. Immigration in high-skill labour markets: the impact of foreign students on the earnings of doctorates [R]. Boston: NBER Working Paper, 12085.

[8] BORJAS G, FREEMAN R, KATZ L, 1996. Searching for the effect of immigration on the labour market [J]. American Economic Review, 86(2): 246-251.

[9] BOSWELL C, HOUGH D, 2008. Politicizing migration: Opportunity or liability for the centre-right in Germany? [J]. Journal of European Public Policy, 15(3): 331-348.

[10] BOUND J, BRAGA B, GOLDEN J, 2013. Recruitment of foreigners in the market for computer scientists in the US [R]. Ann Arbor: University of Michigan.

[11] BOWLES N, 1998. Federalism and intergovernmental policy-making [M]// Government and politics of the United States, 2nd ed. New York: Palgrave.

[12] BREUNIG C, LUEDTKE A, 2008. What motivates the gatekeepers? Explaining governing party preferences on immigration [J]. Governance, 21(1): 123-146.

[13] BRUBAKER R, 1992. Citizenship and nationhood in France and Germany [M]. Cambridge, MA: Cambridge University Press.

[14] BUCKEN-KNAPP G, 2009. Defending the Swedish model: Social democrats, trade unions and labor migration policy reform [M]. Lanham: Lexington Books.

[15] CALAVITA K, 1994. US immigration and policy responses: The limits of legislation [M]// CORNELIUS W, MARTIN P, HOLLIFIELD J. Controlling immigration: A global perspective. Stanford: Stanford University Press, 55-82.

[16] CALMFORS L, DRIFFILL J, 1988. Bargaining structure, corporatism and macro-economic performance [J]. Economic Policy, 3(6): 14-61.

[17] CASTLES S, G. Kosack. 1973. Immigrant workers and class structure in

Western Europe [M]. London: Oxford University Press.

[18] CAVIEDES A, 2010. Prying open fortress Europe: The turn to sectoral labor migration [M]. Lanham: Lexington Books.

[19] CERNA L, 2009. The varieties of high-skilled immigration policies: Coalitions and policy outputs in advanced industrial countries [J]. Journal of European Public Policy, 16 (1): 144-161.

[20] CERNA L, 2014. Attracting high-skilled immigrants: Policies in comparative perspective [J]. International Migration, 52 (3): 69-84.

[21] CHISWICK B, 2005. High skilled immigration in the international arena [R]. Bonn: IZA Discussion Paper 1782.

[22] COLLINSON S, 1994. Toward further harmonization?Migration policy in the European Union [J]. Studi Emigrazione, 31 (14): 210-237.

[23] CORNELIUS W, MARTIN P, HOLLIFIELD J, 1994. Controlling immigration: A global perspective [M]. Stanford: Stanford University Press.

[24] CORNELIUS W, TSUDA T, MARTIN P, et al., 2004. Controlling immigration: A global perspective [M]. 2nd ed. Stanford: Stanford University Press.

[25] CROUCH C, STREECK W, 1997. Political economy of modern capitalism: Mapping convergence and diversity [M]. London: Sage.

[26] CROUCH C, FINEGOLD D, SAKO M, 2004. Are skills the answer?The political economy of skill creation in advanced industrialised countries [M]. Oxford: Oxford University Press.

[27] DEVLIN C, 2014. Impacts of migration on UK native employment: An analytical review of the evidence [R]. London: Home Office and Department for Business, Innovation and Skills.

[28] DRIVER S, MARTELL L, 2002. Left, right and the third way [J]. Policy and Politics, 28 (2): 147-161.

[29] EBBINGHAUS B, Visser J, 2000. Trade Unions in Western Europe since 1945 [M]. New York: Grove's Dictionaries.

[30] EBBINGHAUS B, HASSEL A, 2000. Striking deals: Concentration in the

reform of Continental European welfare states [J]. Journal of European Public Policy, 7 (1): 44-62.

[31] ELAZAR D, 1972. American Federalism: A view from the states [M]. 2nd ed. New York: Thomas Crowell Company.

[32] ETHIER W, 1996. Theories about trade liberalization and migration: Substitutes or complements? [M]//LLOYD P, WILLIAMS L. International trade and migration in the APEC region. Melbourne: Oxford University Press.

[33] FACCHINI G, MAYDA A M, MISHRA P, 2011. Do interest groups affect US immigration policy? [J] Journal of International Economics, 85: 114-128.

[34] FEATHERSTONE M, 1990. Global culture: Nationalism, globalization and modernity: A theory, culture & society special issue [M]. London: SAGE.

[35] FLORIDA R, 2002. The economic geography of talent [J]. Annals of the Association of American Geographers, 92 (4): 744-755.

[36] FONSECA L, MALHEIROS J, SILVA S, 2005. Portugal [M]//NIESSEN J, SCHIBEL J, THOMPSON C. Current immigration debates in Europe: A publication of the European Migration Dialogue. Brussels: Migration Policy Group. Freeman G, 1995. Modes of immigration politics in liberal democratic states [J]. International Migration Review, 29 (4): 881-902.

[37] FREEMAN G, 2002. Winners and losers: Politics and the costs and benefits of migration [M]// MESSINA A. West European immigration and immigrant policy in the New Century. Westport, CT: Praeger, 77-95.

[38] FREEMAN G, 2006. National models, policy types and the politics of immigration in liberal democracies [J]. West European Politics, 29 (2): 227-247.

[39] FREEMAN G, HILL D, 2006. Disaggregating immigration policy: The politics of skilled labour recruitment in the US [M]// SMITH M P, FAVELL A. The human face of global mobility: International highly skilled migration in Europe, North-America and the Asia-Pacific. New Brunswick: Transaction Publishers, 103-129.

[40] FREIDSON E, 1986. Professional powers: A study of the institutionalization of

formal knowledge [M]. Chicago: Chicago University Press.

[41] FREIDSON E, 1994. Professionalism reborn: Theory, prophecy and policy [M]. Oxford: Polity Press.

[42] GOLDEN M, WALLERSTEIN M, LANGE P. 2008. Post-war trade union organisation and industrial relations in twelve countries [M] // Austin-Smith D. Selected works of Michael Wallerstein: The political economy of inequality, unions and social democracy, Cambridge: Cambridge University Press, 173-211.

[43] GOUREVITCH P, 1986. Politics in hard times: Comparative responses to international economic crises [M]. Ithaca: Cornell University Press.

[44] GOUREVITCH P, SHINN J, 2005. Political power and corporate control: The new global politics of corporate governance [M]. Princeton: Princeton University Press.

[45] GUIRAUDON V, 2000. European integration and migration policy: Vertical policy-making as venue shopping [J]. Journal of Common Market Studies, 38 (2): 249-269.

[46] HAGGARD S, WEBB S, 1994. Voting for reform: Democracy, political liberalisation and economic adjustment [M]. Washington: World Bank Press.

[47] HAINMÜLLER J, HISCOX M, 2010. Attitudes towards highly skilled and low skilled immigration: Evidence from a survey experiment [J]. American Political Science Review, 104 (1): 61-84.

[48] HALL P, FRANZESE R, 1998. Mixed signals: Central bank independence, coordinated wage bargaining and European Monetary Union [J]. International Organization, 52: 505-535.

[49] HALL P, SOSKICE D, 2001. Varieties of capitalism: The institutional foundations of comparative advantage [M]. Oxford: Oxford University Press.

[50] HAMMAR T, 1985. European immigration policy: A comparative study [M]. Cambridge: Cambridge University Press.

[51] HAUS L, 1995. Openings in the wall: Transnational migrants, labour unions and US immigration policy [J]. International Organization, 49 (2): 285-313.

[52] HAUS L, 2002. Unions, immigration and internationalization: New challenges and changing coalitions in the United States and France [M]. New York: Palgrave Macmillan.

[53] HEICHEL S, PAPE J, SOMMERER T, 2005. Is there convergence in convergence research? An overview of empirical studies on policy convergence [J]. Journal of European Public Policy, 12 (5): 817-840.

[54] HIBBS D, 1977. Political parties and macro-economic policy. American Political Science Review, 71 (4): 1467-1487.

[55] HISCOX M, 2002. International trade and political conflict: Commerce, coalitions and mobility [M]. Princeton: Princeton University Press.

[56] HOLLIFIELD J, 1992. Immigrants, markets and states [M]. Cambridge, MA: Harvard University Press.

[57] HOLLIFIELD J, 2000. The politics of international migration: How can we bring the state back in? [M] // BRETTELL C, HOLLIFIELD J. Migration theory: Talking across disciplines. London: Routledge, 137-186.

[58] HOLZINGER K, KNILL C, 2005. Causes and conditions of cross-national policy convergence [J]. Journal of European Public Policy, 12 (5): 775-796.

[59] HULA K, 1999. Lobbying together: Interest group coalitions in legislative politics [M]. Washington: Georgetown University Press.

[60] IMMERGUT E, 1992. The political construction of interest: National health insurance politics in Switzerland, France and Sweden, 1930-1970 [M]. New York: Cambridge University Press.

[61] IVERSEN T, 2006. Class politics is dead! Long live class politics! A political economy perspective on the new partisan politics [J]. APSA—Comparative Politics Newsletter, 17 (2): 1-6.

[62] IVERSEN T, SOSKICE D, 2006. Electoral institutions and the politics of coalitions: Why some democracies redistribute more than others [J]. American Political Science Review, 100 (2): 165-181.

[63] KENWORTHY L. 2003. Quantitative indicators of corporatism [J]. International Journal of Sociology, 33 (3): 10-44.

[64] KESSLER A, 1999. Guarded gates: Factor mobility, domestic coalitions and the political economy of American immigration control [D]. Los Angeles: Department of Politics, UCLA.

[65] KITSCHELT H, 1988. Left-libertarian parties: Explaining innovation in competitive party systems [J]. World Politics, 40 (2): 194-234.

[66] KITSCHELT H, 1993. Class structure and social democratic party strategy [J]. British Journal of Politica Science, 23 (3): 299-337.

[67] KITSCHELT H, 1994. The transformation of European social democracy [M]. Cambridge: Cambridge University Press.

[68] KITSCHELT H, 2004. Political-economic context and partisan strategies in the German federal elections, 1990-2002 [M]// KITSCHELT H, STREECK W. Germany: Beyond the stable state. London: Frank Cass.

[69] KITSCHELT H, LANGE P, MARKS G, et al., 1999. Continuity and change in contemporary capitalism [M]. Cambridge: Cambridge University Press.

[70] KJAERGAARD C, WESTPHALEN S A, 2001. From collective bargaining to social partnerships: New roles of social partners in Europe [M]. Copenhagen: The Copenhagen Centre.

[71] KRINGS T, 2009. Organised labour and migration in the global age: A comparative analysis of trade union responses to migrant labour in Austria, Germany, Ireland and the UK [D]. Dublin: Dublin City University.

[72] KUNKEL C, PONTUSSON J, 1998. Corporatism versus social democracy: Divergent fortunes of the Austrian and Swedish labour movements [J]. West European Politics, 21 (2): 1-31.

[73] LINDVALL J, SEBRING J, 2005. Policy reform and the decline of corporatism in Sweden [J]. West European Politics, 28 (5): 1057-1074.

[74] LOWELL L, 2005. Policies and regulations for managing skilled international migration for work [R]. New York: United Nations, Mortality and Migration Section of the Population Division/DESA.

[75] MALHOTRA N, MARGALIT Y, HYUNJUNG C, 2013. Economic explanations for opposition to immigration: Distinguishing between prevalence

and conditional impact [J]. American Journal of Political Science, 57 (2): 391-410.

[76] MARTIN C J, SWANK D, 2004. Does the organisation of capital matter?Employers and Active Labour Market Policy at the national and firm levels [J]. American Political Science Review, 98 (4): 593-611.

[77] MARTIN P, RUHS M, 2011. Labour shortages and US immigration reform: Promises and perils of an independent commission [J]. International Migration Review, 45 (1): 174-187.

[78] MAYDA A M, 2006. Who is against immigration?A cross-country investigation of individual attitudes towards immigrants [J]. The Review of Economics and Statistics, 88: 510-530.

[79] MCKEOWN T, 1999. The global economy, post-Fordism and trade policy in advanced capitalist states [M]. Cambridge: Cambridge University Press.

[80] MENZ G, 2009. The political economy of managed migration: Nonstate actors, Europeanization, and the politics of designing migration policies [M]. Oxford: Oxford University Press.

[81] MENZ G, 2011. Employer preferences for labor migration: Exploring 'varieties of capitalism' -based contextual conditionality in Germany and the United Kingdom' [J]. British Journal of Politics and International Relations, 13: 534-550.

[82] MEYERS E, 2000. Theories of international immigration policy: A comparative analysis [J]. International Migration Review, 34 (4): 1245-1282.

[83] MEYERS E, 2004. International immigration policy: A theoretical and comparative analysis [M]. Basingstoke: Palgrave Macmillan.

[84] MILKMAN R, 2006. LA story: Immigrant workers and the future of the US labor movement [R]. New York: Russell Sage Foundation.

[85] MONEY J, 1997. No vacancy: The political geography of immigration control in advanced industrial countries [J]. International Organisation, 51 (4): 685-720.

[86] MONEY J, 1999. Fences and neighbours: The political geography of

immigration control [M]. Ithaca: Cornell University Press.

[87] MONEY J, FALSTROM D Z, 2006. Interests and institutions in skilled migration: Comparing flows in the IT and nursing sectors in the US [M]// SMITH M P, FAVELL A. The human face of global mobility: International highly skilled migration in Europe, North-America and the Asia-Pacific. New Brunswick: Transaction Publishers, 131–156.

[88] MORETTI E, 2010. Local multipliers [J]. American Economic Review, 100 (2): 373–377.

[89] MORGENSTERN S, SWINDLE S, 2005. Are politics local?: An analysis of voting patterns in 23 democracies [J]. Comparative Political Studies, 38 (2): 143–170.

[90] NATHAN M, 2014. The wider economic impacts of high-skilled migrants: A survey of the literature for receiving countries [J]. IZA Journal of Migration, 3 (4): 1–20.

[91] NORRIS P, 2004. Electoral engineering: Voting rules and political behaviour [M]. Cambridge: Cambridge University Press.

[92] NORTH D, 1990. Institutions, institutional change and economic performance [M]. Cambridge: Cambridge University Press.

[93] OECD. 2014. International migration outlook (SOPEMI 2014)[R]. Paris: OECD.

[94] OLSON M, 1974. A theory of groups and organisations [M]. Cambridge: Harvard University Press.

[95] OLSON M, 1982. The rise and decline of nations: Economic growth, stagflation and social rigidities [M]. New Haven: Yale University Press.

[96] O'ROURKE K, SINNOTT R, 2006. The determinants of attitudes towards immigration [J]. European Journal of Political Economy, 22: 838–861.

[97] PAUL R, 2015. The political economy of border drawing: Arranging legality in European labour migration policies [M]. New York, Oxford: Berghahn.

[98] PEDERSEN K, 2005. The 2005 Danish general election: A phase of consolidation [J]. West European Politics, 2 (5): 1101–1108.

[99] PENNINX R, ROOSBLAD J, 2000. Trade unions, immigration and immigrants in Europe 1960-1993 [M]. New York: Berghahn Books.

[100] PERLMUTTER T, 1996. Bringing parties back in: Comments on modes of immigration politics in liberal democratic societies [J]. International Migration Review, 30 (113): 375-388.

[101] PORTES A, RUMBAUT R, 1996. Immigrant America: A portrait [M]. 2nd ed. Berkeley: University of California Press.

[102] Productivity Commission of Australia. 2006. Economic impacts of migration and population growth [R]. Canberra: Productivity Commission of Australia Position Paper.

[103] PRZEWORSKI A, 2003. Institutions matter?Draft paper prepared for a meeting on Institutions, Behaviour and Outcomes [R]. Sao Paulo: CEBRAP.

[104] REES A, 1963. The effects of unions on resource allocation [J]. Journal of Law and Economics, 6: 69-78.

[105] ROGOWSKI R, 1989. Commerce and coalitions: How trade affects domestic political alignments [M]. Princeton: Princeton University Press.

[106] RUDOLPH C, 2003. Security and the political economy of international migration [J]. American Political Science Review, 97 (4): 603-620.

[107] RUEDA D, 2005. Insider-outsider politics in industrialized democracies: The challenge to Social Democratic parties [J]. American Political Science Review, 99 (1): 61-74.

[108] RUEDA D, 2007. Social democracy inside out: Partisanship and labour market policy in advanced industrialised democracies [M]. Oxford: Oxford University Press.

[109] RUEDA D, PONTUSSON J, 2000. Wage inequality and varieties of capitalism' [J]. World Politics, 52 (3): 350-383.

[110] RUHS M, 2013. The price of rights: Regulating international labour migration [M]. Princeton and Oxford: Princeton University Press.

[111] SCHEVE K, SLAUGHTER M. 2001. Labour market competition and individual preferences over immigration policy [J]. Review of Economics and

Statistics, 83（1）: 133-145.

[112] SOMERVILLE W, 2007. Immigration under new labour. Bristol: Policy Press.

[113] STENUM, H. 2005. Denmark [M]// NIESSEN J, SCHIBEL J, THOMPSON C, Current immigration debates in Europe: A publication of the European migration dialogue. Brussels: Migration Policy Group.

[114] STREECK W, HASSEL A, 2004. The crumbling pillars of social partnership [M]// KITSCHELT H, STREECK W. Germany: Beyond the stable state. London: Frank Cass.

[115] SWANK D, MARTIN C J, 2001. Employers and the welfare state: The political economic organisation of firms and social policy in contemporary capitalist democracies [J]. Comparative Political Studies, 34（8）: 889-923.

[116] SWANK D, MARTIN C J, 2004. Does the organisation of capital matter?Employers and Active Labour Market Policy at the national and firm levels [J]. American Political Science Review, 98（4）: 593-611.

[117] SWANK D, MARTIN C J, 2012. The political construction of business interests: Coordination, growth and equity [M]. Cambridge: Cambridge University Press.

[118] SWANK D, MARTIN C J, THELEN K, 2008. Institutional change and the politics of solidarity in advanced industrial societies [R]. Boston, MA: Paper prepared for APSA Annual Conference.

[119] SWENSON P, 1991. Bringing the capital back in or social democracy reconsidered: Employer power, cross-class alliances and centralization of industrial relations in Denmark and Sweden [J]. World Politics, 43（4）: 513-544.

[120] TEITELBAUM M, 2014. Falling behind?Boom, bust and the global race for scientific talent [M]. Princeton: Princeton University Press.

[121] THELEN K, 2009. Institutional change in advanced political economies [J]. British Journal of Industrial Relations, 47（3）: 471-498.

[122] TIMMER A, WILLIAMSON J, 1998. Immigration policy prior to the 1930s: Labour markets, policy interactions, and globalization backlash' [J].

Population and Development Review, 24 (4): 739-771.

[123] TRAXLER F, BLASCHKE S, KITTEL B, 2001. National labour relations in industrialized markets: A comparative study of institutions, change and performance [M]. Oxford: Oxford University Press.

[124] TSEBELIS G, 2002. Veto players: How political institutions work [M]. Princeton: Princeton University Press.

[125] VISSER J, 2013. Database on Institutional Characteristics of Trade Unions, Wage Setting, State Intervention and Social Pacts (ICTWSS) in 34 countries between 1960 and 2007 [DB]. Version 4.

[126] WALLERSTEIN M, 1999. Wage-setting institutions and pay inequality in advanced industrial societies [J]. American Journal of Political Science, 43 (3): 649-680.

[127] WALLERSTEIN M, GOLDEN M, LANGE P, 1997. Unions, employers' associations and wage-setting institutions in Northern and Central Europe, 1950—1992 [J]. Industrial and Labour Relations Review, 50 (3): 379-401.

[128] WATTS J, 2002. Immigration policy and the challenge of globalisation [M]. Ithaca: Cornell University Press.

[129] WILSON J, 1980. The politics of regulation [M]. New York: Basic Books.

[130] ZOLBERG, A. 1999. Matters of state: Theorizing immigration policy [M]: Hirschmann C, Kasinitz P, DeWind J.Handbook of international migration. New York: Russell Sage Foundation, 71-93.

第 3 章

高技能移民政策测评

各国的高技能移民政策存在着显著差异。各个经合组织国家虽然对临时工都持积极的态度，但这并不意味着其法例完全相同；相反，其法例具有很大的多样性（OECD，1997：21）。然而，很少有人通过比较研究来对政策变化进行系统地分类和测评。而展示政策的多样性和变化，且不局限于定性描述，是很重要的。皮尔森（Pierson）（2001）认为，政策变化的定义、操作和测评之间的分歧给政策动力学的比较研究和理论建构带来的困难，是无法夸大的事实。这个因变量问题是通过对社会和福利政策的研究发现的（Green-Pedersen，2004）。因此，为了测评该因变量，需要对各种政策要素进行精确分类，以便精确构建政策动力学模型（Howlett and Cashore，2009：37）。

因此，对各国的高技能移民开放性（因变量）进行更为详细的研究，并根据附带条款条件对政策进行分类，是很有必要的。本章旨在解释构建高技能移民指数的方法，并对各国进行排名。高技能移民指数用于分析国家高技能移民政策和准入机制的开放程度，并根据高技能移民立法政策的开放程度对各国进行排名。国家之间高技能移民的竞争程度取决于高技能移民政策的宽松程度和准入管制的严格程度。该指数是这本书对学界原创性、实证性的贡献，为政策制定者、比较政治学家和比较社会学家提供了有价值的衡量标准。

在制定准入政策时，可以使其切合企业、本土工人或移民等不同群体的利益。例如，实施更具限制性的政策可能保护了本土工人的利益，但也可能降低国家吸引大量高技能移民的能力，从而损害了资方的主要利益。本章提出的指数试图通过审查高技能移民准入机制、对本土工人的保护以及移民入境时可以获得的福利，以有限的方式兼顾3个群体的利益。

高技能移民的定义

高技能移民这一类别涵盖了较多的移民种类，并无通用定义。因此，各国对高技能移民的定义有较大差异（Lowell 2008）。常见的定义基于教育水平（高等教育）、职业（经理人、专业人员和助理）和工资水平（超过某个门槛）这3个考虑因素，但在一定程度上3个因素之间可能存在交叉重叠（Chaloff and Lemaître 2009）。例如，美国特殊专业人员H-1B签证颁发给从事特定职业、同时至少获得学士学位的工作者（Lowell，2008：53）。[①]

由于各国政府采用的方法不同，因此很难确定技能的定义，而技能之间的区别也必然是"人为的"（Ruhs，2013）。技能可以定义为教育和职业的结合，以排除掉从事低技能职业的高技能移民。例如，高技能移民可指受过大学教育，且担任经理、主管、高级管理人员、专业人员、助理专业人员或助理经理的移民（Docquier et al.，2011：22）。他们可以在信息和通信技术、工程、金融、科技、医疗等各行业做出贡献。

"技能"一词的定义也与职业类型有关，尤其是与所在行业是否被系统

---

① 虽然H-1B签证是最常见的高技能移民签证，但其资格要求不高（文科学士学位）（Teitelbaum，2014）。

化监管有关。这会对主体偏好和随之而来的意在推出某些高技能移民政策的游说活动产生影响。医疗行业（受监管程度高，大多是公共部门）受国家特定的法律和指导方针约束，由强大的专业协会监督，而在IT行业（不受监管，主要是私营公司），由于私营公司组织是标准的主要实施者，因此可以更容易地接纳有不同技能的个体（Manning and Sidorenko，2007）。此外，受监管的行业控制着专业人员的供需，可以通过资格认定与否或控制专业资格认定程序给移民工人设置进入行业的障碍。因此，追求自身利益的专业协会可以游说政府限制高技能移民，从而保护本土工人的利益（Bhagwati and Hanson，2009）。相比之下，在不受系统化监管的行业，劳工市场灵活性更强，本土工人和移民工人之间的竞争也更激烈。

本书将高技能移民定义为受过高等教育（ISCED 5/6）[1]，且/或在具有国际竞争力的（高科技）行业（如信息通信技术、工程、生命科学、物理科学和数学科学）担任经理人、主管、高级管理人员、专业人员、助理专业人员和助理经理（ISCO-88分类系统中代码分别为1、2、3）[2]的移民。在医疗保健领域，把护士列为高技能劳工的国家并不多，因此本书不对该职业进行分析。

此外，该指数不涉及学生或公司内部人员调动等其他类型的移民。近年来，一些国家为学生移民提供了便利，使其更容易从学生身份过渡到工作者身份，从而留住受过良好教育的人士。但是，鉴于学生移民的主要目的并不是就业，至少不是直接就业，所以在此不对学生移民进行分析。此外，公司内部人员调动通常被视为短期的员工调动，因此对其采取的政策通常比其他类型的劳工移民更宽松，在此亦不对这些人员进行统计分析。

---

[1] 受教育程度遵循国际教育标准分类法（ISCED）分为3组：初等教育（ISCED 0/1/2）、中等教育（ISCED 3/4）和高等教育（ISCED 5/6）（Dumont et al.，2010：11）。在《国际教育标准分类法（2011年）》，高等教育为ISCED 6-8。

[2] 《国际标准职业分类》（ISCO-88）主要是根据完成工作任务和职责所需技能的相似性，将工作按职业和更大的集合分组（ILO，2012）。

构建指数

学者们已经多次尝试对贸易开放度进行衡量（Kee et al.，2009），但对不同时期和不同国家移民政策的开放性/限制性进行分析归类的并不多（访谈参见 Bjerre et al.，2015）。只有少数学者构建了高技能移民政策指数，有时还与低技能移民政策合并（Lowell，2005；Ruhs，2013）。本书中的高技能移民指数为 20 个经合组织国家的临时高技能移民政策指数，就是其中的一个范例。

2004 年，琳赛·罗威尔（2005）[1]构建了 12 个国家的临时和永久高技能移民项目指数，本书的高技能移民指数就是以罗威尔的分析为基础构建的。通过将额外增加的国家考虑在内（共计 20 个），高技能移民指数在 2007 年和 2012 年得到扩展和更新。[2]然而，与有 7 个类别的罗威尔指数不同，本书的指数只包括 6 个类别。"执行机制"这一类别可以用于测评工作许可权，但所分析的国家有的难以获得这一信息，因此，该子类别未被纳入本书的高技能移民指数。

本书构建高技能移民指数的国家包括传统定居国家（澳大利亚、加拿大、新西兰和美国）、通常有客籍劳工或殖民历史的西欧国家（奥地利、比利时、丹麦、芬兰、法国、德国、荷兰、挪威、瑞典、瑞士和英国）、新移民国家（爱尔兰、意大利、葡萄牙和西班牙）[3]，以及 1 个亚洲国家（日本）。这些先进的工业国家有着广泛的移民经历和背景，以及不同政策制定的政治经济环境（利益集团、政党）。

---

[1] 本章内容主要来自与琳赛·罗威尔的讨论及其帮助。感谢琳赛·罗威尔分享数据。

[2] 琳赛·罗威尔在 2004 年为 11 个国家建立了高技能移民指数。在此以后，许多政策发生了变化，各国在高技能移民方面的排名也随之改变。

[3] 这是在 2008 年之前的时期。随着近期经济危机的爆发，这些新移民国家中有一些再次成为移民迁出国。

简介和理论 第一部分

除本书的分类，也有其他政策分类，比如澳大利亚移民联合常务委员会（2004）、查洛夫（Chaloff）和勒迈特里（Lemaître）（2009）、克里斯蒂安（Christian）（2000）、EMN（2007、2013a）、罗威尔（2005）、麦克拉夫兰（McLaughlan）和索特（2002）、斯塔纳（Stana）（2006）和一些经合组织报告（例如1997、2008、2009a和2014）中的分类。此外，还有少数作者对高技能和低技能移民的临时国外工作项目进行了分析和探讨，比如马丁（2003）、鲁思和马丁（2008）、鲁思（2013）。他们对特定年份的某些国家，提出了不同的分类和标准。[①] 虽然这些文献在类别和年份上偶有出入，但都是针对多个国家的。2004年，罗威尔（2005）根据11个国家的临时和永久高技能移民政策对这些国家进行了排名。本书的指数有别于其他大多对高技能移民政策的描述性指标。

鲁思（2013）增加了国家和类别的数量，分析了2008—2009年46个高收入和中等收入国家的100个劳工移民项目，提出了两个关于政策开放性和法律权利的令人瞩目的指数。其他社会科学家们也越来越认识到建立移民政策变化数据，尤其是一个横向数据系列的重要性。比如IMPALA[②]和IMPIC[③]项目，就率先大胆尝试为多种移民政策类型建立数据系列。

各国对外国临时工就业进行管理所采用的立法机制并不相同。一些国家通过颁布一般性法例、法规或通知函等次级文件界定类别，其他国家则在国家法例中规定了各种可能的情况（OECD，1997：186）。因此，对高技能移民政策的分析应包括基本法（法律、条例）和次级文件（法规、通知函）。

与罗威尔（2005）的研究相反，这一排名仅侧重于临时高技能移民政策，这类政策的共同目标是填补劳动力短缺。各国都颁发了这类有时间限制的工作许可证，这类移民工人主要受雇于欧洲国家，而这些国家仍未确定是否招募永久移民。本书的排名并不是根据高技能移民结果（即移民量）来评估各国的移民政策。高技能移民指数的主要用途是提供排名，然后以

---

① 有关文献综述，参见罗威尔，2005。

② 参见Beine et al., 2015。

③ 参见Bjerre et al., 2014。

此测试和调查不同国家在不同时期移民政策的差异。

鲁思（2006）按以下三类分析移民政策：①移民工人准入机制；②移民筛选政策；③授予准入移民的权利。高技能移民指数主要关注机制（限额、经济导向型工作许可证的费用和雇主需求）和高技能移民的权利（家庭团聚、工作许可证期限和续期、从暂住到常住的变更）。

方　法

2007年，高技能移民指数对20个国家、24个不同的项目进行了排名，2012年再次进行排名（详见附录B）。指数以高技能移民法例的现有相关信息为基础进行赋分，主要通过案头调研编制。笔者通过SOPEMI的《移民年度报告》《国际移民展望》和早期的《移民问题连续报告制度》来把握重大的政策变化，并通过详细阅读国家移民法例和国家网站（如劳动和工作许可部网站）上的政策说明补充了分类。当一个或多个指标分数发生变化时，各国的高技能移民法例变得更加开放或更具有限制性。一个国家的指数比其高技能移民政策开放程度的排名更重要。如有国家加入或退出该指数，指数排名很容易发生变化。

为了确保分类赋分的一致性，本书效仿罗威尔（2005）的文献并采用了大多数指数子类别。同样为保持一致性，所选的类别涵盖了高技能移民法例的不同分领域。本文中部分赋分与罗威尔不同；这不仅与自罗威尔排名公布以来的政策变化有关，也与这一更详细的评分表有关。

子类别的分类依据

综合指数共6个类别（详见附录A），根据与开放性的适当关系精心挑选而得出。本书根据克里斯蒂安（2000）和罗威尔（2005）过去的文献，确定了以下几类高技能移民政策指数：

人数上限

有些国家（如瑞士和美国）通过限额限制高技能移民的人数，而另一些国家没有人数限制。不同的国家和类别，其劳工市场需求的调整机制也不同。越严格的人数上限，对高技能移民的限制性越强，因为严格的上限标准限制了高技能移民人数，可能难以适应不断变化的劳工市场需求。[①]

劳工市场测试

通常，所有国家都有就业许可证的要求。基于雇主的要求可以采取劳工市场测试的形式，以证明雇主无法雇到合适的本土工人，并支付有竞争力的工资。一些国家（如美国）可能会实施较低的"证明"标准，即雇主只需要提供与本土工人同等的工资和工作条件，而不需要或几乎不需要提供证明。劳工市场测试越严格，对高技能移民的限制性越强，政府可以通过管理移民入境为本土工人提供更多保护。

具体存在的两种管控机制：证明（准入后）和认证（准入前）。证明是一种较简单的机制，它减少了所需移民工人入境的前期障碍，但仍通过入境后强制执行相关条款和工作条件保护本土工人的利益，例如在 H-1B 的情况下（Martin and Ruhs，2011）。准入前的机制包括认证和/或与工人组织的协商。申请人资格测试在特定的时间和地点根据特定的职位空缺进行。在欧洲，劳工市场测试是认证程序的一种变体，用于确定合格工人的可用性。管理机构有权免除对特定工作类别或行业的测试（综合工作授权）。

例如，在美国，申请 H-1B 工作许可证的雇主必须证明自己同时满足以下条件：①支付给移民工人的工资要高于支付给本土工人的实际工资或该职业的普遍工资；②提供给 H-1B 工人的工作条件，在相同情况下不会对土地工人的工作条件产生不利影响。[②] 直到最近，"依赖 H-1B 的雇主"（即 H-1B 员工比

---

① 人数少往往是相对的。400 名移民这个数据对美国来说可能很少（指占其高技能劳工总数的比例），但对于像瑞典这样拥有较少劳工的国家来说就可能很多。因此，理想情况下不应该考虑绝对数，而应使用一些证据来表明高技能移民在高技能劳工总数中的比例。

② 雇主证明采用在线提交方式，超过 99% 在几秒钟内就获得审批（Martin and Ruhs，2011：179）。雇主无须证明自己曾设法雇用美国工人（Teitelbaum，2014）。

例超过25%的公司）也需要证明同时满足以下条件：①在雇用H-1B员工前后3个月内未解雇美国籍工人；②在雇佣本土工人方面做出了巨大努力。

其他国家，例如英国，在20世纪90年代实施了改善劳工市场测试的两级制度。某些确实面临劳动力短缺问题的部门/职业可以跳过劳工市场测试的某些环节（即在一定时期内积极寻找本地工人或刊登职位广告），而其他行业仍然必须遵守劳工市场测试要求。这有助于简化制度并使其更加有效（Ruhs，2006）。

劳工保护

除了一般劳动法的规定，一些国家为移民工人提供额外的保护（例如关于工资报酬、工作条件和工作时间的某些规定），而另一些国家未提供任何额外保护。尽管如此，研究移民工人与土地工人的利益保护关系依然很有必要。例如，美国本土工人受保护的程度不及瑞典本土工人。问题是这些差异是否也适用于移民工人。国家对劳工利益的保护越多，对高技能移民的限制也就越强，但同时也为本土工人提供了更多的保障。

雇主的可变更性

雇主的可变更性可以平衡移民工人与雇主之间的权利。一些国家将工作许可证与特定的雇主、职业或工作地点绑定起来，而另一些国家允许移民工人有更多的选择。雇主可变更性受到限制，一方面会使得国家的高技能移民条件更严苛，导致国家对高技能移民的吸引力下降，同时另一方面对雇主却起到一定保护作用，即短期内不会出现移民工人流失问题（Martin，2006）。

配偶的工作权利

许多高技能移民更关注家庭团聚的机会和配偶进入劳工市场的可能性（OECD，2014）。各国对此规定不同。在一些国家，高技能移民可以从一开始就携带家属，其配偶可以立即获得工作权利，而在其他国家，高技能移民的配偶要获得工作权利，必须等待一定时间或申请自己的工作许可证。高度限制移民配偶的工作权利，会对促进高技能移民产生更多限制。

永久居留权

一些国家（如加拿大和英国）允许延长工作许可证期限，允许从临时移民过渡到永久居民，而其他国家（如日本和瑞典）直到近期才不再主张移民在许可证到期后离开。德国 IT 绿卡未能吸引到所需数量的 IT 移民专家，主要是因为政策附带的严格条件。例如，高技能移民被要求在 5 年后离开德国。2005 年新移民法生效，高技能移民及其家属获得了无限期的居留证和工作许可证。高技能移民拥有移民迁入国所期望的技能，他们也关注几年后获得永久居留权的可能性。永久居留权受到限制，对移民的限制和管控也会加大。

高技能移民拥有所需的技能和经验，使他们拥有一定的选择权。他们会考虑最适合自己情况的政策立场组合（OECD，2014），例如，配偶的工作权利、一定年限后取得永久居留权或者自由更换雇主的权利。当然，除政策之外，网络、语言问题或工资等其他因素也会影响他们的决策。6 个子类别参见图 3.1。

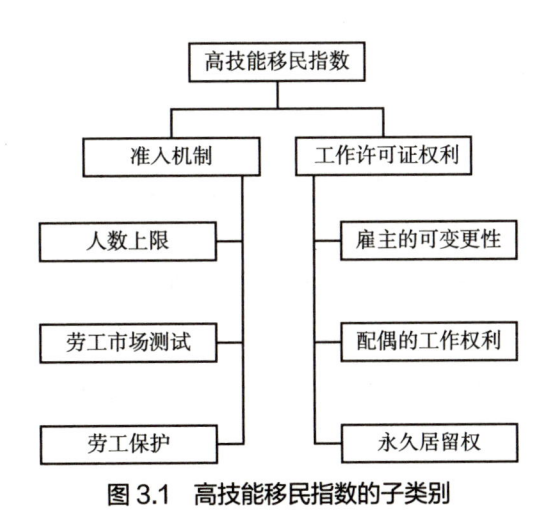

图 3.1 高技能移民指数的子类别

"最优"政策？

"最优"政策的确定过程较复杂。最开放的国家不一定是其他国家效仿的对象。该排名没有具体说明哪些国家的政策是最好的。政策的设计和结果取决于政府及其选民关注的优先事项。如果优先关注资方，就会致力于实施高技能移民政策。例如，资方会赞成实施无硬性人数限制、无劳工市场测试、无劳工市场保护、雇主可变更性高、配偶工作权利不受限制、临时工作许可证可延期以及提供永久居留机会的政策。如果政府旨在保护本土高技能劳工的利益，那么准入机制将比前一种情况更严格。大多数政府在制定政策时会谨慎地维持相关群体的需求和利益的平衡状况。

排名和指数问题

高技能移民指数是以其他指数的专业和理论成果为基础建立的，其中包括联合国开发计划署的人类发展指数（HDI）、自由之家的政治和民权变量、贸易限制指数、透明国际的全球清廉指数和全球发展中心的发展贡献度指数（CDI）。根据鲁德曼（Roodman）的观点，方法的复杂性在于待衡量概念的明确定义、各个组成部分应有的相对权重、复杂性与现实性之间的权衡以及随着时间的推移改进指数与保持与过去结果的可比性之间的张力（2006：2）。与所有其他指数一样，高技能移民指数应尽可能保持透明，并尽量避免偏见。因此，本书尽量用简单的高技能移民指数结构，为子类别的评分提供分析说明，并给出高技能移民政策的详细国家摘要。

考虑的问题之一是权重问题。所有子类别分数权重均等是否适当？或者某些类别应比其他类别获得更多的权重？发展贡献度和人类发展指数中的各子类别权重相等，而性别发展指数（GDI）的子类别权重则不同。由于在发展贡献度指数和人类发展指数情况下加权和未加权分数之间没有显著性差异（Chowdhury and Squire，2006），类别的重要性没有明显差异，定义也不够明确，因此该高技能移民指数选择相等的权重。这意味着如果特定国家的任何两项政策变化对政策开放程度的影响均相等，那么对高技能移民指数的影响也相同。例如，"人数上限"中一分的改变与"配偶的工作权利"中一分的改变对整体得分的影响是相同的。

高技能移民政策排名

高技能移民指数旨在衡量国家对高技能移民的开放程度，由 6 个类别组成，赋分分别为 3（高度限制）、2（中等限制）、1（低度限制）到 0（高度开放）。对于一些国家，将对国内的不同项目分别进行赋分。而所有政策均按相同标准排名。最后，将 6 个类别的分数相加并转换为指数，其中限制性最强的国家得分为 100。总分越高，国家对高技能移民的限制就越强（Cerna，2014b）（图 3.2）。

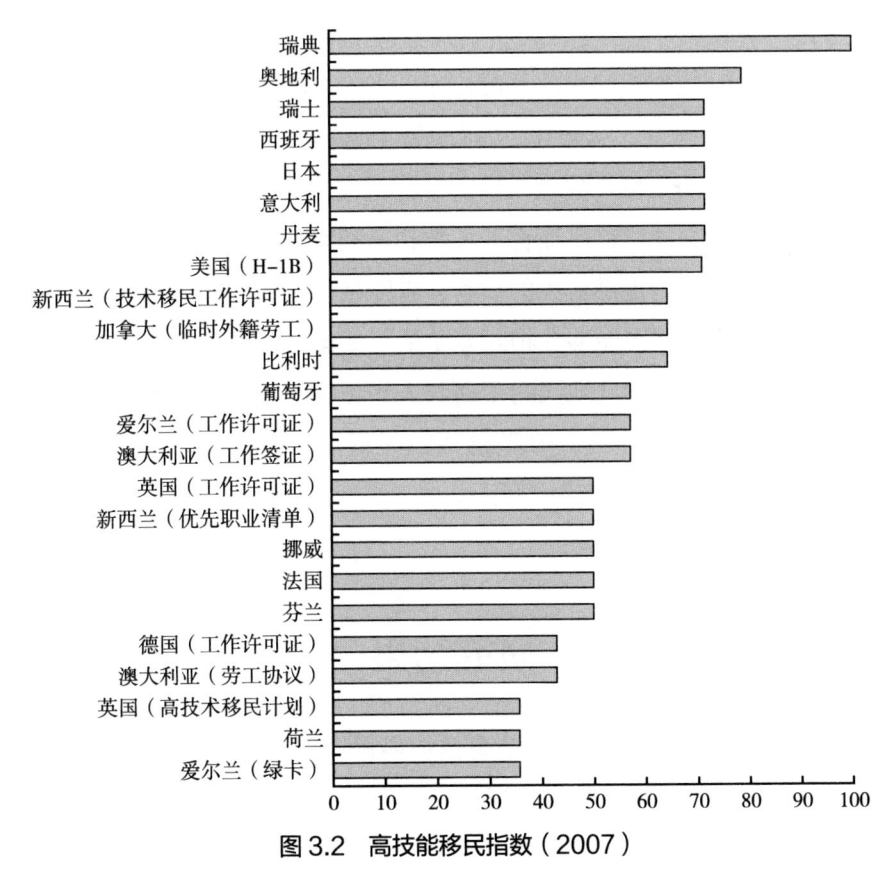

国家/项目	指数
瑞典	~100
奥地利	~78
瑞士	~70
西班牙	~70
日本	~70
意大利	~70
丹麦	~70
美国（H-1B）	~70
新西兰（技术移民工作许可证）	~63
加拿大（临时外籍劳工）	~63
比利时	~63
葡萄牙	~57
爱尔兰（工作许可证）	~57
澳大利亚（工作签证）	~57
英国（工作许可证）	~50
新西兰（优先职业清单）	~50
挪威	~50
法国	~50
芬兰	~50
德国（工作许可证）	~42
澳大利亚（劳工协议）	~42
英国（高技术移民计划）	~35
荷兰	~35
爱尔兰（绿卡）	~35

图 3.2　高技能移民指数（2007）

资料来源：改编自 Cerna（2014a）。

分类：准入机制与工作许可证权利

高技能移民指数可以分为两类，即准入机制和工作许可权。准入机制部分包括以下类别：人数上限、劳工市场测试和劳工市场保护。政府的目标是在吸引高技能移民以维持生产力和竞争力，以及保护本地工人的政治要求之间维持平衡。准入机制旨在使高技能移民行业的劳动力供求相互匹配。工作许可权部分包括雇主可变更性、配偶的工作权和永久居留权。这些权利可衡量授予移民的权利程度。各国都在争夺"精英人才"，并且向这些人才提供有吸引力的待遇或"贵宾式待遇"，因此将这一类别包括在内是合理的（OECD，2014：188，Papademetriou and Sumption，2013）。

这两个类别陷入了人数与权利之争（Ruhs，2013）。就低技能移民而言，经常会在权利和人数之间权衡，这是因为随着移民人数的增加，权利趋于减少。就高技能移民而言，人数和权利可能呈正相关，因为许多经合组织国家会为他们提供更大的权利，以竞相争夺人数相对较少的高技能移民。因此合格的移民能够在相互竞争的目的地中进行选择，他们的目的地选择可能取决于目的地地区的预期收入和预期权利（Ruhs and Martin，2006：7-8）。如前文所述，在英国高技能移民计划和以前的德国绿卡之间，高技能移民的权利存在很大差异。[1]

研究结果

总体而言，2007年，瑞典是高技能移民限制性最强的国家，其次是奥地利，再次是丹麦、意大利、日本、西班牙和瑞士等一系列国家。爱尔

---

[1] 英国的高技能移民计划让移民可以在无工作机会的情况下移民，并且在英国居住5年后有权申请永久居留权，而德国的计划则只为移民提供5年的工作许可，而不是永久居留权。

兰的绿卡、荷兰的工作许可证和英国的高技能移民计划被评为最开放的高技能移民计划。尽管加拿大和美国在其移民政策的开放程度上只有中等名次，但在招募高技能移民方面仍在最成功的国家之列。这表明政策的开放程度与能否成功吸引移民不一定有关系。其他因素也可能起重要作用，例如"书面政策"和"实践政策"之间的差异。这种差异可能来自对政策的监管、执行机制和行政能力。

然而，通过对两大子类别进行单独分析，发现各国在准入机制（图3.3）和工作许可权（图3.4）方面具有显著差异。就准入机制而言，瑞典在限制性排名中依然位居榜首，其次为奥地利、丹麦、西班牙和瑞士。开放程度最高的是另外一些国家，其中包括澳大利亚、比利时、法国和英国。但是，工作许可权方面的其他变化也很明显。日本是高技能移民工作许可

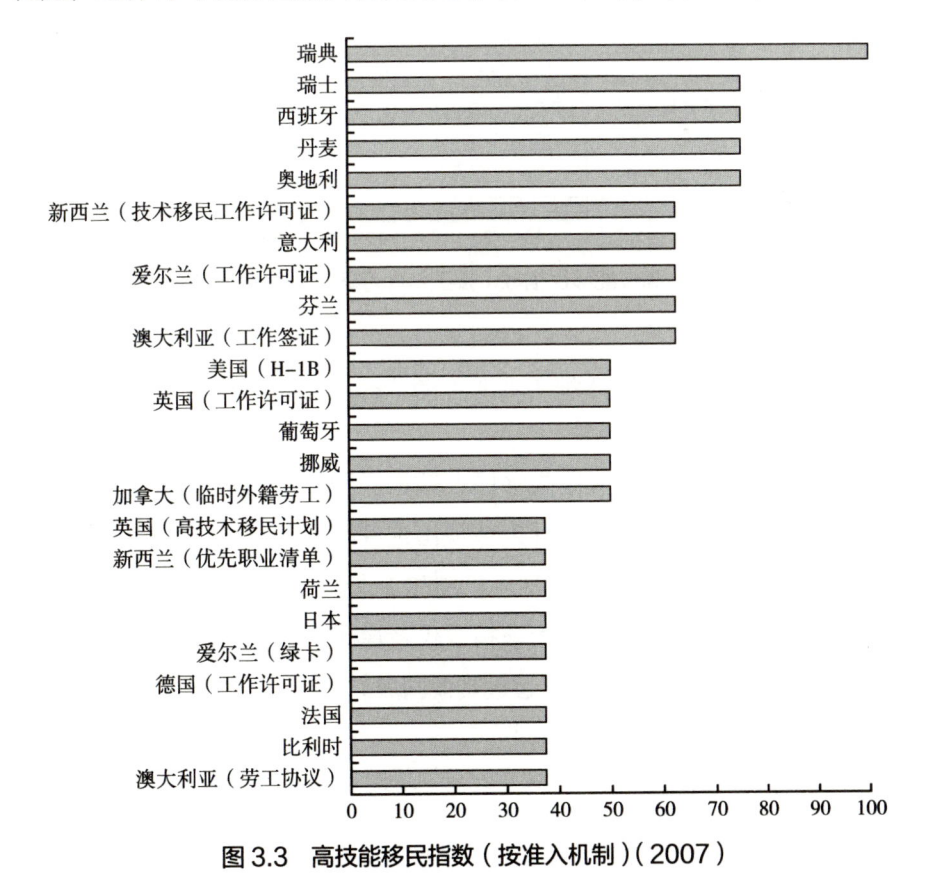

图 3.3 高技能移民指数（按准入机制）(2007)

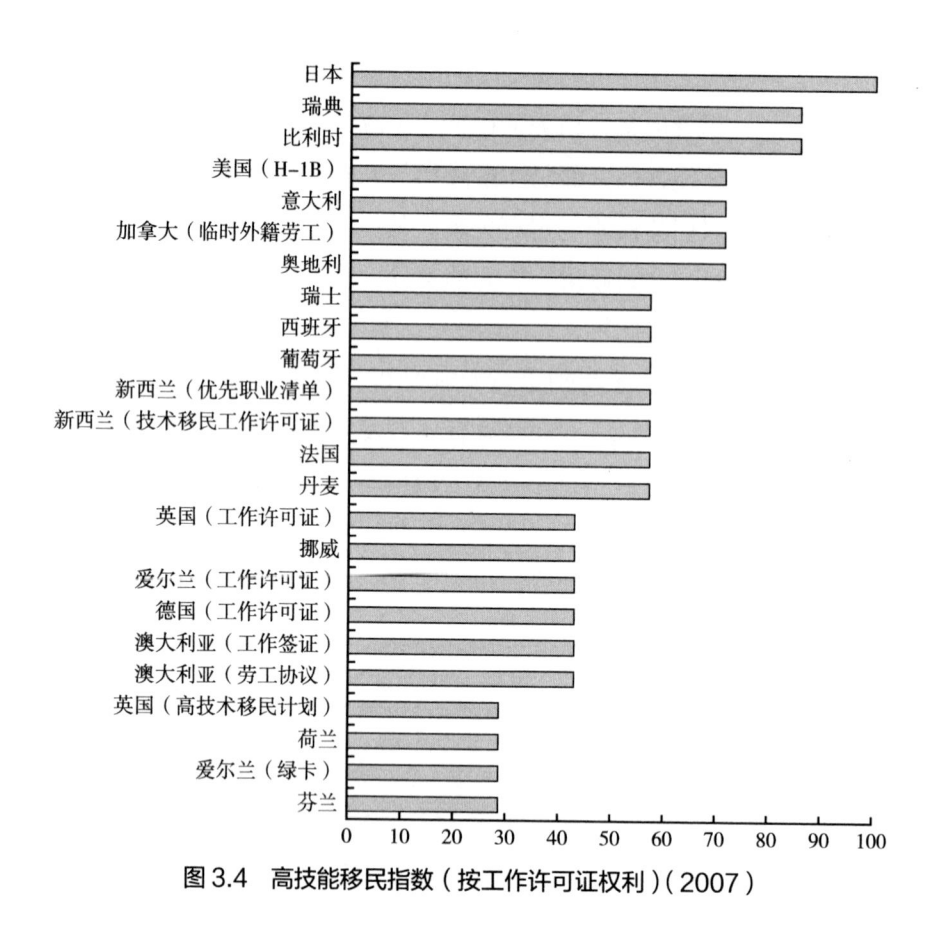

图3.4 高技能移民指数（按工作许可证权利）(2007)

权方面最严格的国家，其次是比利时和瑞典。而芬兰、爱尔兰、荷兰和英国是对移民权利最开放的国家。

尽管文献中提到，瑞典因为移民人数相对于其他国家较少从而赋予移民更大的权利，但在该指数中并未体现出这种预期的结果。如分类指数所示，在2008年政策变更之前，准入机制和工作许可权都受到限制。这意味着权利和人数均受到限制。尽管该指数仅考虑了工作许可权，但瑞典赋予移民的政治权利和社会福利可能超过其他国家。[①]

[①] 工会（尤其是瑞典）强烈反对更多移民的原因，主要是由于该国劳工移民与其他国家相比享有更多就业优先权。其中包括与本地工人相同的社会经济权利，无监管的、更多的劳工移民被指责损坏了本地工人的权利。

简介和理论 第一部分

政策变化

与所有政策一样，高技能移民政策也有可能发生变化，显然高技能移民指数和排名也需要更新。因此，在2012年更新的高技能移民指数中，本书对各国同样的计划进行了分析。如图3.5所示，所研究的国家在5年内都发生了相当大的变化。"政策变化"是指移民法变化，导致高技能移民指数的一个或多个政策指标发生变化。一些国家加大了对高技能移民的限制，而另一些国家则放宽了高技能移民政策。经济危机是一项关键因素，一些

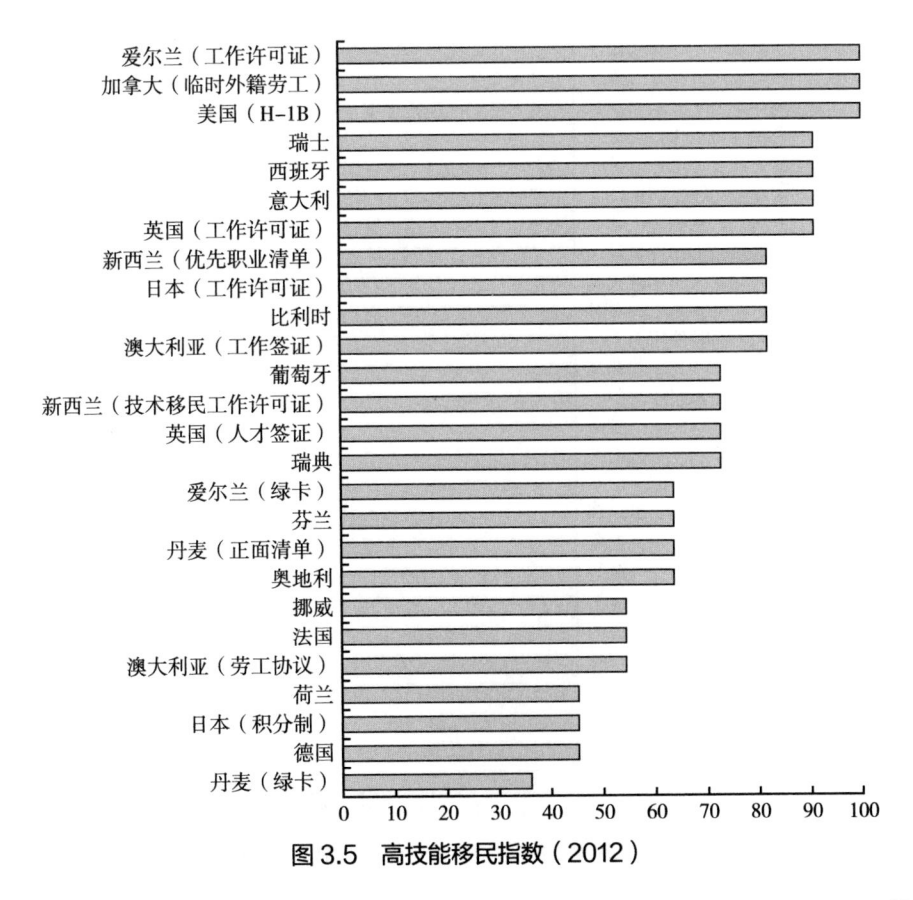

图 3.5　高技能移民指数（2012）

国家会采取限制政策来应对本国工人的需求,或利用危机作为实施更具限制性的政策的借口。

在2012年高技能移民指数中,爱尔兰的工作许可证的限制性最强,其次是加拿大临时外籍劳工计划和美国H-1B签证。相比之下,丹麦新绿卡是最开放的政策,其次是德国和日本的积分制。瑞典(2007年最具限制性)、英国(新杰出人才签证)和葡萄牙等国家排名居中。

通过再次对两大子类别进行单独分析,本书发现各国在准入机制(图3.6)和工作许可权(图3.7)方面具有显著差异。就准入机制而言,英国(工作许可证)在限制性排名中位居榜首,其次是爱尔兰、西班牙和瑞士等。德国、丹麦和日本为政策最开放的国家。就工作许可权而言,日本在

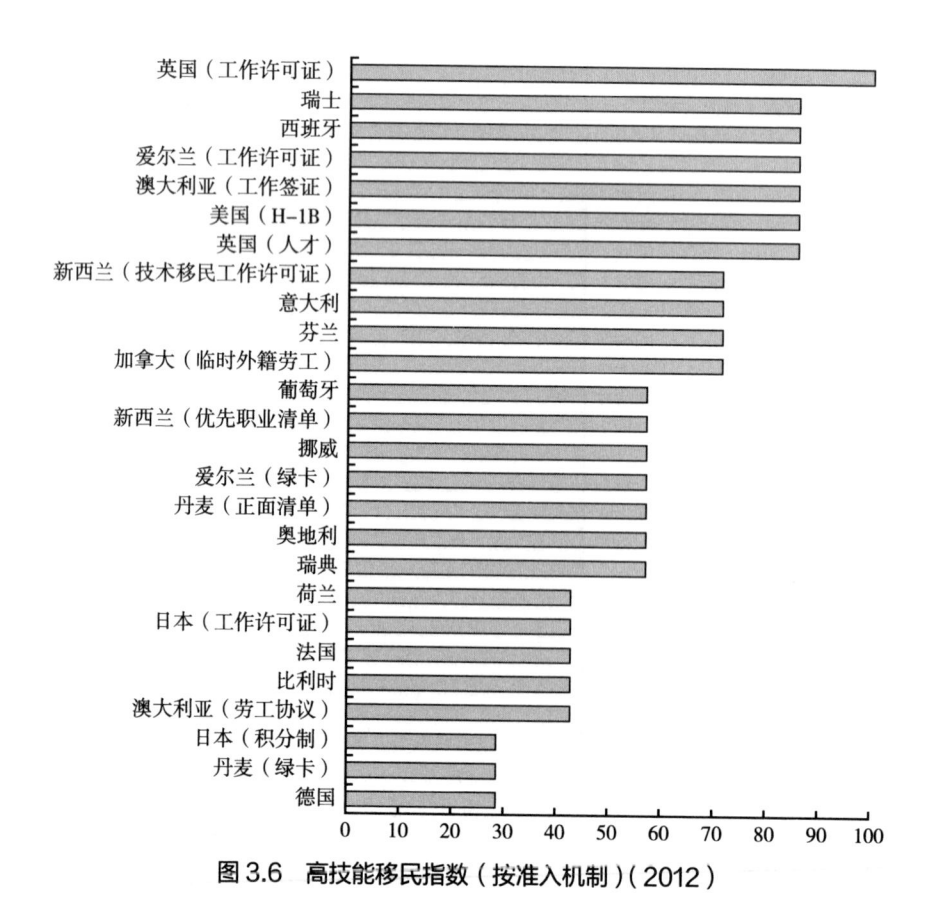

图3.6 高技能移民指数(按准入机制)(2012)

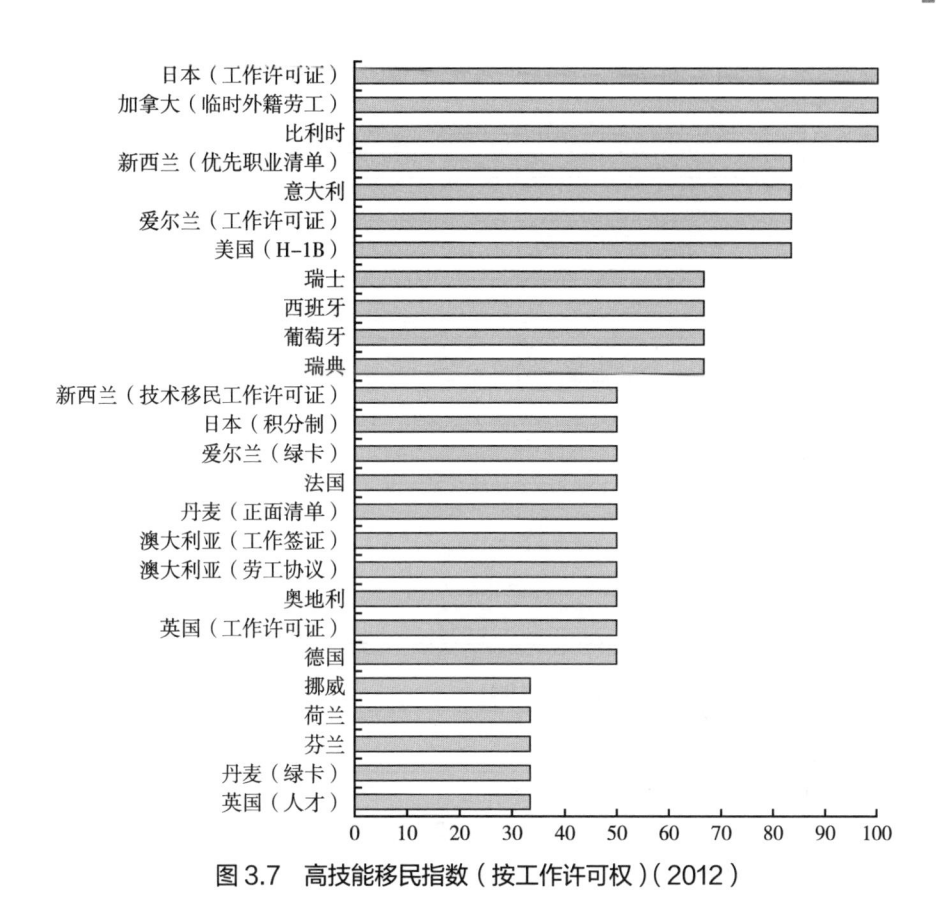

图 3.7 高技能移民指数（按工作许可权）（2012）

高技能移民工作许可权方面仍然是限制性最强的国家，其次是比利时和加拿大，而丹麦、芬兰、荷兰、挪威和英国是对移民权利最开放的国家。

随时间变化（2007—2012）

为了衡量不同国家在不同时期高技能移民政策开放度的差异，图 3.8 说明了 2007 年和 2012 年各国的限制程度。当一个国家存在多项高技能移民政策时，分数取平均值。如图 3.8 所示，瑞典经历了大幅放宽高技能移民政策的时期，奥地利、丹麦和日本亦是如此。相比之下，英国和爱尔兰却更具有限制性。这五年期间，加拿大也对高技能移民政策进行了限制，这主

图 3.8　2007—2012 年的政策变化

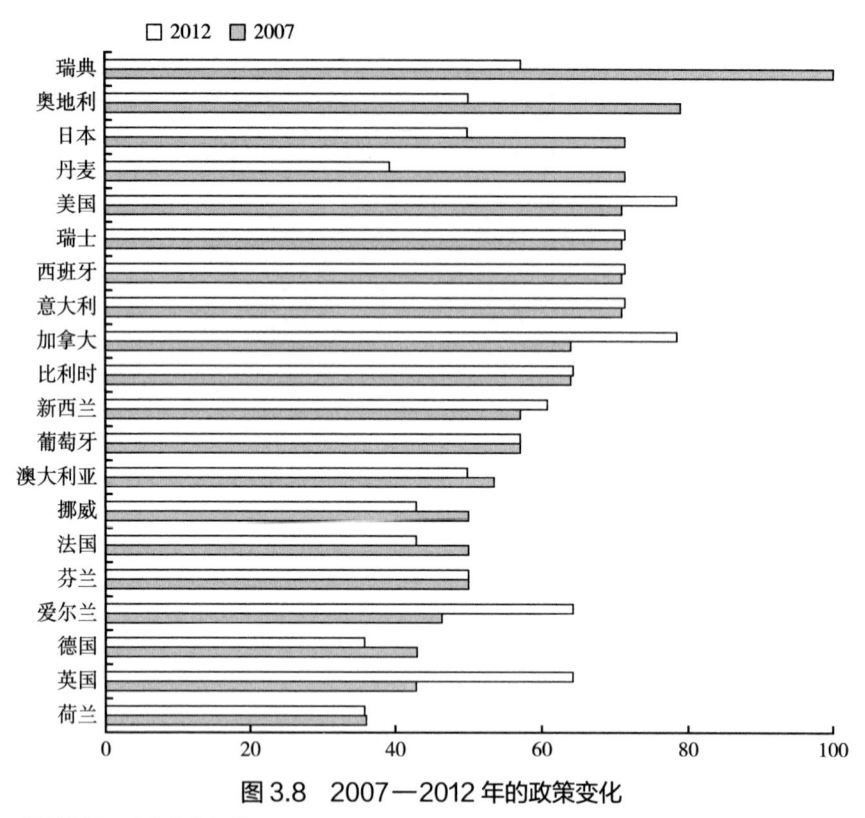

资料来源：改编自塞尔纳，2016：7。

注：瑞典 2007 年的高技能移民指数为 100。所有指数点都与其基础分数相关。

要是由于经济危机以及危机后对临时劳工移民政策的响应。① 大部分国家都经历了一些政策变化，尽管大多数变化都很小。一小部分国家如法国、葡萄牙和荷兰等国未发生主要政策变化。

方法局限性

笔者虽然尽量保持高技能移民指数的一致性、客观性和准确性，但与

---

① 然而，由于高技能移民被视为一种经济刺激因素，所以永久性（积分制）移民计划并未改变。

大多数研究领域一样，高技能移民指数也存在方法上的局限性。首先，能否建立起高技能移民指数取决于数据的可获得性。一些国家在数据公布方面更为透明，信息更容易获得，而另外一些国家的保密性很强。

在适当情况下，本书对数据差异问题进行了重点说明。

第一，本书排名涵盖的国家比罗威尔（2005）排名涵盖的国家更多，但并未包括所有招募高技能移民的国家（如希腊、一些新欧盟国家和其他亚洲国家）。高技能移民指数不一定能分析出一个国家的所有现有计划，而是会重点关注在准入人数以及各主体之间争辩程度方面的几个最重要的计划。例如，高技能移民指数只考虑了美国的H-1B签证，这是因为尽管一些专业人员是通过旅游签证或杰出学者工作签证入境的，但通过H-1B签证入境的高技能移民人数最多。

第二，高技能移民指数并未考虑到欧盟工人的自由流动，这也会影响成员国的移民准入和流动。正如本书所讨论的，一些国家偏向于接受来自欧盟成员国的高技能移民，因此在接纳第三国公民方面可能会更具限制性。由于大多数欧盟国家苦于劳动力短缺，并有意以类似欧盟蓝卡的方式吸引非欧盟工人，因此本书中的高技能移民指数对此关注较少。本书第4～第7章详细分析了5个国家的劳动力移民背景情况，并提出了该问题的解决方案。

第三，尽管本书已尽量保持特定子类别的赋分一致，但仍无法排除误判问题。与人类发展指数等定量指数相比，高技能移民指数基于研究者的定性判断。各国专家可能在某些分数上存在分歧。排名并不是为了尽善尽美，而是为了进行富有成效的讨论，并为比较研究提供依据。

本书中高技能移民指数的目的是根据对高技能移民的开放程度对各国的高技能移民政策进行排名，并提供基准。因此，高技能移民指数的目标是对准入政策进行比较。然而，它并非为了评判个别政策或提供对"精英人才"更具吸引力的政策建议。由于移民的去向取决于语言、网络、工资水平、目的国的欢迎程度等许多因素，因此政策开放并不能直接转化为对高技能移民的成功吸引。然而，根据高技能移民指数，可以看到各国的移民政策处于什么水平。关于各国的高技能移民吸引力排名，请参见罗威尔的研究（2005）。从高技能移民政策成功吸引高技能移民的角度来评价现行政策将很有益，有意进行政策变革的国家可作为参考指标。

结　论

本章介绍了高技能移民指数及其构建和制定，以便为因变量"高技能移民开放度"提供缺失的数据。同时，本章还解释了建立高技能移民指数的基本原理，并说明了对高技能移民指数政策进行排名的方法步骤。

高技能移民指数结果表明，在2007年，瑞典被列为限制性最强的国家，其次是美国和德国，而英国被列为最开放的国家。根据解释性变量和高技能移民指数之间的简单初步关联性，可以得出以下几点：①如果一个国家的工会密度和集中度较高，那么高技能移民政策将会更具限制性，该国排名会靠前。②如果一个国家的工会密度和集中度较低，那么高技能移民政策将会更加开放，该国排名会靠后。③即使在工会密度和集中度较低的国家，高技能移民政策也可能不太开放，因为专业协会可以发挥与（高技能）工会类似的作用。

因此，高技能移民指数大体上证实了这些假设。工会密度、集中度和政策制定参与度较高的国家排名靠前（高技能移民限制性）。斯堪的纳维亚半岛国家应该属于这一类，但在2007年的排名中，并非所有斯堪的纳维亚半岛国家都属于这一类，很可能是政策变化改变了国家的排名。工会密度、集中度和政策制定参与度较低的国家排名靠后。英国就是一个例子，但包括美国在内的其他国家排名较为居中。由于美国工会的作用很小，因此我们认为专业协会对美国高技能劳动力的代表性很重要。

如果一个国家的高技能劳工具有较高的政治代表力，则该国在高技能移民指数方面会更具限制性。如果一个国家的高技能劳工具有较低的政治代表力，则该国会更加开放。2007年高技能移民指数为这些假设提供了支

简介和理论 第一部分

持。在瑞典等工会和左翼政党联系紧密的国家，政治代表力预计会很高。而瑞典也是在高技能移民指数方面最具限制性的国家。高技能劳动力的政治代表力预计在政治主体影响力较低的国家会受到限制。而英国在2007年的高技能移民指数中被评为非常开放的国家。对高技能劳动力具有一定代表力的国家，高技能移民指数排名则较为居中。

然而，高技能移民政策会随着时间的推移而改变，最新的2012年高技能移民指数证明了这一点。国家排名也会因此发生变动。例如，瑞典经历了大幅放宽高技能移民政策的时期，奥地利、丹麦和日本亦是如此。相比之下，英国和爱尔兰却变得更具有限制性。这五年期间，加拿大还对高技能移民政策进行了限制，这主要是由于经济危机以及危机后临时劳工移民政策产生的连锁反应。这在2012年的排名中可见一斑。

2012年高技能移民指数大体上证实了关于劳动力市场组织性和政治代表力的既定假设。例如，虽然与其他国家相比，瑞典的工会密度、集中度和政策制定参与度仍然很高，但近年来，由于政府更迭，与雇主的联系更加密切，这一水平有所下降，因此工会代表力降低了。

在政治代表力方面，一些变化也是显而易见的。在英国，由于经济危机和政府更迭，高技能劳动力在政治进程中的政治代表力有所增加，因此英国日趋成为更具限制性的国家。相比之下，瑞典高技能劳动力的政治代表力因政府更迭及其与企业联系更密切而降低，瑞典的高技能移民指数排名也随之下降。

接下来的章节将更详细地探究既定假设，并介绍5个案例研究（法国、德国、瑞典、英国和美国的比较分析）的背景信息。由于高技能移民指数仅考察2007年和2012年政策的开放／限制性，因此必须分析随着时间的推移、由于参与主体之间联盟的变化而导致的国家政策的变化。第4～第7章重点说明了劳动力市场和政治主体对形成高技能移民政策的影响。

【参考文献】

[1] AUSTRALIA'S JOINT STANDING COMMITTEE, 2004. To make a contribution：

Review of skilled labour migration programmes 2004 [M]. Canberra: House of Representatives Publishing Unit.

[2] BEINE M, 2015. Comparing immigration policies: An overview from the IMPALA database [J]. International Migration Review, early view.

[3] BHAGWATI J, HANSON G, 2009. Skilled immigration today: Prospects, problems and policies [M]. New York: Oxford University Press.

[4] BJERRE L, HELBLING M, RÖMER F, et al., 2015. Conceptualising and measuring immigration policies: A comparative perspective [J]. International Migration Review, 49 (3): 555-600.

[5] CERNA L, 2014a. Attracting high-skilled immigrants: Policies in comparative perspective [J]. International Migration, 52 (3): 69-84.

[6] CERNA L, 2014b. The EU Blue Card: Preferences, policies and negotiations between member states [J]. Migration Studies, 2 (1): 73-96.

[7] CHALOFF J, LEMAÎTRE G, 2009. Managing highly-skilled labour migration: A comparative analysis of migration policies and challenges in OECD countries [R]. Paris: OECD Social, Employment and Migration Working Paper 79.

[8] CHOWDHURY S, SQUIRE L, 2006. Setting weights for aggregate indices: An application to the commitment to Development Index and Human Development Index [J]. Journal of Development Studies, 42 (5): 761-771.

[9] CHRISTIAN B P, 2000. Facilitating high-skilled migration to advanced industrial countries: Comparative policies [R]. Washington, D. C.: Working Paper of the Institute for the Study of International Migration, Georgetown University.

[10] DOCQUIER F, OZDEN C, PERI G, 2011. The labor market effects of immigration and emigration in OECD countries [R]. Paris: OECD Working Paper, September 1.

[11] DUMONT J-C, SPIELVOGEL G, WIDMAIER S, 2010. International migrants in developed, emerging and developing countries: An extended profile [R]. Paris: OECD Social, Employment and Migration Working Papers 114.

[12] EMN, 2007. Conditions of entry and residence of third country highly-skilled

workers in the EU [R]. Brussels: Home Affairs.

[13] EMN, 2013a. Attracting highly qualified and qualified third-country nationals, EMN Study [R]. Brussels: Home Affairs.

[14] GEDDES A, 2003. The politics of migration and immigration in Europe [M]. London: SAGE.

[15] GREEN-PEDERSEN C, 2004. The dependent variable problem within the study of welfare state retrenchment: Defining the problem and looking for solutions [J]. Journal of Comparative Policy Analysis, 6 (1): 3-14.

[16] HOWLETT M, CASHORE B, 2009. The dependent variable problem in the study of policy change: Understanding policy change as a methodological problem [J]. Journal of Comparative Policy Analysis, 11 (1): 33-46.

[17] ILO, 2012. ISCO-88 [S]. Geneva: ILO.

[18] KEE H L, NICITA A, OLARREAGA M, 2009. Estimating trade restrictiveness indices [J]. The Economic Journal, 199: 172-199.

[19] LOWELL L, 2005. Policies and regulations for managing skilled international migration for work [R]. New York: United Nations, Mortality and Migration Section of the Population Division/DESA.

[20] LOWELL L, 2008. Chapter 2: Highly skilled migration. World migration report [R]. Geneva: IOM.

[21] MANNING C, SIDORENKO A, 2007. The regulation of professional migration: Insights from the health and IT sectors in ASEAN [J]. The World Economy, 30: 1084-1113.

[22] MARTIN P, 2003. Managing labour migration: Temporary worker programmes for the 21st century [R]. Geneva: International Institute for Labour Studies.

[23] MARTIN P, 2006. GATS, migration and labour standards [R]. Geneva: ILO, International Institute for Labour Studies Discussion Paper 165.

[24] MARTIN P, RUHS M, 2011. Labour shortages and US immigration reform: Promises and perils of an independent commission [J]. International Migration Review, 45 (1): 174-187.

[25] MCLAUGHLAN G, SALT J, 2002. Migration policies towards highly skilled

foreign workers [R]. London: Migration Research Unit.

[26] OECD, 1997. SOPEMI 1996 annual report (trends in international migration) [R]. Paris: OECD.

[27] OECD 2008. International migration outlook (SOPEMI 2008) [R]. Paris: OECD.

[28] OECD, 2009a. International migration outlook (SOPEMI 2009) [R]. Paris: OECD.

[29] OECD, 2014. International migration outlook (SOPEMI 2014) [R]. Paris: OECD.

[30] PAPADEMETRIOU D, SUMPTION M, 2013. Attracting and selecting from the global talent pool: Policy challenges [M]. German: Bertelsmann Foundation.

[31] PIERSON P, 2001. Coping with permanent austerity: Welfare state restricting in affluent democracies [M] // Pierson P. The new politics of the welfare state. Oxford: Oxford University Press, 410-456.

[32] ROODMAN D, 2006. Building and running an effective policy index: Lessons from the commitment to Development Index [R]. Washington, D.C.: Center for Global Development.

[33] RUHS M, 2006. The potential for temporary labour migration programmes for future international migration policy' [J]. International Labour Review, 145 (1-2): 7-36.

[34] RUHS M, MARTIN P, 2006. Numbers vs.rights: Trade-offs and guest worker programmes [R] Oxford: COMPAS, COMPAS Working Paper 40: 1-28.

[35] RUHS M, 2013. The price of rights: Regulating international labour migration [M]. Princeton and Oxford: Princeton University Press.

[36] STANA R, 2006. Foreign workers: Information on selected countries experiences [R]. Washington, D.C.: United States Government Accountability Office.

[37] TEITELBAUM M, 2014. Falling behind?Boom, bust and the global race for scientific talent [M]. Princeton: Princeton University Press.

第二部分

法国、德国、瑞典、英国和美国的比较分析

A COMPARATIVE ANALYSIS OF FRANCE, GERMANY, SWEDEN, BRITAIN AND THE UNITED STATES

第4章

德国和瑞典的政府、工会和雇主概况

德国和瑞典在劳工市场组织方面有所不同。工会和雇主作为不同的主体，都可以参与政策制定。在瑞典，工会代表高技能劳工，相对于雇主来说拥有相当大的权利。在德国，工会主要代表低技能劳工，且成员较少，因此对高技能移民的限制较少。本章重点介绍了德国和瑞典劳工移民史上的主要事件，并分析了各主体的参与性、主体之间联盟的建立以及各自推动形成的政策。

下文从两国出现劳动力短缺加剧的时点开始研究（1990年德国和2001年瑞典）。2012年，总劳动力中外籍劳工[①]的占比，瑞典约为15.1%，德国约为13.1%（OECD，2014：48）。2013年，外籍人口中受过高等教育人员的占比，瑞典约为32.8%，德国约为21.2%（OECD，2014：48）。为了刺激战后工业的发展，两个国家在20世纪50～60年代均引进了以客籍劳工[②]为主的劳工移民。两国的相关政府部门与意大利、土耳其、希腊或葡萄

---

① 外籍人口可被视为第一代移民的代表，可包括外国和本国公民（OECD，2008：322）。

② 格德斯称，瑞典明确奉行的是移民政策，而不是基于有缺陷的暂时性的客籍劳工模式。在瑞典居住一两年后，移民可以获得永久居民身份，并享有居留权，且五年后可以成为"瑞典公民"（2003：108）。根据海默尔（1985）的观点，只有奥地利、瑞士和西德被视为拥有客籍劳工计划的国家。

牙等国家进行了双边协议谈判。在20世纪70年代初，劳工移民政策相当宽松。随着全球经济衰退，本地失业人数增加，工会和社民党等开始强烈呼吁采取更具限制性的政策。

除了在引进客籍劳工方面有着相似的经历以外，两国还都就政策制定方面签订了三方协议。雇主、工会与政府三方共同参与制定劳工移民政策。但是，两国的区别在于工会结构。一方面，尽管越来越多的高技能劳工加入德国工会，但德国工会的主要成员仍是低技能劳工。德国的低技能工会联合会可以向其会员解释，高技能移民的增多不仅会创造就业机会，还将有利于整体经济发展，因此不会对他们自身构成威胁。

另一方面，瑞典专门为高技能劳工设立了工会，并将其纳入一个名为瑞典职业协会联盟（the Swedish Confederation of Professional Associations, SACO）的工会联盟。高技能工会更关心本土高技能劳工的工资下降和失业率上升问题，这两个问题通常是由更开放的高技能移民政策和高技能移民的大量涌入而导致的。因此，瑞典联盟的情况截然相反。受制于高技能劳工和低技能劳工组成的联盟，瑞典直到20世纪末才发生政策变化。由于政权更迭，资方才得以打破这一联盟的阻碍。在德国，随着低技能劳动力工会和资方结成联盟，政策的确发生了变化。接下来的几节将考察两国的联盟协议以及政策变化情况。

尽管外部因素对主体偏好起重要刺激作用，但相关主体之间的联盟才是推动政策变化的最重要因素。

德　国

劳工移民史

为了应对经济复苏引发的劳动力短缺问题，德国分别与下列国家签署了系列双边招募协议：意大利（1955年）、西班牙和希腊（1960年）、土耳其（1961年）、摩洛哥（1963年）、葡萄牙（1964年）、突尼斯（1965年）和南斯拉夫（1968年）（BMI，2008；Oezcan，2004）。

这些协议的主要目的是为低技能工种招募客籍劳工，这些工种几乎全部都来自工业部门。① 劳工轮换制度规定：入境移民（大多是男性）应在工作1~2年后离境。劳工轮换制度目的有二：防止外籍工人定居，并使其尽可能回到迁出国。客籍劳工计划的目的是从迁出国尽可能多地引入临时工而不是永久居民，从中获得经济利益而不是增加社会成本（Martin and Miller，1989：19）。② 但随着雇主、工会和政府的参与，移民政策变得越来越宽松。雇主"不愿意在几乎完全就业的经济中失去宝贵的人力投资"，经常允许客籍劳工在其工作许可证到期后滞留下来，并把他们的家属带至德国（Messina，2007：125）。工会通过确保"本土工人在填补职位空缺方面享有优先权，同时保证招募的外籍工人工资和社会福利和本土工人平等"，这些也为放宽移民政策提供了支持（Joppke，1999：65）。受大量移民调查的误导，政府陷入"回国幻想"（即客籍劳工几年后会返回故国）之中，因此并未"以任何系统化的方式行使不续签许可证的行政特权"（Miller and Martin，1982：86）。1960年，移民人数已经达到68.6万，占德国总人口的1.2%（Oezcan，2004）。

随着1961年柏林墙的修建，来自东德的移民人数随之减少。此外，总工作时间减少，德国劳动力在1960—1972年减少了230万人（BMI，2008：14）。因此，西德加大了招募客籍劳工的力度。直到1973年停止招募之前，移民的数量以及移民在劳动力中所占的比例一直都在增加（Oezcan，2004）。1960年，移民在劳动力中的比例为1.3%，而在1973年则为11.9%（BMI，2008：14）。

受石油危机的影响，德国进入了经济衰退时期。政府宣布禁止雇用移

---

① 关于科技劳工和临时招募计划的分析，参见 Castles（1987）。
② 多年来外籍工人政策逐步得到改善，通过为家属入境提供便利以及其他措施来改善外籍工人的命运，欧洲政府随之削弱了自己的短期外籍工人就业政策目标，且被战后欧洲的持续经济增长进一步削弱（Miller and Martin，1982：85）。

民工人，并开始采取措施应对日益增加的入境移民数量。考虑到劳工市场的发展，德国工会联合会非常支持这项禁令（2008年6月25日德国工会联合会访谈）。面对日益严重的劳动力短缺问题（主要是低技能行业的劳动力短缺），德国雇主协会联合会试图通过大量游说工作取消招募禁令，但招募禁令依然如故（Joppke，1999）。尽管不断有大量客籍劳工离开，但在20世纪80年代，由于未离开工人的家属前来团聚等因素，移民水平仍大致保持不变（在400万~450万），但劳动力参与率下降了（Oezcan，2004）。

从临时移民变成永久公民，再加上因为家庭团聚而涌入的移民，多年来德国的移民人数显著增加，甚至在招募禁令之后亦是如此，因此客籍劳工对德国具有重要作用。虽然本节仅侧重于高技能移民的分析，移民人数要少得多，融合难度也小得多，但仍有必要谨记与客籍劳工时代相关的经验和问题。

综述

在争议很大的领域，由制定改革提案的专家和／或利益相关者组建委员会，在德国是一种非常常见的做法。因此，越来越务实的移民政策大多是通过诸多远离公众的社团性协议谈判落实的（Bade and Bommes，2000：166）。尽管如此，在德国通过一项新的高技能移民立法仍是一个困难而又耗时的过程，需要开展多次谈判才能达成共识。诸多劳工组织主体参与了政策制定过程，并推行自己的政策偏好。尽管资方（企业和雇主协会）支持更开放的高技能移民，但工会却表现出推行更具限制性政策的立场。例如，代表高技能劳工的个别工会在某种程度上反对招募移民工人（德国五金工会），而代表不同技能水平的工会联合会则表现出更加欢迎的立场，但会推动移民法附加保护条款。

因此，所有重大的立法变革都会采取折中处理的方法。例如，尽管施罗德（Schröder）总理从一开始就要求发放3万份许可证，但最后IT绿卡仍只允许1万名工人移民（在重新评估后可以扩大到2万人），而且绿卡的期限严格限制为5年，家庭团聚和工作许可程序也都十分复杂。经过3年的谈判和两次失败的尝试，德国联邦议院和联邦参议院最终于2004年通过了《移民法》，放宽了高技能移民政策。具体来说，采用了积分制。根据一些专家的说法，这是最具有创新性的概念（Hoekopp，2004），但积分制后来却被取消了。雇主承诺投资培训本土工人，培养高科技行业的学生，这些获得了工会的支持。因此，随着许多劳工市场主体参与移民政策的制定，移民法和折中提议的通过时间被延长。2005—2006年对2004年的《移民法》进行了评估，各政党和劳工市场组织提出了一些改革建议。2009年的《劳工移民控制法》和2012年的《居留法》进一步放宽了高技能移民。

工会和雇主之间通过多项谈判实现了合作。在政策制定方面，德国工会联合会是德国雇主协会联合会（支持雇主）的主要伙伴。工会联合会主要代表不同行业的低技能劳工。谈判内容包括工会支持更宽松的高技能移民政策，换取参与制定工作条件和工资水平的参与权。虽然低技能劳工可从高技能移民中受益，但工会往往要求为所有工人提供劳动保护。工会对低技能移民设有同样的要求，认为有必要使其享有与高技能移民相同的待遇，坚持各工人待遇平等的总体思想。其他谈判内容包括进一步放宽高技能移民政策，换取对本土工人提供更多培训和教育。另一项协议是支持更宽松的高技能移民政策，以避免雇主将业务转移至海外并解雇许多本土工人的威胁。通过向海外转移业务，雇主会对工会构成一定的威胁，诺基亚-波鸿（Nokia-Bochum）就是一个例子（2008年6月/7月德国雇主协会联合会、德国工会联合会和德国联邦教育研究部访谈）。诺基亚在波鸿有一家成功的工厂，但决定将生产转移到劳动力成本低得多的匈牙利、芬兰和罗马尼亚，这一举动意味着大约2000名本土工人被解雇。德国五金工会（IG Metall）反对关闭工厂，并游说政府停止这一行动，但没有取得成功（Spiegel，2008）。

然而，这些协议是否真的得到了履行则是另外一回事。例如，政府和雇主通过提供协商工作条件的机会，获得了德国工会联合会对绿卡的支持，但这一承诺从未得到兑现（2008年6月25日德国工会联合会访谈）。尽管雇主愿意对本土劳动力进行培训和培养，但他们不想"仅仅为了培训"而培训全体劳动力。他们没有取之不尽用之不竭的资金，因此更喜欢进行"有目的的培训"（2008年6月27日德国雇主协会联合会访谈）。

1990年《工作居留条例》（AAV[①]）

1990年《外国人法》修订了工作许可证制度的法律基础，将工人称为"根据合同提供劳动或服务的工作人员"。在普遍禁止移民的情况下，允许出现的例外情况适用于两类工人：跨国公司高级职员及其他高技能劳工，且招募符合公共利益。对第二类工人来说，这一过程比较艰难而又具有限制性，这是因为需要根据具体情况进行评估，并取决于劳工市场需求和普遍的经济、政治和社会情况。中小企业由于无法从跨国公司员工的高效流程中获益而受到打击，此外整个IT行业的扩张也受到影响（Boswell，2003：41）。

尽管在1973年普遍停止雇用移民工人，但《工作居留条例》（AAV）仍允许精英人才在德国工作。满足以下条件时可获得工作居留许可：①德国人或欧洲共同体（欧共体）的外国人均不愿意接受此类工作场所；②外国人的就业对德国劳工市场不会产生负面影响；③外国人的工作条件不低于德国同类雇员的工作条件。潜在雇主在收集信息和证据方面需承担许多职责，这就增加了雇主依法招募高技能IT专家的困难程度（Wank，2005）。1990年的《外国人法》仍然将招募客籍劳工视为一个独特的历史事件，旨在防止非欧共体国家国民的永久移民（Franz，1990：8）。这从一开始就确保新劳工移民是临时移民（Joppke，1999：80-85）。

在外部因素中，由于劳动力短缺，德国雇主协会联合会极力游说采取更宽松的劳工移民政策（Joppke，1999），这就强化了资方的偏好，使他

[①] 《工作居留条例》。

们更有动力采取行动。在劳工市场组织和大多数政党的支持下，低技能劳动力和资方建立联盟。由于《外国人法》关注不同类型的移民（劳工移民、家庭团聚和庇护移民），因此必须达成广泛共识。工会和慈善机构主要关注家庭团聚和移民工人的融合，而资方寻求在一定程度上放宽劳工移民政策。本土低技能劳动力和资方建立联盟，促成了政策的形成。这两个主体都参与了政府的政策制定，并同意放宽高技能移民政策，这大体上证实了假设3。

1998年《关于移民劳工招募禁令例外情况的新法令》（ASAV[①]）

以雇主协会为代表的跨国公司一直在游说制定更加宽松的高技能移民政策（移民包括公司内部调动人员）。德国雇主协会联合会与各公司交流信息，了解公司在高技能移民方面的需求。由于移民可以通过多种方式（通过欧盟移民、后裔和家庭团聚）进入德国，所以最初德国工会联合会对普通劳工移民组织持有怀疑态度。当时，德国工会联合会并不重视高技能移民（德国工会联合会访谈）。最后，雇主们成功地说服了联合会接受高技能移民，并共同建立了联盟。

1998年推出的《关于移民劳工招募禁令例外情况的新法令》（ASAV）为招募移民劳工提供了一种更为简单的方式。之前的特许权审批程序非常烦琐耗时，且不面向IT专家（Wank，2005）。1998年1月1日之前，当局如果确定有合格的本土工人，就会拒绝移民的工作申请。自那时起，一旦当局确认移民工人会对本地劳工市场产生负面影响时（例如，本土工人供给、高失业率地区、行业就业水平下降），就会拒绝候选的申请者。当然，在符合公共利益的情况下，也可以雇用来自非欧盟国家的高技能劳工。

工作许可签证有效期为1年，且可延期。德国联邦就业局必须在4周

---

① 《关于移民劳工招募禁令例外情况的法令》。

内进行劳工市场测试,检查劳工市场状况以及工作要求。如果测试结果表明此工作是"保证高质量产品和参与国际竞争的必要条件",申请人则可获得为期 2 年的工作许可签证;如果测试结果表明此工作是"准备国际项目的必要条件"(需要有专业知识、高等教育背景),申请人则可获得为期 3 年的工作许可签证。对于跨国公司的外国经理和专家(董事会、董事或管理职位),可以不参加劳工市场测试,并获得最长期限为 5 年的工作许可(Wank,2005)。

劳动力短缺问题使雇主倾向于更开放的政策,并激励他们为形成自己所偏好和倾向的政策寻求联盟。工会和雇主协会共同参与政府的政策制定过程,并推行更加开放的政策。德国工会联合会主要代表低技能劳工的利益,因此雇主可说服他们相信高技能移民的好处。由于雇主协会需要高技能移民来填补劳动力短缺,因此他们有政治动机与(低技能)工会建立联盟。这一联盟推动放宽高技能移民政策,在很大程度上证实了假设 3。2000 年,IT 行业劳动力的日益短缺终于推动了高技能移民的进一步开放。

2000 年绿卡[①]

"绿卡"的概念出现在 1999 年夏天的专题论坛"IT 领域就业潜力"中。专家小组得出结论,认为 IT 行业的问题或多或少可以通过教育政策倡议、内部培训和教育以及失业工人再培训来解决,但问题是目前的高校却未培养出足够的 IT 毕业生。这一发现为采取行动奠定了基础,提出了采用一种临时招募高技能 IT 专家的方法,同时根据中长期计划不断改善国内 IT 行业的状况。

绿卡是 D21 倡议的积极成果。D21 倡议是一个由 300 多个与政治和行政有关的企业组成的联盟,旨在加快向信息社会的转变。在联邦政府的支

---

① 2002 年,绿卡计划的计算机专家移民限额从 1 万名扩大到 2 万名。

持下，D21倡议大力推动了以更加便捷的方式引进外国IT专家的想法，并参与了绿卡法令的制定。在符合绿卡规定前提下进行的非正式快速招募流程，受到了成员企业的支持和称赞。D21倡议指出，IT移民掌握足够的德语知识对准许入境至关重要。由于大多数工作场所都需要与客户接触，因此申请人需要掌握德语。这种情况并不仅限于软硬件开发工作场所。因此，来自东欧的一些申请者由于在学校学过德语而更有优势。同时，D21倡议还要求简化就业手续。此外，根据此倡议，配偶只有在德国居住一年后才有资格在德国工作，这被认为是一种阻碍。

施罗德总理在2000年2月的一次大型IT交易会——德国汉诺威展览会（CeBIT）上宣布发行绿卡，这是政府和大型企业就D21倡议进行协商的成果。在红绿联盟政府宣布发行绿卡后，负责任的政治家受到了IT行业和相关雇主联邦联合会的赞同。然而，这些联合会抱怨称，从长远来看，发放数量有限的绿卡并不会缓解劳动力短缺问题。德国雇主协会联合会、德国工业联合会和德国工商总会发表了一项联合声明，阐述了以非官僚方式实施绿卡倡议的重要观点（BDI/BDA/DIHK，2000）。机械工程等行业呼吁扩大绿卡适用范围。但政府强调，绿卡将仅限于IT行业，因为在政治上主张扩大绿卡适用范围是不可行的（Greifenstein，2001：23-24）。

最初，辩论侧重于移民计划的经济方面。在劳资关系层面上，支持者包括德国工业联合会、巴登－符腾堡州雇主以及生物科技和保健行业（Martin，2001）。由德国联邦信息技术、电信和新媒体协会（BITKOM）作为代表发声的IT行业游说政府放宽高技能移民。尽管《关于移民劳工招募禁令例外情况的新法令》中有针对劳动力短缺的条款，但资方代表们仍然希望看到更明显的变化，并得到了德国总理格哈德·施罗德的支持（2008年6月24日德国联邦内政部访谈）。

工会的立场在辩论中表现得摇摆不定。一方面，他们自称是失业IT工人的代表。另一方面，他们不希望被IT行业视为阻碍行业发展的绊脚石（由于IT行业希望招募新成员）。起初，各工会之间的立场大相径庭甚至背道而驰，有的赞成IT专家移民政策，有的则公开表示反对。例如，工会中的反对者担心，一旦移民政策对 IT 专家开放，如果企业能够在中、短期内聘用移民工人的话，企业对本土劳工的培训意愿会下降（Greifenstein，2001）。此外，工会也受到美国工会的 H-1B 移民劳工的影响。他们担心出现类似的问题——在美国，高技能移民工人导致本土工人工资下降，就业情况恶化（Greifenstein，2001：25）。[①]

德国雇佣行业工会和 IT 麦塔尔（Metall）等受高技能移民影响的工会宣称正在试图用短期解决方案弥补企业的错误。由于起初就业联盟同意为 IT 行业提供 4 万个就业和培训名额，因此德国五金工会没有认识到准许移民工人进入 IT 行业的必要性。而德国五金工会在 IT 行业并没有太多成员，所以德国五金工会最初不太关注绿卡。为了避免雇用廉价劳动力，德国五金工会的确曾要求绿卡持有者享受与本土劳工相同的工作条件和工资（2008 年 7 月 1 日德国五金工会访谈）。当时，各个工会正在寻求加强 IT 活动，因为该行业 30 万名雇员中只有 1.5 万人是由德国五金工会组织的，一半以上的雇员在未设立工人委员会的公司工作（Scheele，2000）。通过指出高技能移民对 IT 专家的风险，德国五金工会试图争取更多本土 IT 成员。德国五金工会对以下事实进行了批判：雇主和政府忽视了对本土工人培训/教育的投资，解雇了年长工人，现在却试图通过引进高技能移民轻松地、廉价地解决劳动力短缺问题（Greifenstein，2001）。时至今日，德国五金工会在招募高技能成员时仍旧困难重重，并越来越多地将重点放在制定招募策略方面（德国五金工会访谈）。

从德国工会联合会及其成员工会的立场来看，只有在特殊情况下临时劳工移民的存在才合情合理，原因如下：第一，来自欧盟成员国的雇员可以在欧盟内部自由流动；第二，有可供选择的本土劳工（DGB，2005）。德国工会联合会通过指出 IT 行业的失业人数、雇员和失业者培训风险以及廉价雇用移民工人产生的工资倾销问题，反对全面取消移

---

① 虽然重点在于国内政治，但各国也受到了国际压力的影响。在高技能移民的全球竞争中，他们经常试图模仿其他国家的成功政策（Shachar，2006）。例如，德国参考了美国的 H-1B 体系和加拿大的体系。

法国、德国、瑞典、英国和美国的比较分析　第二部分

民专家招募禁令。① 政府通过与德国联邦信息技术、电信和新媒体协会合作提供理想的工作条件，获得了德国工会联合会的支持（德国工会联合会访谈）。德国工会联合会秉持本土工人和移民工人相互平等的原则。同时，需要对绿卡计划进行评估；如果需要继续实施，还可以再发放 1 万份许可证。发放的前提条件是 1 张绿卡能够创造 1.5 个新的工作岗位，并能增加培训岗位（德国工会联合会访谈）。然而，直到 IT 热潮结束，这种情况也从未曾发生过。他们的观点是：必须确保绿卡的引入只是一种临时安排，只有那些培训本籍工人的企业才能招募 IT 移民专家（Handelsblatt，2000b）。

德国工会联合会认识到，如果未来的德国想继续保持出口国和高科技国家的地位，就不得不招募高技能劳工（DGB，2001：8）。因此，如果确实存在劳动力短缺问题，则可招募高技能移民，前提条件是给予高技能移民与本土工人相同的工资和工作条件，并且他们能够为本土工人创造更多的就业机会（DGB，2001：6；Greifenstein，2001：26）。2000 年，各个工会支持引入绿卡，以换取雇主自愿承诺雇用更多学徒工、投入更多资金进行培训、并为年长工人提供更多就业机会。

据德国工会联合会称，在某些行业临时放开高技能移民政策并将绿卡推广到其他行业，并不是全面移民政策的替代方案。此举不仅降低了本土失业工人融入劳工市场的可能性，高技能移民的临时涌入并没有为他们提供任何长远的前景，而且阻碍了必要的融入（DGB，2001：6）。这也再次强调了永久移民的重要性——从长远来看，永久移民可以更容易地融入并成为新的工会成员。

主要 IT 企业的工作委员会都强调了 IT 专家的短缺问题，并欢迎政府和 IT 经济部门提出 IT 劳动力短缺解决方案，从而增加培训场所数量、注重内部培训、并让年长工人参与进来。只有当移民工人的工资水平和工作条件与本土工人相同时，工作委员会才会给予法定批准。德国雇佣行业工

---

① 为寻求更多限制，最大的工会有类似的暂时性的主张。

会反对开放边境,这意味着它反对取消对本土工人和欧盟工人的劳工市场保护。否则,德国失业的IT专家有可能难以重新融入劳工市场。另一方面,德国雇佣行业工会意识到,如果劳工市场不进行规范化、条理化开放,德国的竞争地位就会受到威胁(Greifenstein,2001)。

绿卡以《IT行业外籍高级人才工作许可发放条例》[①]为基础,于2000年8月1日开始实行(McLaughlan and Salt,2002:98)。为了培训更多的本籍工人从事高科技工作,政府追加拨款1亿欧元,这样每年支出达到6亿欧元用来培训本土工人。领取绿卡必须满足如下规则:工作许可证的期限为5年,且在德国或其他欧盟国家没有适当的求职者。

同时,也必须满足以下条件才能发放工作许可证:获得大学或高级技术学院的资格证书,如学士或硕士学位或IT毕业证书(信息学、经济信息学和通信工程)。另一种替代方案是,在申请者提出申请时,有工资协议证明其具备资格。该工资协议须证明,德国雇主每年支付的总工资至少为5.1万欧元。需要强调的是,年收入为5.1万欧元的工资协议必须确定无误。如果这个数目只能根据一个成功的工资模型来测算是不行的。如果商定的年工资低于5.1万欧元,则必须提交相应的德语或英语考试证书。但商定的工资不应该低于社会保障缴款上限(西德3.96万欧元,东德3.27万欧元),也可在该企业有效的劳资谈判协议中约定适当的工资。也就是一般来说,申请人须证明以下内容:①工资至少为5.1万欧元;或②工资至少为3.96万/3.27万欧元,并获得相应的大学考试证书(Wank,2005)。

由于截至2003年6月底,2万张绿卡只发放了14566张,因此该计划被延长至2004年年底(BITKOM,2003)。根据对绿卡的研究,发现问题在于期限为5年的最长工作和居住时限和有限的家庭安置及配偶工作机会(Reuter,2001:23)。不仅申请绿卡的IT专家比预期的少,而

---

① 绿卡是将工作许可证(《IT产业外籍高级人才工作许可发放条例》)和居留许可证(《IT产业外籍高级人才居留许可条例》)的结合(Kolb,2004:22)。

且其他经济部门劳动力短缺的呼声也居高不下，并呼吁推进移民法规的改革。

德国联邦信息技术、电信和新媒体协会预计，IT行业每年的劳动力缺口达到7.5万人。但是，2000年3月的一项民意调查显示，有56%的德国人反对绿卡提案，只有37%的人支持绿卡提案（Martin，2001）。工会和雇主的联盟让放开高技能移民政策成为可能。由于IT行业劳动力日益短缺，对整个德国经济开始产生不利影响，因此工会和雇主联盟为之付出了更大的努力，参与协商和谈判的雇主协会（德国雇主协会联合会和德国工业联合会）和工会（德国工会联合会）达成了一致意见，推行了更开放的政策，这大体上证实了假设3。

2002年和2003年失败的提案

继高科技专家绿卡计划启动后，德国其他行业也要求纳入类似计划，分别包括生物科技和保健行业雇主、德国工业协会、巴登-符腾堡州雇主、德国酒店协会和德国雇主联盟（Meyers，2004：151）。尽管2000年的一项民意调查报告显示，仍有66%的德国人认为移民"超出了可以承受的范围"，但时任内政部长奥托·席利（Otto Schily）还是在2000年6月任命了一个由21名成员组成的移民委员会来提出政策建议（Martin，2004：247），这些成员来自德国雇主协会联合会、德国工业联合会和德国工商总会（代表雇主）和德国工会联合会（代表工会）。从某种意义上说，该委员会是放宽高技能移民政策的代言人。例如，行业代表（德国工业联合会）汉斯-奥拉夫·亨克尔（Hans-Olaf Henkel）的高技能移民诉求被认为过于宽松（2008年6月23日德国工业联合会前管理人员访谈）。

2001年7月，该委员会发表了很有影响力的总结报告《调整移民制度，促进融合》。报告建议德国再接纳5万左右外国人——包括每年根据积分制遴选的2万名专业人员；另外2万名有5年许可证的临时移民（Martin，2004：247-248）。

麦克斯·斯塔德勒（Max Stadler）（自由民主党）和巴伐利亚州雇主协会就劳动力短缺问题展开了首轮讨论（2008年6月27日自由民主党访谈）。此后，麦克斯·斯塔德勒也与其他协会进行了相关讨论。他与德国工会联合会交流意见的时间比较早，目的是获得支持并消除民众对劳工市场竞争的恐惧（自由民主党访谈）。根据第2章的预期情况，低技能劳动力将对高技能移民表现出微弱或适度的支持，但并没有像资方那样有着宽松的政策倾向（资方大力支持高技能移民）。尽管如此，本土低技能劳动力通常比高技能劳动力持更积极的态度。

时任德国工会联合会副主席的额尔苏拉·恩格伦克菲尔（Ursula Engelen-Kefer）指出，根据全国就业联盟1999年7月达成的协议规定，未来3年内须在IT行业设立4万个新培训职位。因此，关于限制专家移民的辩论不应成为转移注意力的话题。她特别批评了这样一个事实，"未来职业"的培训率会低于建筑业等其他行业。此外，各工会担心雇用专家移民可能导致本土劳工工资降低，损害工资标准，甚至是劳资协议（如果该计划扩大到工会代表人数多于IT行业的其他行业）。因为只有一小部分IT行业的专家移民加入了工会，因此工会正努力加强IT行业内的活动（Scheele，2000）。

德国工会联合会赞成实施全面的移民法，尤其支持推行能够招募永久性高技能移民的积分制。同时，与临时移民制度相比，德国工会联合会更喜欢永久移民制度（DGB，2002）。这似乎遵循了豪斯（1995）的假设，即工会宁愿支持永久移民制度，因为从长远来看移民的融入性会更好，这些移民更有可能加入工会。德国工会联合会也不想将工作许可证限制在某些特定的雇主和职业，因为这违背了工会的意识形态。而且这些限制会使移民工人受雇于一个雇主，他们可能会对是否加入工会犹豫不决，因此使得移民工人加入工会变得更加困难。尽管如此，德国工会联合会仍指出对年轻工人和失业工人进行再教育和再培训的必要性（DGB，2002）。作为劳工代表的德国工会联合可能会始终坚持这样一种立场。

许多跨国公司，尤其是机械工程或IT等工程领域的跨国公司（包括思爱普、博世或西门子），都支持放宽高技能移民政策（与德国雇主协会联合会一名前管理人员访谈）。据德国雇主协会联合会的一位前代表称，工会和雇主之间最终达成了一项协议——将设立一个工资门槛，防止移民工人的工资倾销（与德国雇主协会联合会前管理人员访谈）。此外，雇主们通过肯定劳工移民应受到监管，并坚持最低条件和标准，从而赢得了工会的支持（2008年6月24日前内政部长奥托·席利访谈）。

2000年IT热潮之后，泡沫破裂，整体经济形势恶化。大量人员的失业难以说服公众接受德国需要高技能移民来填补高失业率时期的劳动力短缺（约500万人）的观点（2008年6月24日德国联邦内政部访谈）。而且，职位空缺和现有（失业）工人之间不匹配。大多数职位空缺均为面向刚毕业大学生的初级职位，年薪在3万~4万欧元。然而，失业的工程师通常都是55岁左右——曾担任管理职位，年薪在10万~15万欧元。他们还没有准备好接受劳工市场提供的工作（2008年7月4日德国联邦教育研究部访谈）。

由于德国在高度创新、强劲增长的行业激烈争夺"精英人才"（BDA/DIHK 2002），雇主和行业协会（BDA、BDI和DIHK）支持更加开放的高技能移民提案，并提高透明度和灵活性，减少官僚程序。雇主和工业界也强调需要保持和其他先进工业国旗鼓相当的竞争力，并把加拿大和澳大利亚的高技能移民政策当作良好范例。由于高技能移民无法填补所有的劳动力短缺，因此有必要对本地（年轻和失业）工人进行再教育/培训。

这些协会赞成对高技能移民不设上限，并强调有必要提高德国对高技能移民的吸引力（德国工业联合会、德国雇主协会联合会、德国工商总会和德国中小企业联合总会2001年的联合声明），同时还支持能够系统地长期招募高技能移民的积分制。事实上，时任德国工业联合会主席的迈克尔·罗格斯基（Michael Rogowski）强调，各政党应就移民法达成共识。否则，封闭不仅会损害德国工业，而且还会损害社会的整体福利（BDI，2002）。从绿卡的实施经验来看，因为他们的高收入，高技能移民为税收和社会福利制度做出了贡献。此外，每个绿卡持有者还创造了2.5个额外的工作岗位（BDI，2002）。德国工业联合会指出，尽管德国有近400万失业人口，但约150万个职位空缺是难以填补或无法填补的。在劳工市场上，IT、电信和电子商务行业需要44万名专家，低技能行业也有许多职位空缺（BDI，2001a）。

随着劳动力短缺加剧，雇主协会继续推动更开放的政策，并与低技能工会建立联盟（低技能工会认识到了高技能移民的好处）。与政府共同制定政策的主要社会伙伴有：德国雇主协会联合会和德国工业联合会（支持雇主）以及德国工会联合会（支持低技能劳工）。然而，尽管得到了工会和雇主协会的广泛支持，但经过政治代表商讨后该提案并未被通过。

虽然德国社民党的联盟伙伴绿党和传统自由民主党一样，都在推行和支持移民政策，但反对党——基民盟/基社盟对新的移民法持有怀疑态度，并在劳工市场上采取保护主义立场（Boswell，2003：44）。其中，基民盟/基社盟是本土高技能劳工（和文化保守主义者）的代表。

2002年3月1日，德国议会下院联邦议院的红绿联盟以多数票通过了草案，联邦参议院于2002年3月22日通过了提案，但措辞含糊。勃兰登堡州社民党总理曼弗雷德·施托尔珀（Manfred Stolpe）投了赞成票，基民盟的继任者约克·勋波姆（Jörg Schönbohm）投了反对票，尽管作为混合州（"Bundesratsklausel"），他们应该弃权。时任德国社民党主席的克劳斯·沃韦雷特（Klaus Wowereit）将总体投票视为"赞成票"，并帮助移民法获得多数票。否则，在此类移民法中，弃权将被视为"反对票"。德国时任总统约翰内斯·劳（Johannes Rau）（德国社民党）于2002年6月20日签署了这项法律。在6个基民盟/基社盟领导的州对这项法律的合法性提出质疑后，德国联邦宪法法院于2002年12月18日撤销了这项法律。2003年5月9日，德国社民党和绿党在联邦议院未做任何修改而成功地通过了这项法律；然而，基民盟/基社盟领导的联邦参议院于2003年6月20日再次否决了这项法律（AFP，2004）。在2002年第一次尝试后，放宽高技能移民的提案再次被阻止。尽管基民盟/基社盟持反对态度，但它通过各州在联邦参议院中有讨价还价的筹码。

2002年大选后,席利再次与基民盟/基社盟进行谈判。最后,为了达成一致意见,不得不取消了积分制度(2008年6月24日奥托·席利访谈)。他说必须付出一些筹码,通过移民法比推行积分制度更重要。当我们回顾理论模型时,就可以理解所描述的发展范式。很明显,高技能劳工在欧盟内部与文化保守主义者建立了一个联盟,总体上反对移民,因此可以优先推动形成更具限制性的政策,这在很大程度上证实了假设6。总之,他们将再次阻止支持放宽移民政策的联盟。如下文所述,修订后的提案最终获得了成功。

2004年移民法

工会和雇主协会继续支持立法提案,并坚持他们过去两年的立场。到2004年,他们已经确立了自己的立场,并敦促反对移民改革的政党重新考虑自己的立场。正是一些政党的反对才导致了对最初提案的让步。新移民法于2005年1月1日生效(Wank,2005)。

在普通工作许可类别(§18)中,必须由德国联邦就业局对个人进行劳工市场测试,证明①对本国劳工市场不会产生负面影响,以及②无其他有优先权的本国工人可用。如果高技能移民有足够高的工资、德语知识和社会福利贡献,5年后有可能获得永久居留权。有关工资水平的规定受到了企业和雇主协会的批评,他们认为标准太高了。移民只需要获得允许在境内工作的德国居留证,而不是将居留许可和工作许可割裂开来。潜在外籍雇员必须按与德国雇员同等的条件被雇用,并且德国或其他欧洲国民无法胜任该职位。通常这些外籍员工必须具有大学学位或类似的资格。

在第二种情况下,高技能劳工和管理人员、科学和研发职业以及满足最低工资标准的专业管理职位(§19)无须得到当地劳动局的事先批准。此外,精英人才可以获得工作许可,并在抵德后有充分的工作权利。移民家属和移民享有同样进入劳工市场的权利。以前,移民家属的工作权利通常有1年的等待期和1年期满后的优先审核。

但德国雇主协会联合会仍然认为改革后的移民法限制太多，认为德国应该放开高技能移民政策，因为高技能移民可以为本土工人创造更多的就业机会（BDA，2008b）。德国雇主协会联合会指出，高技能移民和本土工人的再教育／培训可以同时进行。对本土工人的教育需要从入学开始，一直持续到大学深造，特别是对于科学、技术、工程和数学（STEM）学科来说（BDA，2008a）。此外，正如后续的立场声明和内政部的评估报告所显示的，工会和雇主都认为工资门槛（8.5万欧元）太高（BMI，2006）。这一时期的高失业率加剧了高技能劳动力对限制性更强政策的偏好。

工会和雇主协会为更开放的高技能移民政策建立了一个联盟，请求将工资门槛设为6.2万欧元或更低，并继续游说政府进一步改革，最终于2008年夏天获得成功。显然，高技能劳动力和资方必须建立联盟，才能实现政策变革。失业率高、劳动力短缺问题仍在加剧，推动资方更努力推动形成其期望的政策。即使资方不得不做出让步，他们仍获得了更宽松的高技能移民政策；这比过去两年没有政策变化要好得多。高技能劳工通过谈判取消了积分制度，并在移民法中附加了更具限制性的条款，这大体上证实了假设2。由于基民盟／基社盟的强烈反对，积分制度在先前法律提案的主要修正案中被取消了，但并不被建议在高失业率时期取消。由于红绿联合政府对基民盟／基社盟的要求做出让步，移民提案才得以在联邦议院和联邦参议院通过。

2009年《劳工移民控制法》

尽管2004年的《移民法》推行更加开放的高技能移民政策，但对于继续游说政府进一步放宽移民的劳工市场组织来说，这些变化还远远不够。2005—2006年对2004年《移民法》进行了评估，各政党和劳工市场主体都提出了一些建议（BMI，2006）。

劳动力的日益短缺再次引起了激烈争论（2008年6月16日自由民主

党访谈）。劳动力短缺一直是各公司亟待解决的问题——工程师和IT专家尤其短缺。这些问题似乎与移民委员会时期的问题相似，当时IT专家也很少。金属、电子和化学行业也陷入了困境（德国雇主协会联合会访谈）。德国工商总会对企业进行了调查，发现近1/3的企业难以填补职位空缺。机械工程公司遭遇了最严重的问题——他们无法填补60%的职位空缺。工程公司亦受到重创——2007年，大约有7万个职位空缺；到2020年，这种情况可能会变得更糟（BDA，2008a）。

德国工会联合会与雇主一起批评高工资门槛，认为过高的工资门槛不仅无法接受，而且也无助于德国吸引其所需的高技能移民（德国工会联合会访谈）。劳工市场组织则侧重于将获得工作许可的最低工资从8.55万欧元降至6.3万欧元（DGB，2008）。德国工会联合会的一个工作重点是应该授予高技能移民更具吸引力的居住权，允许高技能移民的家人能够长期居留（德国工会联合会访谈）。由此可见，他们对永久高技能移民的偏好保持不变。相比之下，德国雇主协会联合会并没有呼吁永久移民政策。相反，他们希望通过国际交流或公司内部调动，向跨国公司引进高技能移民工人，工作期限为3~5年（德国雇主协会联合会访谈）。同时，他们还要求降低工资门槛，允许差异化工资水平的存在。

与工会的说法相反，雇主并不寻求临时工，然后在经济不景气的时候让他们离岗。即使雇主与工会具体的意识形态立场有所不同，雇主仍然会与工会一起合作（德国雇主协会联合会访谈）。例如，德国雇主协会联合会和德国工会联合会在2006年组织了一次关于劳工移民的宣讲会。2007年，这两个合作伙伴参与了一项移民法改革倡议，更加注重劳工市场的需求（BDA，2008b）。此外，他们也给政府和政客们写信呼吁移民法的改革。公司和工作委员会内部直接开展了许多合作（德国工会联合会访谈）。低技能劳动力和资方也建立了联盟。

然而，就业联盟和工程师协会反对放宽高技能工程师移民政策。资方和研究代表对该倡议表示欢迎（Migration Info，2007）。德国工会联合会董事会成员安娜丽·布恩特巴赫（Annelie Buntenbach）认为，本土工人的教育和资格认证应该与放宽高技能移民同时进行（Welt，2007年7月15日）。她还指出，永久高技能移民和积分制度将比个别行业的临时放开更为可取（DVF，2008年7月17日）。尽管有反对的声音，主要的工会联合会和雇主协会最终还是实施了放宽高技能工程师的移民政策。

经过几个月对高技能劳工行业劳动力短缺的讨论，政府在2007年8月23—24日的梅泽贝格会议上决定，从2007年11月1日起，向来自12个欧盟新成员国的机电工程师开放劳工市场。省去为了优先雇用本地/欧盟工人而进行的现有劳工市场测试，这有利于工程师的移民（Spiegel，2007）。尽管如此，放宽移民政策并未像政府希望的那样成功地招募到移民工程师。因此，进一步的改革还是有必要的（2008年7月）。

这种情况支持了理论模型的构建。本书预计相关主体的偏好会随着外部因素的变化而改变。在各行业（包括工程和信息通信技术）劳动力持续短缺的压力下，与低技能劳动力结成联盟的资方会继续游说政府进一步放宽移民政策，这大体上证实了假设3。

2008年，默克尔总理内阁通过了两项核心倡议，旨在将德国的劳动力短缺威胁视为一项社会义务，要求各州、公司、社会伙伴和其他相关主体共同努力和加强合作来寻求解决办法（Rahner，2011）。这些行动计划侧重于发展国内人才、吸引国外人才，并利用现有劳工市场储备。因此，随着2009年《劳工移民控制法》的出台，高技能移民政策变得更加开放，其中包括降低高技能申请人的工资门槛等多项变化（Cerna，2014）。资方和低技能劳工建立了结盟，使这种变化成为可能。

此外，2009年，三方联盟成立，由政府、雇主及工会代表（包括德国工会联合会、德国工商总会、德国雇主协会联合会和德国中小企业联合总会的代表等）组成，以便就如何解决劳动力短缺问题交换意见（Rahner，2011）。本来希望通过该法案加强德国在高技能移民国际竞争中的地位，但新的高技能移民的数量并没有显著增加，因此社会盟友们游说进一步降低或取消工资门槛（DGB 2012）。

2012年修订的德国《居留法》

政府在2011年通过了一项名为"熟练劳动力概念"的五维战略，旨在通过激活国内劳动力和推动移民融入劳工市场，并建立短缺职业正面清单来保持熟练工人的供应（OECD，2012），该战略得到了社会盟友们的广泛支持。德国联邦劳动和社会部（2013年）发布了一份进展报告，强调尽管在所有五个维度方面的进展都相当大，但仍存在一些挑战。政府"熟练劳动力概念"战略的规划之一关注合格人员的融入和移民问题。2012年《职业资格认证法》是移民更好融入社会的一大举措，取消了对工程等紧缺职业的劳工市场测试（BMAS，2011）。

2013年12月，联邦就业局估计，约有20个团体缺乏技术、保健和护理行业的熟练员工。除了医生和训练有素的护士，熟练员工还包括工程师、能源技术人员、计算机科学和软件专家（Federal Ministry of Labour and Social Affairs，2013）。到2015年，工程和自然科学领域的职位空缺预计将达到14%，到2030年这一比例将达到25%（Kolodziej，2011：17）。其他劳工市场预测表明，到2030年，教育和社会护理及医疗保健等管理人员和行政人员以及技术人员将出现短缺（Federal Ministry of Labour and Social Affairs，2014：14）。人们仍然认为，德国高技能移民的数量不足，因此需要进一步放宽劳工移民政策（Kolodziej，2011）。

尽管如此，德国雇主协会联合会（2010年）主张采取"双重战略"，以填补主要在STEM领域的劳动力短缺：一方面，更多地利用国内潜力；另一方面，进一步放开高技能移民政策。

2011年6月，政府（以联邦劳动和社会部为代表，总理府参与）与工会（德国工会联合会、德国五金工会、德国服务行业工会和德国矿业、化工和能源工会）和雇主协会（德国雇主协会联合会、德国工商总会和德国中小企业联合总会）发表了一份关于保障德国熟练工人利益的联合声明，其中强调了解决当前劳动力短缺状况的若干办法（Kolodziej，2011）。优先考虑的是发展和培训国内潜在劳工（如妇女、年长工人、残疾工人、移民和长期失业者）。但由于人口结构的挑战，高技能移民政策也应有助于企业找到所需数量的、具备必要资质的熟练工人。同时，熟练移民须与本地工人享有相同的工作条件和工资水平（Kolodziej，2011）。有趣的是，这份联合声明也纳入了各种雇主协会，特别是德国五金工会和德国服务行业工会等并不总是支持熟练移民的工会。然而，将重点放在确保移民和本地工人享有相同的工作条件和工资水平上，是为了满足工会的要求。这突出表明，尽管有一些强加的条件，劳方和资方仍应建立联盟，支持更加宽松的移民政策，这在很大程度上证实了假设3。

根据2012年《居留法》，德国设有两种主要的国家渠道以及一种针对（高）技术移民的欧盟渠道。根据第18（a）条规定，如果有特定的工作机会，可向符合资格的专业人员发放居留证，这同时兼顾了德国经济和劳工市场的要求。联邦就业局必须批准的职业之间是有区别的，管理人员、学术人员和研发人员不需要这样的居留证的（BAMF，2013）。

根据第19条规定，符合特定条件的高素质人员可以获得无限期居留许可，例如专业科学家或担任重要职务的教学人员和科研人员。[①] 许可证申请人需要证明他们能够很好地融入社会，并且能够在没有国家援助的情况下自给自足（BAMF，2013）。

根据第19a条规定，欧盟蓝卡（现第19a条），鼓励为高素质工人提供便利化的移民条件。根据2013年的规定，申请人需提供每年至少4.64万欧元的收入证明（高于2012年的每年4.48万美元）；对于技能严重短缺的职业，可降低工资门槛。满足条件后，持有人将获得临时居留证，并在某一特定工作岗位工作3年后可获得永久居留证（BAMF，2013）。降低工资门槛得到了德国工会联合会等工会和雇主协会的支持，因为以前的门槛被认为太高而无法有效地吸引高技能移民来德（DGB，2012）。尽管已进行了

[①] 在2012年《居留法》出台之前，此类许可证也适用于年薪至少6.6万欧元的行政人员和具有"特定经验"的专家（OECD，2013）。

上述政策调整，高技能行业依然存在劳动力短缺问题，来自第三国的高技能人员并没有大量涌入德国。例如，2012年有244名高技能人员根据《居留法》第19条的规定来到德国，而更多人则根据第18条的合格就业规定来到德国（Mayer，2013：22）。

因此，社会盟友们继续游说放宽移民政策。特别是，德国雇主协会联合会呼吁在各个层面建立欢迎国外高技能劳工的文化，并通过引入"人才卡"来消除招募熟练工人的官僚主义壁垒障碍，以提高德国在国外的知名度，降低法律规定的复杂性（BDA，2014a，b）。德国工会联合会及劳动和社会部的声明中也有类似的观点（BMAS，2011；Mayer，2013）。

瑞 典

劳工移民史

在谈及瑞典从20世纪50年代开始的客籍劳工招募之前，我们先来了解下20世纪30年代和40年代高技能劳工所采取的行动。专业人士担心大学毕业生供过于求，会导致工资降低。这种恐惧在地位较高的职业学生群体中很强烈，创立瑞典职业协会联盟（SACO）[①]的年轻医生们尤其担心这一点。20世纪30年代和40年代，SACO的年轻医生们强烈抗议政府向德国和奥地利犹太人发放移民和工作许可证，随后又抗议向东欧医生发放移民和工作许可证，这些提案被列入政府议程。20世纪50年代末，福利扩大导致了专业劳动力严重短缺，所以医生和那些来自"封闭机构"（有名额限制要求）的其他专业人士争取扩大学生入学人数（Heidenheimer，1976：55）。

在瑞典移民史上，与下文谈到的临时招募时代相比，这些活动为人所知者甚少。第二次世界大战结束后，瑞典经济高速增长，失业率低，急需

[①] SACO成立于1947年（1943年是年轻成员的先驱）。

劳动力（Wadensjö，2009）。通过雇用移民劳工，出口产业的产量得以增加。1947年，劳动力委员会开始在意大利、匈牙利和奥地利招募工人。20世纪50年代，在西德和荷兰继续招募，后来在意大利、比利时和希腊招募。在此期间，移民总数为25.6万，其中50%出生在丹麦、芬兰和挪威。芬兰籍最多，其次是挪威籍（Wadensjö，2009）。其他大规模移民群体是战后留在瑞典的爱沙尼亚难民和来自德国的劳工移民。《北欧护照管制协议》于1954年7月1日生效，赋予了北欧国家公民在其他北欧国家自由生活和工作的权利。[1] 公共就业事务处负责国家之间的劳动力交流和信息交流（Wadensjö，2009）。此外，随后几年还采取了其他有关北欧移民的举措。[2] 在20世纪60年代，瑞典与南斯拉夫和土耳其缔结了双边劳工协议。在此期间，瑞典移民总数的3/4来自北欧国家。20世纪60年代出现了大量南斯拉夫和希腊劳工移民（司法部，2001：15-16）。

企业界是劳工移民的一大驱动力。沃尔沃和SKF（瑞典滚珠轴承制造公司）等瑞典大公司在20世纪50年代招募南欧（尤其是意大利）劳工（Allwood et al.，2006：16）。1965年，瑞典工业对劳动力的需求依然很大，因此瑞典劳工市场委员会支持大规模劳工移民。同时，公众就是否应该更好地利用瑞典国内的劳动力储备（如妇女和老年人）展开了讨论。尽管妇女已经更广泛地进入到劳工市场，但仍然会需要移民工人。20世纪60年代的移民总数是迄今为止最大的——约为42.4万人（司法部，2001：16）。

20世纪60年代末，瑞典的经济已经出现疲软的状态。许多劳工移民来到瑞典，却没有把握能够找到工作。1967年，瑞典采取了移民管控措施，这是对《外国人条例》的补充，其中规定劳工移民在进入瑞典之前应获得工作许可证（司法部，2001：34）。以上这些措施部分上是工会运动

---

[1] 对挪威公民、丹麦和冰岛公民以及芬兰公民的签证要求已经分别从1945年8月11日、1945年8月19日和1949年12月15日起取消（Wadensjö，2009：6）。

[2] 示例包括一项社会保障协议（1955年达成，1957年生效），该协议授予北欧移民与本地人同等的权利。其他则是1960年关于医生的公约、1964年关于牙医的公约和1968年关于护士的公约等卫生部门的协议（以前公共部门的工作是留给公民的）（Wadensjö，2009：8）。

强烈要求的结果（司法部，2001：16）。工会更感兴趣的是将边缘人士（例如已婚妇女、职业残疾者和老年人）引入劳工市场，而非招募劳工移民（Lundqvist，2004：3）。

瑞典议会通过了1968年《移民法》，废除了自由移民制度，要求所有劳工移民都得获得工作许可证（Lundqvist，2004：3）。劳工移民的范围取决于自己的就业状况及是否可以获得住房、教育、保健和其他服务（Lundqvist，2004）。同时，劳工移民只有在特殊情况下才是允许的（司法部，2001：37-39）。在1970年达到峰值（7.7万）之后，劳工移民或多或少停滞不前。然而，来自其他北欧国家的劳工移民仍在继续进行，但水平较低。主要因为石油危机，经济形势更加严峻，工业对劳动力的需求也下降了（司法部，2001：16）。

因此，自1972年以来，瑞典的劳工市场或多或少对非北欧劳工移民关闭。每年只有300～400名非欧盟/欧洲经济区的永久劳工移民获准进入瑞典。自20世纪80年代以来，临时劳工移民在所有移民类型中所占的比例最小，但由于家庭团聚和寻求庇护弥补了大规模移民的不足（司法部，2001：17）。应当指出的是，临时工作许可证适用于所有技能水平，但主要授予工业、研究、文化和体育领域的专家和关键人士（司法部，2001：30）。"国际交流许可证"每年允许1.5万多名高技能移民入境（Gaillard，2002：243）。

一方面，私营部门雇主协会瑞典企业联合会倡导放宽移民政策。该协会虽然反对在普遍失业的情况下允许移民进入劳工市场，但却主张在其他情况下放宽移民政策。劳工市场应该是由供需关系决定的自由市场（Lundqvist，2004：9）。另一方面，工会认为移民在住房、教育和社会福利方面应享有与瑞典人相同的标准。如果雇主无法提供，则不得雇用移民劳工。公司不得将成本转嫁到公共领域（Lundqvist，2004：8）。因此，瑞典工会联合会（LO）主张通过管控使工会拒绝相关工作许可证。工会将会拒绝不符合工会行为规范的雇主（无论是在工资还是工作条件方面），并对低工资公司特别严厉。同时，拒绝工作许可的另一个原因是担心瑞典工人可能会因外来者（尤其是德国工人）而失业（Lundqvist，2004：7）。

除了与社民党的联系，工会凭借高会员率和充分就业而具有优势。从工会来看，劳工移民对瑞典工会联合会会构成威胁，有以下几个原因：①在未来经济衰退的情况下，会面临更大的失业风险；②工会成员减少的风险；③在个别工作场所会削弱集体工会战略的有效性等相关风险。由于移民工人没有相同的工会传统，所以可能会选择不加入工会（Lundqvist，2004：10-11）。因此，瑞典工会联合会反对客籍劳工制度。此外，客籍劳工制度往往会扰乱正规就业，并有可能危及工会在工作场所的影响力（Lundqvist，2004：10-11）。瑞典工会联合会支持失业移民，反对劳工移民，而雇主和自由派人士都经常呼吁立即放宽劳工移民（Lundqvist，2004：18）。

许多临时劳工移民变成永久居民。在1970年来的移民中，大约有一半在移民后10年仍居住在瑞典。经过20年的移民，自1970年以来约有45%的移民仍然居住在瑞典（司法部，2001：19）。与德国的情况一样，瑞典的临时招募经历意义重大，因为随着临时移民成为永久公民，加上家庭团聚，移民人数在20世纪80年代和90年代大幅增加。尽管本书重点分析高技能移民，但一般的劳工移民历史和经验也很重要。

正如第1章所论述的那样，瑞典是2004年允许新欧盟成员国劳工移民的3个欧盟国家之一。尽管如此，瑞典并没有接收许多来自新欧盟国家的高技能移民，很少有人懂瑞典语也是其中原因之一。由于移民工人的数量很少，因此瑞典能够向更多的高技能移民开放边境。截至2007年，来自欧盟新成员国的1万多名移民工人来到瑞典（Gerdes and Wadensjö，2008：15）。来自新成员国的移民仅占瑞典和瑞典劳工市场总移民的一小部分（Gerdes and Wadensjö，2008：10）。

综述

瑞典近期情况可简要概括如下。多年来，执政的社民党反对在劳工移民方面发生任何改变。由于担心失去控制，所以他们不愿意改革移民法。

他们与瑞典工会联合会合作,支持社民党抵制资方(主要是跨国公司及瑞典企业联合会等雇主协会)进一步放宽高技能移民政策的提议。瑞典工会联合会的努力得到了另外两个工会联合会,即瑞典专业雇员联合会和瑞典职业协会联盟的支持。高技能劳工和低技能劳工的强力联合,成功地阻止了对现状的任何改变。

与其他国家不同,瑞典 20 世纪 90 年代并未试图放松移民政策。事实上,这 10 年间瑞典的迁出移民数量增多,一方面因为失业率高,更多的原因是因为更多出国学习和工作的机会(司法部,2001:22)。因此,瑞典对移民工人的需求没有增加。20 世纪 90 年代和 21 世纪,迁入瑞典的移民主要是政治难民和家庭团聚移民(Allwood et al.,2006:7)。1995 年以来,瑞典加入了欧盟,因为欧盟成员国之间人员可自由流动,所以还接收了一些欧盟内部的劳工移民。1994 年,《欧洲经济区协定》生效(司法部,2001:21)。但是,欧盟内部人员迁入比例仍然相对较低,不足 2%(司法部,2001:29)。

2001 年末,雇主试图放宽劳工迁移限制,但遭到了劳工市场委员会、社民党政府和工会的批评。瑞典工会运动担心"社会倾销"的风险,即移民可能导致瑞典居民工资和工作条件的恶化(Storrie,2005)。尽管主要的工会联合会——瑞典工会联合会最关心的是低技能移民,但它却一直试图抵制改变任何劳工移民政策。(高技能)工会中有本土高技能劳工代表。瑞典在政策制定和工作许可证方面设有一个强有力的政府、雇主和工会三方机制;其中,瑞典政府由瑞典劳工市场委员会代表。

但是,2007 年的提案反映了(中右翼)政府亲资方的一面,即雇主可根据劳工市场需求做出决定,无须工会批准即可申请工作许可。同时,该提案支持通过保障移民工人和本地工人享有相同的工资和工作条件来保护本地工人。虽然工会作为本地工人代表的影响依然存在,但相对于雇主而言,这种影响已经减弱了。该提案于 2008 年 12 月最终生效。

乍看来,低技能联合会——瑞典工会联合会的不情愿态度和更具限制性的立场可能令人感到惊讶,但经过进一步分析,这似乎符合我们的期望。虽然委员会的报告和立法提案经常被贴上高技能移民标签,但它们也涉及所有类型的劳工移民这一事实并没有明显表现出来。与低技能移民相比，高技能移民更容易被选民和社会团体所接受。高技能移民虽然人数较少，但他们也为税收和社会福利做出了贡献，填补了瑞典重要经济部门的劳动力短缺问题。因此，瑞典工会联合会对目前的提案保有浓厚兴趣，并对工资倾销表示担忧。尽管瑞典设立有针对每种技能水平（总共3种）的工会联合会，但瑞典工会联合会与雇主讨价还价的能力最高。（2008年5月29日公共就业服务组织访谈）

2001年的紧张局势和放宽移民政策的努力

瑞典劳工市场委员会、雇主和工会之间进行了3方协商。从2001年末开始，雇主们试图放宽对劳工移民的限制。瑞典企业联合会董事会成员比扬·法希姆（Bijan Fahimi）对此进行呼吁，但遭到了劳工市场委员会的批评。由于雇主对高技能移民的需求，因此需要向高技能移民发放工作许可证。比扬呼吁移民可以有3个月的求职时间，并且工作3年后可获得永久居留权，并批评了现有的移民制度太过严苛。进一步要求分权的做法意味着劳工将被排除在政策制定之外。瑞典的主要雇主协会——瑞典企业联合会认为，人口老龄化和劳动力减少应通过放宽瑞典严格的劳工迁移政策来平衡。人们认为最强大的工会之一——瑞典工会联合会拒绝了这些提议（Bucken-Knapp，2009）。

2001年，瑞典企业联合会正式迈出了第一步。雇主协会致函当时的移民部长玛吉·因戈尔·科灵沃尔（Maj Inger Klingvall），呼吁放宽移民政策。他们会见了移民部部长，她对这个想法持积极态度。但随着她离开了政府，谈判被搁置（2008年7月2日瑞典企业联合会访谈）。瑞典企业联合会与瑞典工会联合会遇到了问题，后者最为关注放宽移民政策问题，对劳工移民的限制也最严格（瑞典企业联合会访谈）。瑞典工会联合会尤其担心低技术移民被自由化。工会联合会对劳工市场委员会产生了强烈影响，这些委员会决定了是否需要由劳工移民来填补职位空缺。劳工移民的任何变化都可能削弱工会联合会的权力，因此该组织试图尽可能地保持其影响力。没有工会联合会的支持，资方就无法建立任何联盟。相反，各工会齐心合力，建立起了联盟。

但是，通过放宽跨国公司专家（公司内部调动人员）的劳工迁移政策，可部分满足资方需求，因为这些都是暂时的，是公司活动和经济增长所必需的。劳工移民法没有进行彻底的改革，但政府开始调查研究来自欧盟/欧洲经济区以外地区的劳工移民的可能性。不论就业类型，只有在事先有就业机会和住房安排的情况下，才能发放许可证。劳动力短缺时可发放给移民劳工从1天到18个月不等的许可证。如果劳动力持续短缺，许可证的有效期可以再延长6个月。政府似乎正在寻求大幅增加短期工作许可，来吸引高技能移民。政府预计这些高技能移民将在工作许可证期满后离开瑞典。

劳动力短缺问题开始对企业造成影响，从而促使资方更加偏好更开放的移民政策。尽管发生了一些有限的变化，但由于高技能劳工和低技能劳工之间具有强大的联盟，所以劳工移民政策仍然相当严格，这就无法满足资方要求进一步放宽移民政策的需求。

2003年移民委员会

2003年5月，瑞典职业协会联盟提出了一项新政策，呼吁帮助在瑞典取得工作的外国留学生能够留在瑞典。虽然这听起来有些意外，但是需要注意的是瑞典职业协会联盟中的学生占比约为17%。加之学生可能会比临时工移民居留时间更长且更容易加入工会，因此工会联合会将学生视为潜在的会员。对于许多职业来说，瑞典职业协会联盟及其成员工会就像专业协会一样——他们严格管理新成员进入专业领域，并监督成员的工资和工作条件。由于瑞典职业协会联盟成员教育水准较高，所以20世纪20年代发展迅速，1990年以来成员增加了四成。而与此形成鲜明对比的是，同期其他两个联合成员数却几乎没有增长（瑞典专业雇员联合会），甚至出现了负增长（瑞典工会联合会）（Fahlbeck，1999：6）。

2003年7月，瑞典地方部门协会和瑞典县议会联合会的领导人伊玛尔·利帕鲁（Ilmar Reepalu）和拉尔斯·伊萨克森（Lars Isaksson）分别宣布，他们认为劳工移民是增加税收收入和满足瑞典对工人日益增长的需求的重要途径。2003年10月，私营部门社会合作伙伴组织发布了两份报告，进一步加剧了激烈的讨论。许多参与者认为该问题具有争议，所以政府对此问题采取了非常谨慎的态度（Berg，2003）。瑞典企业联合会的第二份报告提出了私营部门雇主的观点，即有必要让更多的移民工人进入瑞典，但他们需要有工作。同时，瑞典企业联合会曾试图放宽对移民工人的招募。根据报告作者特奥多尔·帕尔斯（Theodor Paues）的说法，这对瑞典公司来说很重要，这样可确保技能基础，创造更好的增长条件。

该报告指出，瑞典有可能存在两种劳工移民模式。第一种模式涉及集中的集体劳工移民。在这种模式下，劳工市场委员会的核心作用是评估哪些部门劳动力短缺，然后欢迎欧盟/欧洲经济区以外的短期求职工人进入瑞典劳工市场。在瑞典，已经进入劳工市场的工人可以优先获得工作。该报告质疑瑞典政府能否通过在有关国家的招募办公室在这些地方招募到绝大多数的移民工人。它指出，这就是目前劳工移民有限的工作方式，并表示不支持这一拟议模式。第二种模式涉及分散的、单独的劳工移民，既不需要统一评估，也不需要与其他国家协调招募工作。各公司都可以按当地水平评估自己的需求。如果有需要，可以直接从其他国家招募新员工。移民工人可在瑞典待上一段时间来寻找工作，而且与雇主签订合同之后可以留下来。瑞典企业联合会更倾向于第二种模式。如果公司能够自己决定雇用哪些员工，那将对公司更有利。公共部门雇主也可以找到一个在工作场所更有效地招募移民工人的系统（Berg，2003）。

2002年整个议会选举期间，议会和雇主都在呼吁政府就劳工迁移问题提出新的立法，但当时的社民党政府并没有感到要做出任何改变的压力。2003年11月11日，瑞典首相约兰·佩尔松（Göran Persson）在瑞典公务人员联盟大会上发言时说，不急于就劳工移民问题做出任何决定，接收更多外来劳工不是瑞典最迫切的需要，在未来5年或10年内也不会是

(Berg, 2003)。劳动力短缺并没有引起即刻的关注，可以通过吸引本地工人来满足对劳动力的需求（Bucken-Knapp, 2009）。几份报告中指出，到2010年，瑞典某些行业将出现劳动力短缺（特别是人口老龄化带来的卫生保健行业）。虽然瑞典工会联合会等工会联合会，最终在2003年承认有必要通过劳工移民来填补劳动力短缺，却仍催促政府、工会和雇主继续共同做好劳工移民的管控。瑞典工会联合会得到了另外两个工会联合会——瑞典专业雇员联合会和瑞典职业协会联盟的支持；其中，这两个联合会支持集权体制，以及有限的劳工移民来填补职位空缺。

但在2003年春天，议会下令成立一个委员会来对这一议题进行调查研究，并提出了一项新的立法（Berg, 2003）。政府指定成立了一个议会委员会，负责劳工市场移民管理和劳工移民立法审查。该委员会由所有七个议会政党的代表以及相关部委、瑞典移民局和劳工市场委员会的专家组成。委员会认为，虽然目前尚没有劳工移民的需求，但在不久的将来我们会面临这方面的需求（Storrie, 2005）。

在外部因素中，人们关于劳动力短缺的说法不尽相同。资方更加偏好开放程度更大的政策，而高技能劳动力认为劳动力短缺问题被过于夸大了，从而推行更严格的限制性政策。根据理论所表明的那样，高技能和低技能的工会联合会发现，合作对形成他们期望的政策更有利（假设1），而且得到了执政社民党的支持。这大体上证实了假设6，即关于劳工市场和政治主体之间的相互作用效应，将在第7章中进一步探讨。

2006年新委员会报告

2006年委员会报告得出结论：瑞典不存在广泛的劳动力短缺，但在特定职业（如医疗保健和教育部门）、劳工市场部门以及当地劳工市场和地区可能存在短缺。职业和地区之间的流动性不足以平衡这些差异（司法部，2006）。该报告提出了以下建议：①将许可证延长至24个月，且48个月后可以延期，4年后可永久居留；②根据劳动力短缺情况提供就业机会；

③劳工市场委员会制定紧缺职业清单，并与社会各方协商决定；④在最初的许可证有效期内，将工作许可证与特定职业和特定雇主联系起来。如果一个人在工作许可证续签期间仍在从事同样的工作，则延长的许可证将只与职业关联（EMN，2006：8-9）。

许可证与特定职业和雇主相关联，可以确保特别努力招募的雇主确实满足了劳动力需求。如果某一职业内出现局部地区劳动力短缺，那么与雇主的关联可确保满足该地区的要求。委员会认为，当前对劳工市场获得许可证者的家庭成员发放居住和工作许可证的范围应保持不变。防止劳动力短缺最重要的方面是，更有效地利用外籍人士、残疾人和55岁以上人士等求职者，以及提高就业率（司法部，2006：36）。

要获得求职者签证，申请人需要获得瑞典明确需要的工作。来自非欧盟国家的劳工移民可能是一种有益的补充，有助于防止劳动力短缺产生的负面影响。工资和保险等就业条件必须符合瑞典集体协议或职业或行业现行条款规定。通过招募欧盟以外人员进行工资倾销是不允许的。工作时长必须能够保证员工收入可以养活自己，并在他们进入瑞典之前安排好住房。同时，必须给相关工会表达意见的机会。劳工移民不仅会影响个人和雇主，而且还会影响整个社会。因此，应保留以代理为基础的劳工市场机制（司法部，2006：9-10）。瑞典工会联合会代表着有组织的劳工的权益，应该继续维护这一地位（Bucken-Knapp，2009）。

报告提出了瑞典需要继续管理劳工移民的几个原因，以确保劳工移民的工资和保险等就业条件与瑞典工人平等。而且，由于瑞典的福利制度面向瑞典的所有居留者，因此有必要仔细遴选移民（EMN，2006）。

该报告的提议呼吁实行更宽松的劳工移民政策，所以得到了雇主协会和一些工会的支持，但劳工市场委员会和工会将继续对其进行监管。然而，没有政府的支持，任何变化都不可能发生。2006年选举后，社民党政府被中右翼联盟取代，终于实现了这一目标。民意调查继续显示出支持对非欧盟公民实行宽松的劳工市场政策（63%的瑞典工会联合会成员，63%的SAP成员）（Buckenknapp，2009）。来自欧盟新成员国的劳工移民数量比预期的要少得多，因此某些行业仍然存在劳动力短缺问题。尽管遭到资方的反对，但高技能劳动力和低技能劳动力继续坚持联盟，并要求试行更严格的政策（假设1）。然而，他们仍然得到了执政社民党的支持，这在很大程度上证实了有关相互作用效应的假设6。

2008年移民法

瑞典新政府（中右翼）提议向劳工移民开放边境，以减少劳动力短缺和提高工资水平的压力。立法建议允许公司从任何地方雇用工人，而不必以瑞典或欧盟公民优先，并颁发为期3个月的求职许可证，以允许具备适当资格的非欧盟公民来瑞典找工作；同时，还将取消工作许可证的时间限制。时任瑞典移民事务大臣的图比亚斯·比尔斯特伦（Tobias Billströ）表示，有必要增加移民数量来弥补退休人口。他在2007年7月17日的新闻发布会上说，需要照顾的人会更多，但照顾他们的人会更少，而增加劳工移民可能是解决这个问题的一种方法（Workpermit，2007）。应当指出的是该提案重视各种技能的劳工移民。

这一提案非常支持资方。它将允许符合资格的外国公民获得临时签证，以便在瑞典劳动力不足的地区寻找工作，例如照顾老人。发放工作许可证时需要县级劳动部门（将不再存在）的推荐，而各公司可以自行确定各自的劳工市场需求。比尔斯特伦在很大程度上采纳了委员会的建议。不过，他想取消工会阻碍工作许可申请的权利，并使高技能移民制度更倾向于受雇主驱动（Business Region Göteborg，2007）。尽管如此，工会将保留其在5天内发表意见的权利。雇主只要证明，他们通过瑞典劳工委员会和欧盟的EURES系统做了宣传，但没有成功，而且他们提供的薪酬、条款和条件符合部门集体协议就足够了。

最初，移民将获得为期2年的工作许可证；如果期满后他们仍在职，则可以申请再延长2年（Federation，2007）。

4年后，高技能移民可以获得永久居留权。许可证延期和永久居留权被认为是一场"微革命"(2008年5月23日移民事务大臣图比亚斯·比尔斯特伦访谈)。根据目前的提议,劳工市场委员会将不参与政策制定。所有控制权将转移到移民局,移民局将负责工作许可证发放、税收和保险事宜,并减少官僚式的程序。比尔斯特伦强调,即使工会持不同看法,它们的作用也不会减弱。据瑞典工会联合会称,在一些有影响力的案例中,可以征求工会的意见和批准,但不是针对所有工作许可证(2008年6月9日瑞典工会联合会访谈)。

移民事务大臣对移民政策的态度看起来非常开放,支持雇主,这是因为他相信"雇主最清楚他们需要什么",所以想实施一个需求导向体系。此外,雇主还应根据劳工市场进行调节,并为劳工移民提供同等的薪酬和就业保护,避免剥削和工资倾销(比尔斯特伦访谈)。因此,尽管力度低于之前社民党政府时期,但对瑞典模式的坚持和对本地工人的保护程度仍然非常明显。尽管瑞典没有对劳工移民采取按行业划分的办法,但预计工程、医疗保健、教学和采矿领域的短缺将尤为严重(比尔斯特伦访谈)。此外,一些地区受到的影响也会比其他地区更大。

不出所料,瑞典企业联合会[①]广泛支持政府提出的劳工移民放宽政策。自2001年以来,他们一直游说要求做出改变。有了新提议,雇主将承担更多责任,因为他们将决定工作需求。反过来,瑞典移民局也有责任检查所有文件和条款,并发放工作许可证。

这项提议本质上相当笼统,包括了所有技能的劳工移民,这说明劳动党的立场似乎与假设一致。瑞典工会联合会对这项提议表示出最强烈的反对。工会联合会同意瑞典需要改革其劳工移民政策,但希望改革的方式是以支持瑞典模式的方式进行,并由工会和公共就业服务组织进行管控(瑞典工会联合会访谈)。因此,目前许多劳工移民都是低技能劳工,他们的工作条件比瑞典工人差,工资也比瑞典工人低。工会联合会表示了一种关

---

① 瑞典有3个级别的雇主协会(政府、工业和市县级),但本文分析将集中于工业协会,因为大多数劳工短缺出现在工业和服务业。

切的态度，并强调需要保持对工作许可证的管控。与其他国家一样，工会害怕出现"廉价劳工"的情况，即雇主选择流动工人不是因为他们的能力，而是因为他们的工资较低（瑞典工会联合会访谈）。

大学毕业生工会联合会－瑞典职业协会联盟似乎对高技能移民政策持开放态度，它的一些成员工会却对劳工移民表达了加强限制的观点。例如，瑞典土木工程师协会（约占瑞典职业协会联盟所有成员的17%，Fahlbeck 1999：6）是其最大的成员工会，一直以来是最反对或担忧劳工移民的。这是因为它目睹了对外来移民工人的歧视和剥削，损害了本国成员的工作条件和工资。例如，如果没有集体协议，中国工程师没有安全保障，就很容易被雇主剥削（2008年5月22日瑞典职业协会联盟访谈）。工程联盟不会接受移民雇员的工资比其他具有同等地位的员工低，也不能接受其工作条件比具有同等地位的员工差（2008年5月29日瑞典工程联盟访谈）。工会与政府一起商讨如何确保平等的工作条件，并避免继续出现"廉价移民"。如果控制不当，工资和社会条件可能会受到负面影响（瑞典工程联盟访谈）。

瑞典之前主要以低技能移民为主，因此采取了强有力的资格证书制度等保障措施来保护本国（高技能）工人。与瑞典工会联合会或瑞典专业雇员联合会相比，瑞典职业协会联盟的许多成员工会来自公共部门（Fahlbeck，1999：5），受高技能移民的影响比私营部门小。2004年著名的瓦克斯豪姆（Vaxholm）案中拉脱维亚建筑工人在糟糕的工作条件下拿着更低的工资，这在高技能劳工中发生的可能性很小（据瑞典职业协会联盟称）。几个月后，报纸上登出了一篇文章，讲述了波兰牙医比瑞典牙医出价低。瑞典职业协会联盟主席和牙医联盟发表了回应，称他们欢迎波兰同事来瑞典。同时，瑞典牙医也去了英国等其他国家工作。考虑到牙医和病人的关系往往是建立在信任基础上的长期关系，所以大多数瑞典人不太可能更换牙医（瑞典职业协会联盟访谈）。公共部门的职业比私营部门的职业更能避免国际竞争，专业职业可以通过卡特尔式组织得到保护。

瑞典专业雇员联合会更喜欢高技能移民，因为高技能移民为瑞典经济带来了大量知识和价值。失业移民大多数都是没有专业技能的人，他们不能促进瑞典的经济发展。医生和工程师们有助于提高瑞典的生产力和创新能力（2008年5月22日瑞典专业雇员联合会访谈）。瑞典专业雇员联合会的大多数成员工会支持移民，但他们的成员年龄较大，并与瑞典职业协会联盟争夺成员。对工会联盟来说，劳工移民是一个新问题，之前没有相关政策支持作为参考。因为瑞典职业协会联盟很难加入与其他联合会的合作，所以瑞典专业雇员联合会经常与瑞典工会联合会合作。① 尽管瑞典专业雇员联合会支持开放的移民政策，但它仍然强调劳工移民政策需要受到管控，以保护瑞典国内劳动力。在社会民主党执政时期，瑞典企业联合会在劳工移民方面没有与任何组织有所合作，但随着新的中右翼政府更加关注资方，这种情况发生了变化（瑞典专业雇员联合会访谈）。

瑞典企业联合会的作用非常重要，因为在需求驱动的流程中它可以在合同签署之前控制标准，重点是维护劳动标准和劳动协议。瑞典企业联合会不喜欢将低技能移民和高技能移民分裂开来；它认为两者应享有相同的条件，正如两种技能水平都可能出现劳动力短缺。雇主必须尊重当地的生活成本水平；否则，竞争将在不平等的条件下进行，总体工资水平将面临压力。尤其在低技能行业发生了许多歧视案例（瑞典工会联合会访谈）。低技能劳工约占移民工人的一半，但他们中很少有人加入工会，因为他们只维持了很短的一段时间工会会员身份，而且发现工会费用非常高。

不足为奇的是，瑞典工会联合会不同意当前政府提案的某些观点，特别是关于工会和瑞典劳工市场委员会作用的观点。除了原则性问题，工会一般不会被过问其意见。工会试图尽最大努力限制新体制带来的伤害（瑞典工会联合会访谈）。政府看起来思想开放，却把工会描绘成"思想陈旧的超强势力"，这是不公平的。而事实上，政府在剥削移民工人，只为取悦雇主（瑞典工会联合会访谈）。政治因素发挥作用，工会在劳工市场中的重要性被削

---

① 但几年前，瑞典专业职员联盟和瑞典职业协会联盟也举行了联席会议，讨论了更密切的合作（甚至形成了一个共同的联盟）。

弱了。劳工移民主要是关于自由或受管制移民的问题。委员会的建议是：拥有发言权的应该是工会，而不是劳工市场组织（现在的公共就业服务组织）。

在匿名讨论中，受访者分享了他们对工会谈判的心得。瑞典职业协会联盟似乎更支持低技能移民；而瑞典工会联合会更支持高技能移民。这与我们的假设是相符的，即工会主要由低技能成员组成。显然，瑞典职业协会联盟在措辞上对高技能移民表示欢迎，但当涉及提案的实质部分时，他们则表示反对。他们关注的是会员的排他性。高技能移民意味着会员之间会形成竞争；他们不太喜欢这样。相反，低技能劳工不会构成威胁，因为他们通常从事家政工作，可以帮助高技能劳工。

低技能工会更喜欢高技能移民，因为可以与之形成互补，而出于相同的原因，主要由高技能会员组成的工会更支持低技能移民。显然，互补性移民与替代性移民相比，是一个更好的选择，因为前者可保护工会成员，避免被淘汰。瑞典专业雇员联合会的成员工会的立场因行业而异，所以他们大多持中立场，因此很难占有一席之地。他们的成员都是技术工人——大约50%拥有大学学位（瑞典专业雇员联合会访谈）。

工会主要关心的是让劳工市场之外的瑞典人和已经在瑞典的移民更好地融合（司法部访谈）。尽管工会和劳工市场委员会可能会反对工作许可证申请，但这种情况并不经常发生，因为并非所有失业工人都想从南部地区搬到北部地区。雇主因此会面临劳动力短缺问题（司法部访谈）。

在现行制度下，如果雇主和工会之间保持良好的关系，并且他们批准了许可证申请，移民局就会发放工作许可证。移民局的职能更多的是行政性的，但随着新提案的生效，这一职能将会改变（2008年5月27日移民局访谈）。大公司的劳工移民更容易获得工作许可证，因为他们通常有自己的劳工工会，可以直接与他们进行讨论。例如，像爱立信这样的跨国公司有许多公司内部调动人员，因为获得工作许可证，对他们来说不成问题。爱立信有权进行国际交流，不需要进行宣传。因此，移民局很难拒绝他们的申请、告诉他们某位职员不需要调动（2008年5月29日公共就业服务组织访谈）。小公司则面临着更大的困难，因为他们与工会没有正式的联系，某些职业没有集体协议，某些有印度IT工人的职业甚至没有工会。在这种情况下，劳工移民的劳动条件和权利很难受到保护（移民局访谈）。

劳工市场委员会（2008年1月更名为公共就业服务组织）支持与工会建立密切关系。"与工会接触是明智的。有些行业（比如建筑业）非常喜欢加入工会，所以如果他们拒绝许可证申请，我们也会拒绝"（公共就业服务组织访谈）。他们担心会受到"解雇了本地工人而雇用了更多的移民"的指控（公共就业服务组织访谈）。公共就业服务组织必须确保没有社会倾销和工资倾销。工会和公共就业服务组织对此表示关注，他们的决定是基于这两个原则的（公共就业服务组织访谈）。在瑞典，工会与政治运动密切相关，并成为瑞典的一个主要因素。对政府来说，保持与工会的关系是很重要的，即使是对当前执政的中右翼政府来说亦是如此。但新政府提高了工会费用，工会会员的数量正在下降。一些行业在监管和许可方面都比较严格，例如卫生行业。相比之下，IT行业没有受到监管，因此IT职业的移民更容易来到瑞典从事自己的职业（公共就业服务组织访谈）。

多年后，新成立的中右翼政府在高技能和低技能劳工影响力大的领域，改变了联盟布局。从这一点来看，劳工失去了大部分影响力，因为政府与工会的联系不像之前那样紧密了。中右翼政府表现出更加支持资方的立场。工会仍然参与其中，但程度有所减弱。丹·安德森（Dan Andersson）认为，瑞典工会联合会总体上并不反对劳工移民，但认为改革将从根本上改变劳工市场的状况。他指出，"以前，我们有统一的体制，社会合作伙伴对劳工需求进行统一评估"（Brunk，2007）。在一些行业（例如卫生保健行业）和地区，劳工短缺正在加剧。2006年秋，中右翼政府开始执政。来自欧盟新成员国的劳工移民数量比预期的要少得多，因此某些行业仍然存在劳工短缺问题。雇主协会在推动更开放的政策中获得了中右翼政府的支持，他们有能力压制衰弱的工会。

社会民主党和左翼在议会中占多数席位的时候，表示他们反对增加高技能移民，并且不允许有任何改变（2008年5月22日SAP访谈，Green-Pedersen和Odmalm）。他们强调，对移民工人和本地工人而言，拥有同等的工作条件和工资水平是至关重要的（SAP访谈）。而且，他们主要关注劳工市场之外的人群，如难民、失业者和老年人。社会民主党面临的挑战是在蓝领工人和白领工人之间建立联盟（2008年5月29日 Jan Karlsson访谈）。这些左翼政党代表了本地低技能和高技能劳工，因为拟议的政策既涉及低技能移民，也涉及高技能移民。工会和社会民主党之间的联系是显而易见的，并阻止了高技能移民政策的进一步宽松化。2006年，与资方有联系的中右翼联合政府（"瑞典联盟"）开始执政，工会和政府之间的联系被打破了。相比之下，弗雷德里克·赖因费尔特首相和移民大臣图比亚斯·比勒斯特略姆赞成修改移民法，并于2007年7月提出了一项提案，放松对欧盟以外劳工的移民限制。关于该提案的协商一直持续到2007年11月，议会于2008年11月就该提案进行了表决。2008年12月15日新法律生效。

申请人需要获得工作邀请，且工作条款与该职业或行业集体协议的规定一致，每月最低工资为13000克朗（1560欧元），雇主提供健康、人身、就业和养老金保险（Migrationsverket，2014）。劳工移民可以获得长达2年的工作许可证，并可延期至4年，之后可以申请永久居留。在前两年里，他们受雇于特定的雇主，之后他们可以在不申请新工作许可证的情况下换工作。许可证持有者也可以带着他们的家人，获得同样期限的工作许可证（Migrationsverket，2014）。工会对许可证申请人失去了事实上的否决权，因为他们只能就就业条件发表意见，而且他们的建议没有约束力。此外，雇主只需在瑞典和欧洲工作流动门户网站EURES上刊登10天的招聘广告，但移民局没有机会和权力仔细审查收到的申请（Wallin，2013）。

正如理论框架所预测的那样，当（高技能）工会和左翼政党通过统一的共同体而相互加强时，高技能劳工的代表性影响了高技能移民政策。由于政府的变化，资本集团之间的联盟，形成了更加开放的政策（假设4）。由于行业和地区劳工日益短缺，执政党和代表资方的雇主协会推动放宽移民的动力更强。这大体上证实了假设6，但在这种情况下，这是雇主协会和政府中的中右翼政党之间的相互影响。

2008 年之后

最近的研究表明，第三国公民在要求高学历的职业中所占的比例从 2009 年的 15% 增加到了 2012 年的 26%，中国和印度的 IT 工程师在劳工移民中的占比最大（EMN，2013c：7）。从 2008 年到 2014 年，移民法仅做了细微修改。例如，2011 年，移民局对某些（中低技能）行业的许可证发放实行了更严格的规定（Quirico，2012）。此外，为了加快政策制定进程，移民局启动了资格认证系统，可让公司在一周内收到结果，前提是公司每年有 50 多份申请、与工会保持良好关系并符合所有要求（Quirico，2012）。

尽管如此，在 2014 年议会选举之前，社会民主党的工党发言人伊尔瓦·约翰森（Ylva Johansson）呼吁瑞典工会联合会进行某种形式的劳工市场测试，并承诺如果他的政党选举获胜而将做出的改变（Nandorf，2013）。

工会（尤其是瑞典工会联合会，因为其成员受到的影响最大）批评了该法律，并提出了政策改革，因为许多来到瑞典的移民技能较低，与本地同行业的低技能劳工形成激烈竞争（Quirico，2012）。法律将政策制定权转移给了可以雇用移民工人的雇主。此外，工会认为，新法律会引起工资倾销，这样雇主能够招聘外国工人，而不是对瑞典本地人进行继续教育和培训（EMN，2013c）。经济合作与发展组织（2011 年）的一项审查提到，移民到瑞典后的工资和工作条件可能没有被核实，导致在管控方面存在欠缺。该审查还发现，相当大一部分劳工移民所从事的职业并不是劳工短缺职业（OECD，2011）。

瑞典工会联合会（2013 年）在关于瑞典劳工移民制度的影响的报告中也提到了这一点。因此，工会呼吁公共就业服务组织再次承担起决定工作许可证申请的责任并进行劳工市场测试——目前移民局是发放工作许可证的唯一机构。瑞典企业联合会等雇主协会批评了工会的提议，因为这一提议会降低劳工市场的灵活性和效率（Johansson and Heed，2013）。2014 年，社会民主党重新执政，工党代表再次变得更加强大，低技能代表和高技能代表之间可以建立联盟。尽管到目前为止还没有宣布重大的政策变化，但这种情况在未来可能会改变。

比较分析及结论

本章的重点是德国和瑞典及其劳工市场组织。两者都有相当高的工会和雇主集权化/协调度，但工会密度不同。德国的工会密度接近30%，而瑞典超过70%。这种非常高的工会密度意味着工会成员水平参差不齐，包括低技能劳工、技术工人和高技能劳工（大学毕业生）。两国的联盟情况有所不同。在德国，低技能劳工和资方相互结成联盟，而瑞典多年来一直是高技能劳工和低技能劳工之间的联盟。相应地，两个国家形成的政策也不同。高技能劳工和低技能劳工结成联盟期间，瑞典没有发生变化。但当资方建立联盟时，劳工移民政策可能会放宽。2006年，中右翼联合政府执政，采取了更加以资本为导向的立场。

在德国，低技能劳工和资方之间结成了重要的联盟，因为他们的代表参与了关于移民改革的谈判和不同的委员会。德国高技能劳工加入工会的比例较低，而瑞典并非如此。因此，特别是高技能工会没有在移民辩论中发挥突出作用，因为在政策制定层面他们由工会联合会（主要成员是低技能工会）所代表。

理论表明：如果一个国家的工会密度高、工会和雇主协会高度集中、政策制定参与度高，那么这个国家的高技能移民政策将更严格（假设1），这是包括高技能劳工在内联盟的结果。瑞典的案例研究证实了这些预期。多年来，高技能劳工和低技能劳工之间的联盟阻碍了对高技能移民的开放。该案例还表明，劳工市场主体和政党之间的联系可以推动政策的形成。多年来，工会和左翼政党之间的联系，使政策维持稳定不变（假设6，将在第7章中进一步分析）。

基于这一框架，本书预计联盟密度、集中度和参与度较低的国家将对高技能移民更加开放（假设3）。德国的案例研究为此提供了证据，因为德国比瑞典更有可能形成不同的联盟。由于工会并没有很好地代表高技能劳工，且高技能劳工也没有很好地参与政策制定过程，因此政策的形成过程更加开放。大多数情况下，资方和低技能劳工会联合起来。根据本章，政策是通过政府与利益集团的相互影响制定的。

第3章的高技能移民指数显示，2007年，瑞典实施了最严格的限制，相比之下，德国的高技能移民政策自由度要高得多。本章进行了进一步的解释。政策变化导致各国立场的转变。例如，2008年，瑞典进行了改变，高技能移民指数向中间水平靠拢，2012年更新的指数证明了这一点。

政策会随着劳工市场组织或政治代表的联盟转变而变化。在第5章中，我们将研究英国和美国的专业协会和雇主协会的游说活动及其对高技能移民政策的影响。

【参考文献】

[1] AFP, 2004. Vermittlungsrunde zur Zuwanderung ohne konkrete Ergebnisse [N]. Agence France Press, 02-27.

[2] ALLWOOD J, EDEBAECK C, MYHRE R, 2006. An analysis of immigration to Sweden [M]. Sweden: SSKKII Publications.

[3] BADE K, BOMMES M, 2000. Migration und politische Kultur im Nicht-Einwanderungsland [M] // BADE K, MÜNZ R. Migrationsreport 2000: Fakten—Analysen—Perspektiven, Campus: Frankfurt, 163-204.

[4] BAMF, 2013. Working in Germany [EB/OL]. [2015-07-24]. http://www.bamf.de/EN/Migration/Arbeiten/arbeiten-node.html.

[5] BDA, 2008a. Fachkräftesicherung [R]. [S.l]: BDA Position Paper.

[6] BDA, 2008b. Zuwanderung und Integration [R]. [S.l]: BDA Position Paper.

[7] BDA, 2010. Fachkräftemangel bekämpfen: Wettbewerbsfähigkeit sichern, Handlungsempfehlungen zur Fachkräftesicherung [R]. [S.l]: BDA Position Paper.

[8] BDA, 2014a. Fachkräftesicherung [R]. [S.l]: BDA Position Paper.

[9] BDA, 2014b. Zuwanderungsrecht auf langfristige Bedarfe ausrichten—Eckpunkte zur Gestaltung einer Potenzialzuwanderung [R].[S.l]: BDA Position Paper.

[10] BDA/DIHK, 2002. Stellungnahme zur öffentlichen Anhörung des Innenausschusses des Deutschen Bundestages am 16. Januar 2002 zum Gesetzenentwurf der Fraktionen SPD und Bündnis 90/die Grünen [R].[S.l]: BDA/DIHK Position Paper, January.

[11] BDI, 2001a. BDI zu den Gesprächen der Regierungskoalition zur Zuwanderung: Arbeitslose nicht gegen Zuwanderer ausspielen [R].[S.l]: BDI Press Statement, May 28.

[12] BDI, 2001b. Zuwanderungskonzept unverzüglich umsetzen [R].[S.l]: BDI/BDA/DIHK/ZDH, June 4.

[13] BDI, 2002. Fehlender Konsens bei Zuwanderungsfrage beweist Reformfähigkeit Deutschlands [R].[S.l]: BDI, March 1.

[14] BERG A, 2003. Social partners call for regulated labour migration [R].[S.l]: EIRO, November 25.

[15] BITKOM, 2003. Press releases [EB/OL].[2015-07-24]. http://www.bitkom.org/de/presse/2885.aspx.

[16] BMAS, 2011. Fachkräftesicherung: Ziele und Massnahmen der Bundesregierung [R].[S.l]: BMAS.

[17] BMI, 2006. Bericht zur Evaluierung des Gesetzes zur Steuerung und Begrenzung der Zuwanderung und zur Regelung des Aufenthalts und der Integration von Unionsbürgern und Ausländern (Zuwanderungsgesetz)[R]. Berlin: BMI.

[18] BMI, 2008. Migration und Integration: Aufenthaltsrecht, Migrations-und Integrationspolitik in Deutschland [R]. Berlin: BMI.

[19] BOSWELL C, 2003. European migration policies in flux: Changing patterns of inclusion and exclusion [M]. Oxford: Blackwell.

[20] BRUNK T, 2007. New bill eases barriers to employment of migrant workers[R]. [S.l]: EIRO, September 3.

[21] BUCKEN-KNAPP G, 2009. Defending the Swedish model: Social democrats,

trade unions and labor migration policy reform [M]. Lanham: Lexington Books.

[22] BUSINESS REGION GÖTEBORG, 2007. Sweden to relax work permit rules [R]. Göteborg: Business Region, September 24.

[23] CASTLES S, 1987. The guest-worker in western Europe: An obituary [J]. International Migration Review, 20 (4): 761-778.

[24] CERNA L. 2014. Attracting high-skilled immigrants: Policies in comparative perspective [J]. International Migration, 52 (3): 69-84.

[25] DGB, 2001. Grundsätze des Deutschen Gewerkschaftsbundes für die Regelung der Einwanderung [R]. Berlin: DGB, March 13.

[26] DGB, 2002. DGB—Stellungnahme zum Entwurf für ein Gesetz zur Steuerung und Begrenzung der Zuwanderung und zur Regelung des Aufenthalts und der Integration von EU Bürgern und Ausländern [R]. Berlin: DGB, January 9.

[27] DGB, 2005. Zuwanderung: Grundsätze des DGB für die Regelung der Einwanderung, März 2001 [R]. Berlin: DGB—Migration, December 22.

[28] DGB, 2008. StellungnahmenzudenEntwürfen—Arbeitsmigrationssteuerungs gesetz und zur Änderung der Beschäftigungs-, der Beschäftigungsverfahrens und der Arbeitsgenehmigungsverordung [R]. Berlin: DGB—Migration, September 22.

[29] DGB, 2012. StellungnahmenzudenEntwürfen: Arbeitsmigrationssteuerungsge setz und zur Änderung der Beschäftigungs-, der Beschäftigungsverfahrens und der Arbeitsgenehmigungsverordnung (Drs. 17/8682)[R]. Berlin: DGB—Migration, April 16.

[30] DVF, 2008. Zuwanderungsbeschluss mit Licht und Schatten [EB/OL].[2008-07-17]. http.s//www.Verbaende.com.

[31] EMN, 2006. Conditions of entry and residence of third-country nationals in the EU: Swedish contact point [R].[S.l]: European Migration Network (EMN).

[32] EMN, 2013c. Attracting highly qualified and qualified third-country nationals to Sweden [R]. Stockholm: Report from EMN Sweden, Migrationsverket.

[33] FAHLBECK R, 1999. Trade unionism in Sweden [R].[S.l]: ILO Discussion

Paper DP/109/1999.

[34] FEDERAL MINISTRY OF LABOUR AND SOCIAL AFFAIRS, 2013. Progress report 2013 on the Federal Government's skilled labour concept. Berlin: BMAS.

[35] FEDERAL MINISTRY OF LABOUR AND SOCIAL AFFAIRS, 2014. Progress report 2014 on the Federal Government's skilled labour concept [R]. Berlin: BMAS.

[36] FEDERATION OF EUROPEAN EMPLOYERS, 2007. Proposed liberalisation of work permit policy [R]. [S.l]: Federation of European Employers, July 17.

[37] FRANZ F, 1990. Der Gesetzentwurf der Bundesregierung zur Neuregelung des Ausländerrechts [J]. Zeitschrift für Ausländerrecht, 1: 3–10.

[38] GAILLARD A M, 2002. The mobility of human resources in science and technology in Sweden [M]//OECD. International mobility of the highly skilled. Paris: OECD.

[39] GEDDES A, 2003. The politics of migration and immigration in Europe [M]. London: SAGE.

[40] GERDES C, Wadensjö E, 2008. Immigrants from the new member states and the Swedish welfare state [R]. [S.l]: SIEPS report 9.

[41] GREEN-PEDERSEN C, ODMALM P, 2008. Going different ways?Right-wing parties and the immigrant issue in Denmark and Sweden [J]. Journal of European Public Policy, 15 (3): 367–381.

[42] GREIFENSTEIN R, 2001. Die Green Card: Ambitionen, Fakten und Zukunftsaussichten des deutschen Modellversuchs [R]. Bonn: Wirtschafts- und sozialpolitisches Forschungs-und Beratungszentrum der Friedrich-Ebert-Stiftung.

[43] HAMMAR T. 1985. European immigration policy: A comparative study [M]. Cambridge: Cambridge University Press.

[44] HANDELSBLATT. 2000b. DGB offen für befristete Green Cards [N]. Handelsblatt, 02-28.

[45] HAUS L, 1995. Openings in the wall: Transnational migrants, labour unions

and US immigration policy [J]. International Organization, 49 (2): 285-313.

[46] HEIDENHEIMER A, 1976. Professional unions, public sector growth, and the Swedish equality policy [J]. Comparative Politics, 9 (1): 49-73.

[47] HÖNEKOPP E, 2004. Arbeitsmarktentwicklung, Arbeitskräftebedarf und arbeits-marktorientierte Einwanderungssteuerung [M]// CYRUS N. Zwischen dosierter Öffnung und verschärfter Kontrolle. Arbeitsmöglichkeiten für Migrantinnen und Migranten in Deutschland. Berlin: Friedrich Ebert Stiftung, 24-36.

[48] JOHANSSON E, HEED M, 2013. Unions call for changes to labour immigration rules [N]. EurWork, 07-30.

[49] JOPPKE C, 1999. Immigration and the nation-state. The United States, Germany, and Great Britain [M]. Oxford: Oxford University Press.

[50] KOLB H, 2004. Einwanderung zwischen wohlverstandenem Eigeninteresse und symbolischer Politik. Das Beispiel der deutschen Green Card [M]. Münster: Literatur Verlag.

[51] KOLODZIEJ D, 2011. Fachkräftemangel in Deutschland: Statistiken, Studien und Strategien [R]. Deutscher Bundestag, Infobrief. WD 6-3010-189/11.

[52] LO 2013, Fusk och utnyttjande-om avregleringen av arbetskraftsinvandringen [R]. [S.l]: LO.

[53] LUNDQVIST T, 2004. Organised interests, labour market and migration: The Swedish model [C]// Institute for Futures Studies. the 2nd Stockholm Workshop on Global Migration Regimes. Stockholm: [s.n.], June 11-13.

[54] MARTIN P, 2001. German Green cards [M]// American Institute for Contemporary German Studies. Washington: John Hopkins University.

[55] MARTIN P, 2004. Germany: Managing migration in the twenty-first century [M]// CORNELIUS W. Controlling immigration: A global perspective. 2nd ed. Stanford: Stanford University Press, 221-253.

[56] MARTIN P, MILLER M, 1989. Germany: The reluctant immigration country [Z]. Unpublished paper.

[57] MAYER M, 2013. Attracting highly qualified and qualified third-country nationals [R]. Nuremberg: EMN study.

[58] MCLAUGHLAN G, SALT J, 2002. Migration policies towards highly skilled foreign workers [R]. London: Migration Research Unit.

[59] MESSINA A, 2007. The logics and politics of post-WWII migration to Western Europe [M]. Cambridge: Cambridge University Press.

[60] MEYERS E, 2004. International immigration policy: A theoretical and comparative analysis [M]. Basingstoke: Palgrave Macmillan.

[61] MIGRATION Info, 2007. Deutschland-Arbeitsmigration in der Diskussion [R]. [S.l]: Migration und Bevölkerung, Newsletter, September 6.

[62] MIGRATIONSVERKET, 2014. Work permit requirements [J]. Migrationsverket online, April.

[63] MILLER M, MARTIN P, 1982. Administering foreign-worker programmes [M]. Toronto: Lexington Books.

[64] MINISTRY OF JUSTICE, 2001. Sweden in 2000—A country of migration [R]. Stockholm: Ministry for Foreign Affairs.

[65] MINISTRY OF JUSTICE, 2006. Arbetskraftsinvandring till Sverige [R]. Stockholm: Slutbetänkande av Kommittén för arbetskraftsinvandring, SOU 2006: 87.

[66] NANDORF T, 2013. LO vill hejda jobbinvandring [N]. Dagens Nyheter, 05-29.

[67] OECD, 2008. International migration outlook (SOPEMI 2008) [R]. Paris: OECD.

[68] OECD, 2011. Recruiting immigrant workers—Sweden [R]. Paris: OECD.

[69] OECD, 2012. International migration outlook (SOPEMI 2012) [R]. Paris: OECD.

[70] OECD, 2013. International migration outlook (SOPEMI 2013) [R]. Paris: OECD.

[71] OECD, 2014. International migration outlook (SOPEMI 2014) [R]. Paris: OECD.

[72] OEZCAN V, 2004. Germany: Immigration in transition [R]. Migration Policy

Institute, July.

[73] QUIRICO M, 2012. Labour migration governance in contemporary Europe. The case of Sweden [R]. [S.l]. FIERI—Forum Internazionale ed Europeo Di Richereche sull'Immigrazione, Working Papers, April.

[74] RAHNER S, 2011. Fachkräftebedarf und Zuwanderung: Geschichte und Perspektiven [R]. Berlin: Bundeszentrale für Politische Bildung, October 18.

[75] REUTER J, 2001.6 Monate Greencard in Deutschland: Eine Zwischenbilanz [R]. München: Wimmex AG.

[76] SCHEELE A, 2000. Work permits for computer experts cause controversy [R]. [S.l]: EIRO, March 28.

[77] SHACHAR A, 2006. The race for talent: Highly skilled migrants and competitive immigration regimes [J]. New York University Law Review, 81: 148-206.

[78] SPIEGEL, 2007. Koalition beschliesst Fachkräfte-Zuzug und Klimaschutzpaket [J]. Spiegel Online, August 23.

[79] SPIEGEL. 2008. Gewerkschaft wirft Nokia blanke Profitgier [J]. Spiegel, January15.Miranda H, 2005. Increasing labour supply through economic migration: Statements and comments [R]. Lisbon: Technical University of Lisbon.

[80] WADENSJÖ E, 2009. Emigration and immigration from and to the Nordic countries in a long-term comparative perspective [R]. Odense: University of Southern Denmark.

[81] WALLIN G, 2013. Sweden: More social dumping after easing of labour immigration laws [J]. Nordic Labour Journal, April 16.

[82] WANK R, 2005. Legal framework for high-tech workers in Germany [J]. Comparative Labour Law and Policy Journal, 24 (3): 435-461.

[83] WELT, 2007. DGB-Arbeitsmarktexpertin: Wir sind gegen eine überstürzte Senkung der Beiträge [J]. Welt Online, July 15.

[84] WORK PERMIT, 2007. Sweden proposes to relax worker visas, restrict asylum [R]. London: Work permit UK, July 19.

第 5 章

英美协会的游说

我们预计英国和美国形成的政策是相似的,但实际上这两个国家的高技能移民政策是不一样的。在这两个国家,虽然高技能劳动力的政治代表力都很低,但在利益集团(工会/专业协会和雇主协会)的作用和联盟的形成方面有所不同。这些都对政策的形成产生了影响——英国对高技能移民保持比较开放的态度,而美国更具限制性。2012 年,英国的总劳动力中大约有 12% 为外籍劳工,而美国约有 13%(OECD,2014:48)。2013 年,英美两国外籍人员中受过高等教育的比例分别为 45.6% 和 33.5%(OECD,2014:48)。

与瑞典和德国等劳动力市场组织集中化的国家不同,英国和美国的雇主协会和工会并不直接参与政府的政策制定。正如理论框架所预测的那样,在劳动力市场组织分散的国家,高技能移民政策会更加开放。各团体和协会只有形成组织,才能够对政策制定者产生较大的影响,才能产生对他们有利的改变。英国和美国的工会密度都很低,因此加入工会的高技能劳工比例很小。尽管雇主的参与度普遍较高(至少在英国),但英美两国雇主和工会的集中度较低,政策制定参与度也处于中低水平。相较于工会会员,更多高技能劳工是专业协会成员,尽管如此,与集中度高的国家相比,他们的影响力仍然有限。劳方的专业协会和资方的雇主代表参加各种游说以影响政策的形成。两国的服务业都变得非常重要，并且高科技部门获得了相当大的谈判筹码。美国劳动力市场甚至比英国更灵活，但移民政策并不总能做到按需求调整。这是两国参与者之间不同联盟的结果。英国政府不需要经过议会便可通过高技能移民立法，通常将其归为单独法规。而在美国，如果利益集团集中游说，那么所有的改革都要经过国会。但在这两个国家，参与者都必须建立联盟，才能推动形成预期的政策。

英美两国的工会和雇主协会相当薄弱和分散（美国尤其如此），因此政策的形成依赖于相关主体的游说活动。美国的雇主和跨国公司对政府和政党进行了强有力的游说。工会的发言权较小（他们主要代表低技能劳工），但一些高技能工会也参与了这一议题，如美国劳工联合会和产业工会联合会（AFL-CIO，简称"劳联－产联"）专业雇员部（Department for Professional Employees）和美国工程协会（American Engineering Association）。当专业协会通过建立联盟加大游说力度时，形成的政策就会变得更具限制性。同样，各主体之间建立联盟是推动优先政策形成的关键。

在英国，在撒切尔夫人和保守党政府执政期间，工会的作用和影响被削弱了。但1997年新工党掌权后，工会又恢复了一些影响力。与美国相比，英国工会和雇主协会的政策制定参与度低得多。他们都参与磋商，也会发表立场声明。正如英国前内政大臣大卫·布兰克特（David Blunkett）所说，"我们必须与利益相关者共同商议，但是我们已经了解他们的想法了"。政府应该与利益相关者建立联系，然后做出决策并展现领导力（2008年7月9日前内政部大臣David Blunkett访谈）。

英国政府试图确保资方在高技能移民政策方面的需求能得到满足，相对来说雇主协会的作用通常不用太大。[①] 随着成员越来越少，工会经常抱

[①] 斯坦森姆（Statham）和格德斯（2006）挑战了弗里曼关于支持移民的游说团体的假设，在这个案例中，雇主协会可能会对廉价劳动力更感兴趣。根据他们的研究，这一假设并不适用于英国。在英国，"企业对移民保持惊人的沉默"（Statham and Geddes, 2006: 256）。

怨：虽然政府听到了他们的声音，但却没有听取他们的意见（2008 年 3 月 ICE、Amicus-Unite、TUC、UNISON 访谈）。[①] 政府和许多利益集团都相信高技能移民的好处，大多数政策变化都是在资方和低技能劳工的支持下发生的。只有在某些特定情况下，例如当高技能劳工团体能够证明存在制度被滥用现象或由于就业岗位减少各行业的劳动力不再短缺，他们的要求才会得到满足。

在英国，资方的成功并非仅仅依靠自身，他们还获得了低技能工会的支持。工会联合会（Trade Union Congress，TUC）是参与协商最多的工会联合会。一个例外是 21 世纪初，职业合同工集团（IT 部门的高技能劳工代表）成功地将信息技术职业从紧缺职业清单中除去了。过去几年，高技能工会或专业协会越来越频繁地参与协商和游说，特别是在出现滥用高技能移民体系的情况下。2008 年之前，英国对高技能移民一直相当开放。但从 2008 年开始实施的积分制以及 2011 年推出的杰出人才签证，表明英国的高技能移民政策正在变得更加严格，以确保减少对劳工移民制度的滥用。最近的政策变化对高技能劳工和资方代表都很有吸引力。

美国的制度则更加分散，利益集团直接通过国会议员实现其高技能移民政策偏好。多数情况下资方是赢家，因为雇主们有良好的组织，在竞选活动中也投入了大量资金。在 20 世纪 90 年代，资方代表在游说国会方面变得很有影响力，因为他们都有一个共同的目标，即由于对高技能劳工的需求增加，高技能移民政策应该更加开放。因此，高技能移民政策直到 21 世纪初都相当宽松。实际上，美国的一些移民法案已经非常全面，除非不同的阵营能够彼此（甚至与反移民组织）建立联盟，否则政策不可能发生变化——2006 年、2007 年和 2013 年的尝试就证明了这一点。1990 年，得益于就业和家庭团聚群体能够在资方和低技能劳工的支持下进行谈判，《移民法》得以通过。1998 年、2000 年和 2004 年的法案只涉及高技能移

[①] 同样，根据斯坦森姆和格德斯的观点，"工会（1.1%）和其他方一样，并不是特别有发言权"（2006：256）。虽然政府一直以来主要是限制寻求庇护者和低技能劳工移民，但也一直支持更开放的高技能移民政策。

民政策。

低技能工会对高技能移民政策并未采取开放立场，而是更关注低技能移民及相关立法。于是，高技能劳工选出代表，做出了更多的努力。他们建立联盟并进行游说，希望加强移民限制。他们的主张依据主要来自关于驳斥劳动力严重短缺、高技能本土工人失业率上升、移民制度明显滥用的研究。高技能劳工组织汲取资方的成功经验，建立组织共同努力。高技能劳工组织在2004年的法案中获得了胜利，并在2006年和2007年成功地阻止了关于高技能移民的所有改革提案。之所以能成功阻止这些提案，不仅仅是因为高技能劳工的力量（主体不能就移民法和低技能移民问题进行决策），还因为它们的影响力足以赢得几位参议员和国会议员的支持，他们呼吁对本土劳工采取更多的保护措施和更加具有限制性的高技能移民政策体系。

最近的研究表明，劳工组织团体可以通过游说实现预期的变革。就H-1B签证而言，法持尼、梅达和米沙拉发现，行业中商业团体游说支出费用每增加10%，美国国土安全部（DHS）批准的H-1B签证数量就平均增加3.1%；而工会会员比率每增加一个百分点，批准的签证数量就会减少3.1%（Facchini et al.，2011：115）。[①]

这一分析始于1990年两国劳动力短缺加剧之时。外部因素对社会主体的偏好具有重要的刺激作用，而社会主体之间互结联盟是政策变化的最重要因素。例如，强劲的经济增长和对IT工人的需求，是资方游说更开放的高技能移民政策的依据。除非相关主体形成有组织的联盟，否则政策不会发生变化。若经济衰退，但有其他影响因素存在，高技能移民政策也可能放宽。

---

① 特伊特尔巴姆（Teitelbaum）（2014：236）认为，对反对增加移民的群体的估计缺乏商业游说支出调查结果的特殊性，因为反对增加移民的人数不仅限于有组织的劳工，而且工会成员的规模可能只与工会在某一特定类型立法的直接游说支出有着松散关联。

第二部分 法国、德国、瑞典、英国和美国的比较分析

英　国

劳工移民史

自第二次世界大战结束以来，除了1945年的欧洲志愿工作者计划，英国主要还是从英联邦国家招募劳动力（Ensor and Shah，2005）。与德国或瑞典等欧洲大陆邻国相比，英国对移民工人并没有很强的吸引力。在20世纪60年代和70年代初，德国或瑞典等欧洲大陆邻国从地中海国家接收了数百万工人，后来又接收了他们的家人，而英国早已采取措施限制海外工人的招聘（Salt and Kitching，1990：267）。直到20世纪80年代和90年代，英国的劳动力严重短缺，英国才开始招募海外高技能移民。

正如第1章所述，2004年，英国是3个欧盟成员国中唯一允许新成员国劳动力移民的国家。预计英国约有13000名移民工人，而公共政策研究所（IPPR）估计，自2004年以来，来自8个中东欧国家的移民工人数量超过100万（Pollard et al.，2008）。尽管如此，公共政策研究所预测，到2008年，由于本国经济发展、英镑贬值以及最近的金融危机等原因，这些移民中约有半数将会回国（Pollard et al.，2008）。这一事件影响了人们对移民的看法，并为进一步改变高技能移民政策提供了背景。从此，英国在向移民工人开放边境方面变得更加谨慎。

综述

20世纪90年代初，英国对工作许可证制度进行了初步改革，在此之后，尤其是IT行业的劳动力短缺，促使英国政府推行开放的高技能移民政策（Meyers，2004）。2000年，因为当时的内政部移民部长芭芭拉·卢奇（Barbara Roche）呼吁提高政策的灵活性，以吸引更多的"精英人才"

来英国，所以简化了 IT 行业和医疗保健行业专业人员的入境程序。2001年，内政部大臣大卫·布兰克特宣布，2002年1月生效的高技能移民计划（Highly Skilled Migrant Programme，HSMP）将放宽专业人员的入境限制。有史以来第一次，高技能移民可以在没有提前找到工作的情况下进入英国。高技能移民计划获批者在英国居住4年后（后来改为5年）也有权申请永久居留（"无限期居留"）。

英国出台了一项为期5年的移民和庇护战略，包括工党政府提出的采取澳大利亚式的积分制提议。英国正进一步规划成立一个独立委员会，该委员会将确定劳动力市场的需求和短缺程度，并确定最佳移民人数。2006年3月，英国对外公布了"5年战略"中提出的新积分制的细节（Cerna and Wietholtz, 2011）。

内政部越来越频繁邀请利益相关方加入座谈会，并就政策发展问题进行正式协商和讨论。由于政府保有政治权宜之权力，所以协商制度有其局限性。在正式的协商机制实施之前，会采取特定的流程。政府还设立了针对特定行业（这些受移民影响最大的行业包括：工程、教学、信息技术和通信以及医疗保健）的工作组，这些行业工作组定期就劳动力市场和移民问题举行商谈会议并提出建议和意见，同时设立了一个企业利益相关方委员会。

这些利益相关方通过新闻发布会、报告、竞选活动和各种正式机制，更直接地参与移民政策的讨论，比如向议会委员会表达意见（Ensor and Shah, 2005）。政府与英国工业联合会（Confederation of British Industry，CBI）及工会代表大会密切协商，以便根据经济需求优化移民政策。2005年，政府、工会代表大会和英国工业联合会发表了一份有关移民管理的联合声明，并支持劳工移民（Employability Forum, 2005）。这是工会代表大会和英国工业联合会首次发表这样的声明，该声明强调了双方将如何帮助建立维护英国利益的移民制度。总体而言，工会和雇主对劳工移民表现出相对开放的政策立场。

一方面，工程、IT 和金融行业有大量资金可以用来游说政府。雇主协会是推动高技术移民政策进一步开放的重要游说者和支持者。他们对灵活高效的体系很感兴趣，这样他们就不用承担监管移民工人的繁重负担了。另一方面，工会不仅承认移民为英国做出了积极的经济贡献，而且还关注工作权利，特别是低技能劳工和非法移民的权利。工会将自己视为移民的保护者，称加入工会可为移民提供最好的保护。在工会会员数量下降的时候，移民成为新会员的重要来源（Avci and McDonald，2000）。因为政府的协商重点对象是英国工业联合会和工会代表大会，所以很值得一提的是，工会代表大会是由工会（目前为52个，以前为62个）组成的工会联盟，代表不同技能水平的成员，特别是低技能成员。工会联合会采取了支持高技能移民的立场，因为其成员并不直接受高技能移民政策的影响，甚至由于就业机会增加等原因，可以从高技能移民中受益。

在高技能工会／专业协会提供建议并参与政策制定时，情况会有所不同，因为他们为了保护其成员而采取了一种更具限制性的高技能移民立场。移民容易受到剥削和虐待，例如比起本国工人（即"居民工人"），他们的工作条件较差、工资较低。高技能移民带来的另一个威胁是，本土劳工因工作机会减少和工资降低而流失。因此，高技能工会（Amicus，PCG）增加了游说活动——主要是指某个工会单独发起的游说活动。当工会／专业协会长期游说政府，证明高技能移民政策带来的滥用权力或改变劳动力市场条件等情况后，高技能移民政策会受到限制。一些小型高技能工会和专业协会合并，以增强其谈判能力。除此之外，他们还与更大的工会一起合作。近年来，高技能工会／专业协会通过更正式的协商结构体系，就拟议的政策变化交换了意见。因此，英国可以算作社会伙伴关系松散的国家。下节将讨论英国高技能移民政策的主要变化。

1991年引入两级工作许可证制度

高技能移民政策在1990—1991年首次发生了主要变化。随着全球技能竞争的加剧，提高劳动力市场的灵活性和流动性变得很有必要。现有的工作许可证制度不仅给依赖移民劳工的公司造成了障碍，而且增加了成本。因此，雇主开始向政府施压，政府做出了解除对劳动力市场管制的决定，实施更灵活的工作许可证制度（Somerville，2007）。

英国的劳工移民政策最初是由雇主主导和企业驱动的。政府要求约翰·索特教授和他的同事鲍勃·基特钦（Bob Kitching）与特定行业的主要雇主在伦敦进行调查，明确"公司之所需"。接受调查的大多数公司都从事医疗保健、金融、工程和电子行业。先前瑞奈尔（Rayner）的审查已经确定产生了劳动力短缺问题。为此，政府实行了"企业是消费者，政府是供应商"的两级制度（2008年3月11日移民学者访谈）。

1989年5月，就业部发表了一份意见征询书，释放出放宽工作许可证审查制度的信号。意见征询书的内容包括关于提高该计划与经济和劳动力市场条件变化的关联性，以及响应雇主需求的建议。在1971年法案中引入工作许可证制度、1981年法案中对其稍加改革之后，最终，于1991年10月，工作许可证制度发生了重大变化。根据1971年的《移民法》，若雇主的特定的工作有特定的雇员，那么该计划可以给雇主发放工作许可证。1991年，两级申请制度开始实施。那些符合现有职业技能标准的且明确可以得到批准的申请在一级简化程序下处理，主要涉及高级管理职位和技能短缺职位。对于二级申请，仍然需要提供更充分的理由才能任命海外求职者。其中一个变化是引入了一个新的具有高水平的、专业的、具备语言和文化技能的"核心工作者"类别。发生这些变化的主要目的是简化高技能和高级人才的入境手续（Clarke and Salt，2003）。由于程序简化、标准更易理解、雇主需支付的申请成本降低、处理时间缩短，所以申请的数量有所增加（Salt and Kitching，1990：271）。

由于全球化和技术创新，服务业出现了产业调整。与20世纪80年代初相比，经济状况也有了很大改善，但当时却出现了劳动力短缺问题。应资方对政府的要求，高技能移民政策发生了改变，这大体上证实了假设4。工会的行动受到"意识形态抱有敌意"的保守党政府的限制（Avci and McDonald，2000），所以当时几乎没有参与磋商和政策制定。

第二部分 法国、德国、瑞典、英国和美国的比较分析

2000年工作许可证制度改革（紧缺职业清单）

1997年3月，内政部大臣大卫·布兰克特成立了一个国家教育与就业技能工作组，目的是协助制定"国家技能规划，确保英国能够维持高水平就业、保持全球市场竞争力，以及保证人人皆有机会"（Boswell，2003：38）。工作组包括雇主和工会代表，以及教育和培训人员。1997年，政府更迭为工会提供了更多参与协商的机会。该工作组由英国商会负责人担任主席，并强调需要更多的信息通信技术工作人员（Boswell，2003：38）。

20世纪90年代末，围绕"千年虫"问题和网络革命，信息技术行业的需求剧增，因此IT行业产生了严重的技能短缺问题。根据职业合同工集团代表古戴尔·拉伊（Gurdial Rai）的观点，"英国政府了解到人们的担忧，他们担心英国工业可能会因这种明显的技能短缺而受到损害，因此实施了一项通过工作许可证计划引入IT（和其他）技能人才的政策"（Rai et al.，2004：Appendix）。

2000年，政府对移民及其对经济的影响进行了第一次重大审查。考虑到经济竞争力，财政部、贸易与工业部（Department of Trade and Industry，DTI）大力推行审查。该方法的雏形在白皮书《富有竞争力的未来：建立知识型经济》（*Our Competitive Future: Building the Knowledge Driven Economy*）（DTI，1998）中得到体现，同时，该方法质疑是否有可能降低高技能劳工引入的壁垒。1999年的预算报告支持白皮书内容，指出"政府因此为技术熟练的外国工人……在英国工作提供了便利"，并将考虑DTI报告的建议（Somerville，2007）。

2000年的审查受到了移民大臣芭芭拉·卢奇和竞争部部长艾伦·约翰逊（Alan Johnson）的强烈影响，并于年末完成。同时，英国引入了新经济移民制度的第一个方案。2000年9月11日，芭芭拉·卢奇在公共政策研究所的一次演讲中正式宣布了商定的新劳工经济移民路线。她在演讲中说，"英国正在争夺能够推动经济发展的企业家、科学家、高科技专家等精

英人才……我们需要仔细研究他们对移民政策的影响"（Roche，2000）。方案最初的路径侧重于高技能移民（2008年2月27日，Roche访谈以及2007年Somerville访谈）。

卢奇进一步表示，"我们已经做出了一些改变，以确保我们的政策和实践能够满足商务需求。最近的工作许可审查产生了一些可喜的改进"（Roche，2000）。她"特别想听听商界人士对政府如何帮助吸引那些拥有所需技能和专业知识人士的看法"（Roche，2000）。会议由英国银行家协会主办，得到了资方的大力支持和配合。

从2000年10月起，获得工作许可证的标准从拥有学历（通常是学位）和2年工作经验放宽到仅仅要求学历，这使得应届毕业生就可以获得工作许可证。此外，该制度还引入了对劳动力市场测试的例外情况（要求雇主必须证明没有任何欧盟国家的人员能从事这项工作，并且必须由教育和就业部确认，这一规定适用于所有工作许可证），例如董事级别管理人员（Papademetriou and O'Neil，2006：233）。通过放松对工作许可证类别的一些行政限制，包括公司内部调动和多次入境工作许可证，工作许可证制度进一步扩大。新的电子应用系统和跨国公司对工人的自我认证促进了公司内部的人员流动。之前的两级制度政策使得董事级别雇主的调动更加便利，但是新制度进一步简化了流程（Somerville，2007）。

除了放宽标准，官僚机构还进行了重组，以客户（雇主）为新重点，由高级公务员和政治家提供明确指导，以满足雇主需求为政策目标（Somerville 2007）。然而，英国工业联合会及其成员对精简官僚体制表示担忧（Blunkett访谈）。改变工作许可证制度有三重困难：①明确真正短缺行业；②定义高技能移民；③行业间参与度的不同。与流动性更强、更分散的行业相比，与具有集中组织机构的行业（例如，工程行业）合作更容易（Blunkett访谈）。

政府与工会代表大会和英国工业联合会等部门，就新的工作许可证制度和高技能移民需求进行了商讨。内政部与英国工业联合会举行研讨会，以了解他们对高技能移民的特殊要求。与以前的保守党政府不同，工党政府赋予工会在政策制定方面的新角色（Keep，1999）。

劳动力短缺变得很明显，尤其是在 IT 行业，这加深了资方对更开放的高技能移民政策的偏好。政策变化是政府不断参与和重视雇主以及工会越来越多地参与协商的结果。参与协商的低技能工会由于高技能移民政策对他们有益，所以并不反对更加开放的高技能移民政策。该案例在很大程度上证实了假设 4。

2002 年高技能移民计划的实施

其他行业也出现了劳动力短缺问题。2001 年，英国内政大臣布兰克特宣布，2002 年 1 月生效的高技能移民计划将放宽具有特殊技能的专业人员的准入条件。有史以来第一次，符合资格的高技能移民可以在没有找到工作的情况下提前进入英国。高技能移民计划获批者在英国居住 4 年后还有权申请永久居留权（"无限期居留"）。高技能移民计划是在技术移民入境计划（SMEP）的基础上制定的。SMEP 是 2001 年实施的一个小规模移民计划试点，一年后政府对该计划进行了评估（2008 年 3 月 11 日国际劳工组织访谈）。灵活的高技能移民计划是"过去 30 年来最有成效的商业移民法，让许多其他商业移民法黯然失色"（McDonald et al.，2005：550）。

2002 年发表的《保障边境、安全避难：现代英国的融合及多样性》（*Secure Borders，Safe Havens：Integration with Diversity in Modern Britain*）白皮书首次尝试提出一种综合方法。这份白皮书主要由公共政策研究所的布兰克特（Blunkett）和尼克·皮尔斯（Nick Pearce）撰写。尽管受到移民和国籍管理局（Immigration and Nationality Directorate，IND）的质疑，该白皮书预计将开放劳工移民途径。劳工移民改革不需要初级立法，允许在没有媒体关注的情况下放松管制（Flynn，2003）。

英国工业联合会请求其成员给予支持，对前面提到的白皮书做出详细的答复（2002 年 3 月）（Ensor and Shah，2005）。对商业的影响（特别是对 IT 行业的影响）以及来自公共部门（卫生服务和教育）的压力对这些变化具有重要意义（Boswell 2003）。时任移民部部长的芭芭拉·卢奇解释说，为了保持竞争力，整个经济行业都依赖于高技能劳工立即进入新的国际市场。在IT、卫生、工程、教育和金融服务等领域，都可以看出高技能移民的重要性（Flynn 2003）。

高技能移民计划允许积分达到75分以上的申请者进入英国。申请者将根据学历、工作经验、以往的收入和在所选领域的成就进行评分。此外，还制定了特定的商业移民法，以促进全科医生的招聘。获得博士学位的申请人可以得到30分，硕士学位25分，学士学位15分，相当于研究生水平的工作且至少有5年以上工作经验的，15分。根据世界各地不同的薪资标准，对收入分值进行了调整。申请人申请通过后将获得1年的入境许可；之后，如果获得了稳定的工作并能照顾自己和家人，将获得继续居留许可。根据该制度获准入境的人数不受限制。①

外部因素也促进了移民政策的放宽。2001年5月在《卫报》上发表的一项ICM民调显示，70%的公众支持紧缺职业劳工移民（Spencer 2002）。高技能行业的劳动力短缺问题日益严重。资方持续施加的压力加上劳动力短缺问题推动了高技能移民计划的出台。尽管也咨询了工会，但在这种情况下，资方要求更开放政策的强大压力足以推动其预期政策的形成——这大致证实了假设4。

2002年工作许可制度改革（紧缺职业清单的变更）

因特莱科特（Intellect）等IT行业协会以及英国工业联合会一直是放

---

① 为了更大限度地提高高技能移民的经济贡献，政府希望加强高技能移民计划，以回应对原有高技能移民计划的批评。2003年10月的改革降低了取得资格的总分要求；为28岁以下的申请人引入了新的标准，使年轻、有技能的申请人更容易在英国工作；并考虑了研究生的成就。然而，从2003年10月31日起，内政部将对高技能移民计划的申请和审查收取150英镑费用。并且高技能移民计划的类别被永久地加入移民条例之中。

法国、德国、瑞典、英国和美国的比较分析 第二部分

宽工作许可流程的主要支持者,而职业合同工集团(PCG)[①]则试图说服政府,由于失业率的上升和互联网泡沫的破灭,IT行业不再存在劳动力短缺问题(Caviedes 2010)。2001年,职业合同工集团的一位代表古戴尔·拉伊向伯明翰当地的议会成员(MP)杰夫雷·鲁克尔(Jeffrey Rooker)讲述了他对滥用工作许可证的担忧。"(保守地说)目前英国有3万~5万名IT工作者持工作许可证,而有多达10万名英国本国IT工作者(长期工和合同工)面临失业和无法找到合适的工作的困境!"(Rai, 2004: 2)。

拉伊向鲁克尔介绍了他的研究论文,在论文中拉伊指出工作许可制度存在的问题。IT行业的失业人数和裁员人数不断增加,但发放的工作许可证数量也在增加。例如,一份《计算机周刊》关于薪酬的调查显示,1996年英格兰中部地区金融业的一名程序员的平均工资为28000英镑,2004年为28500英镑。考虑到通货膨胀的因素,工资实际上下降了近两成。大部分IT领域也受到类似的影响,互联网人才在21世纪初受到很大影响(Rai, 2004: 2)。

之后,鲁克尔联系了英国内政部移民部长大卫·布兰克特。2002年,拉伊开始组建IT行业工作组。职业合同工集团从其成员那里收集了证据,提交给英国内政部长,并在技能行业工作组[②]会议上提交,证明"紧缺"的技能人才并非真的紧缺。工作组和工作许可处最终认可了这些证据,并回应说,"所有IT工作许可证申请前必须证明该工作已在国家级报纸或相关行业杂志上刊登过广告"。经过大约1年半的游说,2002年9月,职业合同工集团最终说服政府删除了IT技能人才紧缺清单中的所有紧缺技能人才。职业合同工集团还与英国工作许可处合作,找出滥用该计划的公司,如利

---

① 职业合同工集团成立于1999年,是英国自由职业者、承包商和顾问的代表机构。相比之下,艾米克斯联合(Amicus Unite)和科奈克特(Connect)为IT员工办理的是长期合同。

② IT行业小组由各种组织的代表组成,包括行业机构(Intellect、印度商业集团)、培训组织(e-Skills UK)、工会(Connect、Amicus)、雇员组织(PCG)、招聘组织(招聘与就业联合会)和政府部门(内政部、贸工部)。其目标是在劳资双方潜在的利益冲突之间找到一个平衡点(Millar and Salt, 2006: 12-13)。

用紧缺职业清单引进人员，或利用虚假的公司内部人员调动取代英国工人（PCG，2002）。职业合同工集团认为滥用工作许可制度令他们的（高技能）成员的收入及收益下降和/或失业率上升，因而损害了成员的利益，因此该专业协会积极游说政府修改移民政策。职业合同工集团认为，移民应该只是一个短期的解决方案，给经济一定的缓冲时间，以提高本国工人的技能（2008年4月17日职业合同工集团访谈）。

互联网泡沫之后，IT行业出现了就业萎缩。因此本土高技能劳工更加呼吁限制技术移民，使他们有更大的政治动机去游说出台限制性更强的移民政策。在这种情况下，高技能劳工加大了游说力度，建立了联盟，并将IT行业从劳动力紧缺的行业清单中剔除，这在很大程度上证实了假设4。互联网泡沫结束后，经济增长放缓，失业率开始上升。高技能劳工花了很长时间才说服政府对IT行业采取限制性更强的政策。

2006年积分制（PBS）

2005年2月，英国政府发布了《控制我们的边境——让移民为英国服务——移民和庇护五年战略》（*Controlling Our Borders: Making Migration Work for Britain, Five Year Strategy for Asylum and Immigration*）。在此之前，政府自上而下对移民途径进行了审查，更加方便客户和雇主使用这些途径，也更严格地打击滥用移民政策。新政策的基本目标是根据明确的标准，将各类劳工移民（至少22类、80条途径）纳入4个等级。该文件提出了一些改革建议，包括新积分制移民。2005年7月，政府就新积分制展开咨询，并发表了一份题为《选择性接收——让移民为英国服务》（*Selective Admission: Making Migration Work for Britain*）的咨询文件。移民部长托尼·麦克纳提（Tony McNulty）表示，他希望听取来自雇主、教育机构、准移民和公众的意见（UK Immigration，2005）。与代表英国和海外各行业的1200多人进行了交谈并收到大量的书面意见，磋商最终于2005年11月结束。

法国、德国、瑞典、英国和美国的比较分析 第二部分

五年战略结束后，2006年《积分制——让移民为英国服务》(*A Points-Based System: Making Migration Work for Britain*)出台，延续了之前提出的积分制方案。积分制得到了所有主要政党、工会和雇主协会的支持，因为"移民为经济增长做出了巨大贡献，有助于填补劳工市场的缺口……，并提升了英国的投资、创新和创业精神"(Home Office，2006：1)。

目前简化的积分制仍在使用，但技能评级扩展到了5个等级(Home Office，2006)。每个等级的移民都要获得一定的分数，才能获得英国入境许可或在英国的居留许可(永久居留)。在所有5个等级中，若是个人满足移民要求，会得到相应的积分。在第1级和第2级，申请人将根据年龄、以前的工资或预期工资和资格等标准评分——这与现行的高技能移民计划类似。第2级吸收了工作许可制度的主要内容，并由新机构英国移民咨询委员会(Migration Advisory Committee，MAC)提出关于紧缺职业的建议。该机构通过整合和加工商业技能网络中的现有劳工市场情报，向英国内政部提供独立的、基于证据的劳工市场建议(Home Office，2006)。随后，政府扩大了英国移民咨询委员会的责任范围，例如，决定哪些工作应该列入第2级紧缺职业清单，或者重新调整第1级高技能移民的分数(Martin and Ruhs，2011：183)。

所有2~5级的移民申请人都必须有持证担保人(雇主)的担保。担保书保证该移民能够从事特定的工作。第1级高技能移民不需要聘用，因此也不需要担保，直到第1级移民的普通类高技术移民签证取消为止。家属可随主要申请人一起来到英国并在英国工作(Home Office，2006)。雇主认为现有的工作许可制度程序过于复杂且官僚、低效，支持简化程序(Home Office，2006)。英国商会表示，"简化工作许可制度的好处是显而易见的，有助于雇主识别哪些移民可以获准在英国工作，并将这些移民与特定空缺职位所需的人员类型相匹配"(积分制咨询)。工作许可制度将从"雇主主导模式转变为能够最大限度地提高移民对整个英国经济益处的移民政策"(Martin and Ruhs，2011：183)。

英国工业联合会支持采取一种平衡经济需求和社会问题的移民方法

(CBI，2007a）。英国工业联合会进一步指出，移民不能解决经济中的技能短缺问题。从长远来看，提高本国工人的教育和培训途径是重中之重。"英国工业联合会一直在鼓励改进本国工人的教育和培训途径，目前正在努力推动建立一支高技能的劳动力队伍。英国雇主现阶段每年在培训上的投入达330亿英镑"（CBI，2007b）。

职业合同工集团作为高技能劳工代表，支持针对移民工人新制定的积分制，称这是长期探讨的结果。新制度将确保只有那些填补劳工市场缺口所需的"熟练"工人才会获准进入英国。职业合同工集团的常务董事约翰·布拉泽尔（John Brazier）表示，这有助于更好地管理移民。约翰·布拉泽尔说，"自2006年首次提案以来，已经根据职业合同工集团的建议做出了几项重大变更。我们支持这一明智的措施，这将使政府能够保护英国的技能基础"（PCG，2006）。最近一项调查显示，IT人才需求下降，职业合同工集团建议将IT行业从紧缺清单中剔除（PCG，2006）。

总的来说，随着对积分和担保人的关注，移民管理从雇主主导制度转变为政府主导制度，更加注重管制（Somerville，2007）。第1级和第2级针对高技能移民，其他各级针对不同类型的劳动力移民，包括学生。积分制比以前的高技能移民条例更具限制性。政府仍然主要关注高技能移民，但除了高技能人员，对其他类别人员的管制更多，福利也更少。政府的目标是增加英国的收益，同时尽量降低成本和对英国人口和经济方面的负面影响。积分制自2008年3月以来逐步实施，但后来进行了修订，以更好地反映不断变化的劳工市场需求，并试图减少劳工移民数量（Cerna and Wietholtz，2011）。针对高技能移民的第1级没有人数限制，也不需要劳工市场测试，是一个更开放的选择，个人即便没有获得英国工作机会也可以申请。

在紧缺职业清单变更后，高技能劳工更加意识到政策滥用问题，更加倾向于采取限制性更强的政策。因此，以工会和专业协会为代表的高技能劳工更加倾向于限制性政策，并在与政府的协商中明确表示了这一点。

他们游说政府数年，展示了滥用制度和改变劳工市场情况的证据。他们还与较大的工会合作，并通过更正式的协商机制就拟议的政策变化提出了意见（2008年3—4月工会代表大会、Amicus-Unite和职业合同工集团访谈）。虽然雇主协会仍对更开放的填补短缺劳动力的高技能移民政策感兴趣，但必须与高技能劳工合作才能达成妥协。从上面的描述可以清楚地看出，资方和高技能劳工进行了联合，因为高技能劳工变得更加强大，并将其进入政府的途径制度化。该案例大体上证实了假设2。

2006年高技能移民计划新积分制

2004年年底和2005年政府官员的声明表明高技能移民计划门槛过低。直到2006年11月7日发现了舞弊证据，政府才对高技能移民计划进行了调整。具体调整包括增加新的标准，如强制性语言要求，并取消了现有的标准（如以前的就业经验，但对特定的英国工作经验仍有少量奖励），以及改变教育等类别的分数。

高技能移民计划增加了工商管理硕士（MBA）的规定，表明政策制定者在不断创新。[①] 根据有关MBA的规定，符合语言要求并从全球50所学校获得MBA学位的学生可直接获得75分，进入高技能移民计划。英国工业联合会前副总干事约翰·克里德兰德（John Cridland）表示，"雇主希望看到一个精简透明的基于积分的移民制度，以吸引高技能移民到英国，促进经济发展"（Work Permit，2006）。

在对高技能移民计划进行修改时，时任移民部部长的利亚姆·伯恩（Liam Byrne）成立了一个由企业和学院代表组成的雇主工作组，与政府合作制定并最终实施积分制新担保规则。这些规则将通过行业检查移民雇员是否有工作权利，在防止滥用移民制度方面发挥重要作用（Work Permit，2006）。然而，新积分制的反对者抨击了这些规定。根据这些规定，高技能移民如果想续签高技能移民计划，必须根据新的标准重新申请。这些标准

---

① 从2008年3月开始，高技能移民计划被新的积分制第1级所取代。MBA条款被删除。

在某些情况下，更加严苛。[①]

该案例为理论模型提供了支持。本书预计参与主体的偏好会随着外部因素的变化而改变。高技能移民计划签证舞弊行为暴露后，促使高技能劳工更加倾向于限制性更强的政策。由于来自欧盟国家的移民增加，政府限制了海外的高技能移民。

高技能劳工迫切要求加大对高技能移民体系的审查，而资方也必须同意为高技能移民申请提供担保，从而对其雇员负责并进行监管。总的来说，高技能移民计划项目对"精英人才"仍然相当开放——在2007年高技能移民指数中被评为最开放的项目。在这种情况下，资方获得了MBA毕业生的额外签证，直到2008年实施第1级积分制后，才有了显著变化。这是对拟议的第1级积分制的试验。资方代表仍专注于放宽高技能移民政策以填补短缺的劳动力，但高技能劳工代表要求为本国工人提供更多保护。规则变得越来越严格。这大体上证实了假设2。

2011年杰出人才签证

随着高技能移民数量的增加和对该制度的滥用，[②] 高技能劳工更加倾向于限制性政策，并加大了游说力度，要求限制高技能移民政策。到2011年秋季，第1级的普通类高技术移民签证取消，这对资方来说是一种损失。取而代之的是新出台的"杰出人才"签证——每年最多1000个签证，[③] 由4个（后来是5个）主管机构（如英国社会科学院、英格兰艺术委员会、

[①] 根据2006年的改革，在高技能移民计划下已经在英国工作的移民工人必须根据更严格的规定重新申请。然而，英国高等法院在2008年4月裁定这些改革是非法的，因此在2006年11月之前进入英国的HSMP许可证持有者将依据旧规则对其续期申请进行评估（Pitcher，2008）。

[②] 英国内政部的一项研究表明，大约30%的第1级（普通类）移民从事非技术性工作（UKBA，2010）。

[③] 然而，人才签证发放量一直相当低。例如，2012年只发放了59份签证（Kawalerowicz，2013）。

英国皇家工程科学院、英国皇家学会和英国科技城）提名国际公认的领导者或科学、工程和数字技术等各领域潜在的世界领先人才（Cerna，2014；Government，2015）。除了艺术与文学领域，申请人都需要拥有博士学位（Kawalerowicz，2013）。这种变化体现了一种更具限制性的政策——人数限制，而且高技能人才本身不能再次申请签证。因此，劳工市场主体向政府施加压力，大多数情况下都能获得成功。

移民管理从雇主主导制度转变为政府主导制度，更加注重管理和控制（Somerville，2007）。政府仍然把关注点放在高技能移民上，对高技能以外的其他群体——如低技能劳工和国际学生等——提供的福利较少。这是为了避免政策滥用和引进非法移民，以此来安抚民众。政策的变化表明，高技能劳工在强化移民限制和更好地接触决策者方面的作用越来越大。

美 国

劳工移民史

1952年美国《移民和国籍法》（麦卡伦－沃尔特法）为"特殊职业"设立了H-1签证，并允许临时工在劳动力短缺期间进入美国。H-1签证持有者是指"具有杰出才能和能力的外国人，来美国临时从事需要这种才能和能力的、特殊性质的短期服务"。这项法律作为高技能临时工准入指南使用，后来用作H-1B签证的范例。移民工在被解雇或签证到期的情况下，必须返回原属国（Zazona，2008）。

在20世纪70年代，H-1签证通常用作移民劳工准入凭证。1970年，国会决定允许H-1签证持有者申请美国的永久职位（Watts，2001：144）。美国大学协会（Association of American Universities，AAU）在《美利坚合众国法典》第8篇中增加了一个条款，即《艾尔伯格修正案》，移除了常规的劳动认证要求中的大学一项（Zazona，2008）。《1990年移民法》修订了H-1计划,首次将H-1B签证的发放限额设定为每年6.5万份,并将移民在美国的居留时间设置为不超过6年。1990年设置签证上限是为了向反对者保证不会无限制地发放签证(Watts,2001:144)。分析美国的案例要从分析《1990年移民法》开始。

综述

利益集团的文献显示,资方应该成为游说活动的赢家。资方拥有金钱、组织和专业知识等天然优势,是利益集团体系中组织最完善的部分(Jillson,2002:141)。此外,资方集中于单一问题或特定的地理区域,而劳工的利益范围更广(McKay,2005)。尽管由于会员人数减少和职业结构向第三产业转移,工会的力量有所减弱,但通过有组织劳工的金融资源、会员人数和积极的政治活动,工会在华盛顿仍然享有很高的知名度(Mack,1997:18)。利益集团的文献没有对高技能移民政策无法满足资方预期的原因做出解释。将重心放在不断变化的联盟更适合这种分析。除非高技能劳工(工会或专业协会)加大对限制性更强的高技能移民政策的游说力度,否则资方之间或低技能劳工与资方将结成联盟。

即便高技能移民政策能给低技能工会联合会的会员带来好处,也并不意味着整个低技能工会联合会(尤其是劳联-产联)总是会全力支持更开放的高技能移民政策。工程师等行业工会希望限制临时非移民工人的入境,派了代表参加移民及难民政策特别委员会(Select Committee on Immigration and Refugee Policy,SCIRP)听证会和国会听证会。工会认为,临时移民工人在美国停留的时间很短,并且依赖雇主的资助,这种模式是有问题的,会加大工会组织的难度(Haus,1995:308)。劳联-产联专业人员部招募的多是高技能水平的职员,因此反对开放的高技能移民政策。由于临时移民的签证依赖于各自的雇主,因此工会认为雇主会利用这些计划来剥削移民和本国工人(Watts,2002:153)。此外,已经通过的许多法案既面向低技能移民也面向高技能移民;在这些情况下,工会的支持作用受到了限制。随后几年当高技能劳工开始参与进来时，形成的政策就更具限制性了。

劳动力短缺的主张可以追溯到1989年美国国家科学基金会的研究，研究称美国经济正面临严重的劳动力短缺问题。后来1992年的国会听证会对这种研究方法和主张提出了质疑。1997年，美国信息技术协会（Information Technology Association of America，ITAA）委托编写了多份IT职位短缺分析报告。第一份报告根据用人机构调查结果得出：IT领域存在约19万个职位空缺（Teitelbaum，2014）。该报告因响应率低和方法不力而受到批判。美国信息技术协会和商务部其他关于劳动力短缺的研究也受到了审计总署的批评。不过，这些报告还是被一些主体采用（Teitelbaum，2014）。

H-1B签证发放限额很快（通常在第一天）就会用完，但始终不清楚这到底是需求压力所致还是供应压力所致。资方代表和商业组织的调查总是声称存在职位短缺问题。劳工代表对"劳工短缺"给出了不同定义。劳工短缺可能是指：①对特定领域/职业的需求超过了可用工人的供应；②需求和供应之间不匹配（产业正在寻找年轻的IT人员担任初级职位，但只有适合高级职位的年长IT人员；一些公司提供的薪水低于美国工人的可接受水平）；③可以接受培训的个人类别是潜在的开放职位工人（《1990年移民法》中并没有给出这一定义）。

在美国，资方还应该包括中介机构（如印度外包商、移民律师和代理人）、研究型大学和研究所。这些机构大力游说，要求增加H-1B签证发放量。例如，一些高等教育组织是美国竞争力联盟的成员，包括美国大学协会和美国公立与赠地大学协会在内，它们多数都给予了政治支持。相比之下，美国国际教育工作者协会（Association for International Educators，NAFSA）一直积极游说移民事务（2007年10月25日美国国际教育工作者协会访谈）。

2000年，一名来自IT行业的说客努力游说，试图获得研究型大学的支持，以增加H-1B签证的发放量，建议政府取消向大学和研究机构发放的 H-1B 签证限额（Teitelbaum，2014）。他们获得了政治上的支持，H-1B 签证的发放量比之前增加了 2 倍。

在 1998 年和 2000 年法案出台时，资方的力量很强大。美国商会、美国竞争力联盟、美国信息技术协会、美国信息技术产业协会[①]以及包括微软、英特尔和甲骨文在内的个体公司是资方最忠实的参与主体。对提高 H-1B 签证限额感兴趣的不同行业（如卫生保健、生物技术、高科技、高等教育和金融）组成了联盟，以加大他们的谈判筹码。美国商业协会的数量远远超过英国。

高科技界有一个非常活跃的游说团体，特别是美国竞争力联盟[②]，还有微软和美国信息技术协会（后更名为 Tech America）。[③]他们直接向国会提出了他们的要求。"信息技术公司之间竞争激烈……，然而，他们在这一点上达成了相当大的共识，即：需要在这个关键行业雇用外籍员工"（Park and Park，2005：92）。随着时间的推移，高科技界内部出现了分歧。一些公司愿意深化 H-1B 改革——例如，微软或 IBM 接受了国会提出的改革建议。相反，包括威普罗（Wipro）和印孚瑟斯（Infosys）在内的其他公司对 H-1B 计划的使用方式不同（主要用于 IT 服务的离岸外包），不支持该计划。这些分歧的出现导致资方对高技能劳工的谈判筹码被削弱了。由于信息技术繁荣的结束和互联网泡沫的破灭，高科技行业丧失了部分经济实力，但随着经济危机的爆发，高科技行业的实力又恢复了一些。

由于欺诈和滥用 H-1B 计划以及经济衰退，高技能劳工组织对增加 H-1B 签证发放量和保护工人问题变得更加有组织、更加直言不讳。劳工组织的数量增加了，但劳工组织的财力远落后于资方。由于一些组织同时

[①] 该委员会是一个倡导和政策组织，由大约 50 家全球领先的创新公司组成，包括微软、英特尔、甲骨文、IBM 和索尼（Teitelbaum，2014）。

[②] 美国竞争力联盟是一个由 200 多家关注合法就业移民的公司、大学、研究机构和贸易协会组成的联盟。

[③] 2008 年，美国信息技术协会与网络安全行业联盟和政府电子行业协会合并，并与美国电子协会合并，形成了一个新的行业协会集团，即（Teitelbaum，2014：235）。

代表该行业的雇员和雇主，并主要为其成员提供技术支持（美国专业工程师学会和电气电子工程师学会），这些组织的行动力受到限制。此外，这些组织缺乏伞状组织结构，无法定期关注美国医学会（American Medical Association）等成员的职业兴趣和其他兴趣（Teitelbaum，2014）。失业的高技能劳工慢慢共同组成组织，如程序员协会（Programmers Guild）或华盛顿技术工人联盟（WashTech）。他们在国会面前据理力争，并与其他工会（美国通信工人工会，Communications Workers of America，CWA）合作，可是影响力却十分有限。1999年，美国普查局发现40岁以上的IT工人的失业率比年轻的IT工人高5倍。这些组织通常由志愿者管理，并试图向国会表明，高技能移民工人的不断涌入导致他们受到年龄歧视并在劳工市场竞争中处于不利地位。尽管有其局限性，高技能劳工团体越来越有组织，其影响力也越来越大。例如，《2004年H-1B签证改革法案》中，资方为了政策得以变更，不得不向高技能劳工做出让步。就2006年、2007年和2013年《综合法案》而言，资方在游说增加H-1B签证发放量问题上未能取得成功。

《1990年移民法》（IMMACT）

《1990年移民法》是近几十年来美国最重要的移民法之一。该法案提高了家庭和就业移民水平，改革了H-1计划，并对移民制度进行了全面改革。H-1B类别涵盖"杰出人才"，包括商务人士、运动员和演艺人员。《1990年移民法》规定，每年持H-1B签证进入美国的非移民人数上限为6.5万人。[①] H-1B工人获得3年签证，签证共可延期至6年。该法案规定，H-1B工人至少须持有其专业领域的学士学位或同等学力。该法案还要求雇

---

① 众议院司法委员会全体成员于1990年8月1日批准了该法案（CQ，1990）。一旦参议院批准了法案，众议院会在15个月后通过了自己的法案，部分原因是议员们对首席提案人布鲁斯·莫里森的提议存在分歧（CQ，1990）。经过一系列反对削弱立法的行动，众议院于10月3日以231票对192票通过了H. R. 4300。投票是在"经过2天的辩论以及众议院司法委员会批准的法案发生一项重大变更"之后进行的（CQ，1990：478）。

主向 H-1B 工人支付现行工资。1990 年设置 H-1B 签证时，废除了 1952 年制定的关于临时签证的要求。H-1B 是双重意向签证，持 H-1B 签证的移民工人在申请永久居留权（绿卡）期间可以留在美国（Zazona，2008）。

20 世纪 80 年代初，资方代表美国电子协会（American Electronics Association，AeA）发表了一份关于 2010 年工程师短缺危机的报告。美国电子协会成员调查显示，该报告被美国国会成员、美国国家科学基金会及包括专业杂志在内的各大媒体等广泛引用。几年后，美国电子协会承认，其调查只证实了"电气工程师存在短缺"，不应该暗示"所有工程师都处于短缺状态"。1986 年年初，美国电子协会的帕特·希尔·胡布巴德（Pat Hill Hubbard）指出"已不存在电气工程师短缺现象"。事实上，工程师从未出现过短缺（Bill，2006）。因美国电子协会的调查结果，学术界获得了数十亿美元的拨款，以用于增扩工程师学院，培养更多的工程师（Bill，2006）。美国电子协会、美国信息技术协会、商会和美国计算机研究协会（Computing Research Association，CRA）是支持 H-1B 的主要参与主体。美国电子协会和美国信息技术协会的成员主要是跨国公司，其中许多跨国公司都是上述 3 个组织的成员（Bill，2006）。

美国国家科学基金会题为《未来科学家和工程师的稀缺性——问题和解决办法》的非官方研究于 1989 年发表，并在 1990 年众议员布鲁斯·莫里森（D-CT，民主党－康涅狄格州）的移民听证会上被广泛引用。正是这份报告，让美国移民工程师和科学家的数量增加了近 2 倍，从原来的 2.5 万增加到 6.5 万。该报告"在 1992 年的国会听证会上因其研究方法不当、缺乏同行审查以及向媒体发布的方式不寻常而受到质疑"（Bill，2006）。

商界游说要求取消移民限制，而美国的国际竞争对手已经享受到了这一政策带来的好处。国会对这种游说做出了回应，要求在招聘时更加灵活（DeMoss，1991）。自 1982 年以来，参议员艾伦·辛普森（Alan Simpson）（R-WY，共和党－怀俄明州）一直赞同商业圆桌会议等资方团体以及其他公司的立场，认为美国企业需要世界上最聪明的工人才能保持竞争力（Tichenor，2002：268）。美国商会的　名代表抨击了专业非移民工人准入制度，称其不灵活且有着层层限制，该制度影响了美国公司在外国市场的竞争力。美国移民律师协会等利益集团期望滚木立法，同时满足商业和种族群体的需要。这就既包含了在竞争日益激烈的全球经济中竞争的商业需要，也包含了种族群体对取消永久居民配偶和子女入境数量限制的需求（Joppke，1999：41-43）。

美国商会的达里尔·巴芬斯坦恩（Daryl Buffenstein）在国会听证会上提出了一个更开放的高技能移民案例。这与资方的期望一致：如果劳工部长确定没有美国工人愿意、有能力、有资格且可以执行临时任务，那么应该取消外国专业人员的临时准入限制（1989年9月27日听证会）。在《1990年移民法》的谈判期间，商业团体反对限制临时签证，而劳工利益团体则抱怨临时移民工抢了本国工人的工作（CQ，1990：479）。

高技能劳方认为，没有可信的研究表明美国存在工程人才或科学人才短缺现象。没有证据表明主要工程、技术或私营部门计划因工程或科学人才短缺而取消（Bill，2006）。美国通信工人工会反对设立H-1B计划的立法。美国通信工人工会表示"我们过去和现在都致力于在美国培训工人，这是我们满足美国经济技能需求的主要方式。如果立法会通过这一情形已经很明显了，我们支持在立法中设立有关技术技能补助计划的规定"（CWA，2002）。[1]

美国劳联-产联专业人员部[2]部长杰克·高罗德纳尔（Jack Golodner）称，"总体而言，现有劳动力中受过专业培训或正在接受专业培训的数量足以满足专业人才数量的增长需求"，这与高技能劳工的偏好一致（1989年3月7日听证会）。同样，美国工程协会的比利·里德（Billy Reed）说，"除

---

[1] "国会会对发给雇主的客籍劳工签证征收'使用费'。在所产生的资金中，有55%拨给劳工部，用作技术技能训练计划的职业培训补助金。剩下的大部分资金用于信息技术和其他相关学科的奖学金资助"（CWA，2002）。

[2] 专业人员部代表着22个工会，约有400万白领工人。自1977年以来，专业人员部一直隶属于劳联-产联。虽然劳联-产联的成员数量一直在下降，但专业人员部的成员数量却由于专业化程度的提高而有所增加（DPE，2008）。

了引进工程师，还有许多几乎无成本的替代方案……如果你相信媒体关于工程师短缺的报道，那么我们的工程师短缺危机已经长达40多年了。所有的预测都高估了需求，低估了供给"（1989年2月21日听证会）。专业协会对声称的劳动力短缺问题表示关切，并希望加强对本国成员的保护。

工会和雇主可以参与《1990年移民法》的讨论。就高技能移民而言，高技能工会对更开放的高技能移民政策表示担忧，但最终被（低技能）工会联合会安抚了。劳联－产联倾向于扩大国内政策，"以增加我们在美国的教育和就业培训投资"（Briggs，2003）。然而，《1990年移民法》通过之前，劳联－产联并没有发挥突出的政治作用，也没有明确表示自己的支持或反对立场（Briggs，2003）。

一些外部因素促使移民政策不断变更。美国面临经济衰退，但预计技术等不同行业将出现劳动力短缺。因此，资方更加支持进一步开放高技能移民政策，他们在劳工市场主体中寻求代表。

由于资方代表之间结成联盟，《1990年移民法》得以在参议院和众议院通过。工会没有公开表示（强烈）反对，并因《综合法案》的其他条款做出让步，这些条款包括家庭团聚、移民合法化和扩大的工作权利。高技能劳工代表不足以实现自己支持的政策。这大体上证实了假设4。

《1998年美国竞争力和劳动力改善法》

1990年6.5万签证限额限制了员工的招聘，资方代表开始密集游说国会，要求增加H-1B签证发放数量。IT行业高管声称，美国严重缺乏合格的IT工人，需要向外来劳动力开放市场。微软、思科、亚马逊、德州仪器、甲骨文和英特尔等公司向国会宣称出现了劳动力短缺问题，理由是预计IT行业工作机会将增长强劲，工资高于平均水平，行业失业率约为2%。他们认为，由于IT产业占美国经济增长近1/3，而且IT几乎已经渗透到所有行业，高技能信息技术劳动力的短缺威胁到美国经济的全球竞争力。1998年，14位大公司首席执行官签署了一封信，信中称"H-1B签证发放量上

法国、德国、瑞典、英国和美国的比较分析 第二部分

限若不能提高,那么美国企业的发展和创新能力将会受到限制,面向美国工人的工作岗位的增长也将受到限制"(Watts,2001:150,2000年美国参议院司法委员会报告)。美国信息技术协会、美国电子协会和半导体行业协会(Semiconductor Industry Association,SIA)等行业协会也支持提高H-1B签证数量上限。

根据马丁的说法,"在1998年(之后在2000年),国会认可了信息技术领域专业人员短缺这一情况,并通过立法增加了根据H-1B临时签证计划获准入境的专业人员和专业工人的数量"(2003:140)。1998年,IT企业成功地将H-1B签证上限提高到1999年的11.5万、2000年的11.5万和2001年的10.75万,后来又恢复到6.5万(Watts,2001:144)。

正如马丁得出的结论,在1998年和2000年法案出台时,资方的力量很强大。高科技公司和协会说服国会,由于行业的繁荣,20世纪90年代对高科技工人的需求非常高,因此在这两年他们成功地推动了H-1B签证数量的增加。他们需要高技能劳工来维持美国的竞争力和创新力。这个想法是"凡是对微软最有利的,都会对美国经济最有利"。两个政党都在争夺资方的竞选捐款。高科技代表(如比尔·盖茨)在国会山极具影响力和知名度,并捐赠了大量竞选经费和资金用于美国工人的培训和教育。资方本来可以要求永久增加H-1B签证数量,但当时没有这样做,可能是因为他们相信自己在国会山会一直有影响力(2008年9月12日Representative Smith员工访谈)。

H-1B签证的主要请愿者是高科技公司,在过去10年里这些公司发展成了非常强大富有的企业。到20世纪90年代末,对这些签证的需求超过了供应,因为超过一半的H-1B签证持有者为IT企业工作(Park and Park,2005:89)。许多有影响力的公司,如美国太阳微系统公司和微软公司,以及密歇根大学工程学院院长,都派代表到国会作证(Park and Park,2005:90)。这些代表试图通过抱怨高技能劳工严重短缺来提高H-1B签证发放数量上限。除非美国接受更多高技能移民,否则其他拥有高科技产业的国家将获得竞争优势(Park and Park,2005:90)。美国太

阳微系统公司肯尼斯·阿尔瓦瑞兹（Kenneth Alvarez）的证词总结了这一观点：

> 信息技术领域缺少合格工人来填补关键职位。技术工人的不足，如果不迅速弥补，将导致商业机会丧失、创新放缓和整体生产率下降。这些发展将严重阻碍我们的竞争力，以及高科技产业继续快速创造就业机会的能力，继而阻碍美国的发展。
>
> （Park and Park，2005：90）

资方游说增加 H-1B 签证数量时表示"我们经济的成功要归功于计算机技术的进步，（众议院移民）委员会愿意假定产业宣称的观点正确，认同合格工人短缺的主张"，最终游说成功（H. R. Report，1998：19）。资方仅凭借假定其观点正确就可以达成心愿。

劳方并没有对资方构成重大威胁。弗雷曼和希尔（Hill）表示，高科技行业的工会联合会还不成熟，并且担心自己疏远新近增长最快的无证移民选区。失业的技术工人很难组织起来，愤怒的网站没有什么政治回报。考虑到反对 H-1B 签证团体的薄弱组织基础，反对 H-1B 签证的团体只能依靠企业家来组织，如针对移民反对者和汤姆·坦克里德（Tom Tancredo）、拉马尔·史密斯（Lamar Smith）等政治家的美国移民改革联合会（Federation for American Immigration Reform，FAIR）（Freeman and Hill，2006：128）。

然而，反对增加 H-1B 签证的声音越来越多（Meyers，2004）。劳工组织、工会和个别研究人员认为，行业所谓的劳动力短缺并非真实情况。电气电子工程师学会（Institute of Electrical and Electronics Engineers，IEEE-USA）[①] 和美国通信工人工会等组织指出，1999 年上半年，21 家大

---

① 对 H-1B 签证的批判导致了与上级电气电子工程师学会领导人的冲突，他们有时会对美国电气电子工程师学会的美国宣传施加限制，因为这违背了国际电气电子工程师学会的利益（Teitelbaum，2014：115）。

型 IT 企业解雇了 12 万多名员工。这些 H-1B 签证的反对者认为资方对"廉价劳动力"的追求是该计划背后的主要驱动力（Watts，2001：145-147）。程序员协会成立于 1998 年夏天，代表计算机程序员的利益，宣称 H-1B 签证工人"直接与国内工人竞争高科技公司的初级和高级职位，对美国工人来说是一种威胁"（2000 年 5 月 25 日 H. R. 听证会）。

劳联-产联专业人员部对 1998 年法案提出异议，但被上级组织劳联-产联驳回了。到 1998 年，劳联-产联对这一问题的参与明显减少。工会联合会游说反对将 H-1B 签证发放量增加到 11.5 万，但最终撤回了反对意见。劳联-产联内部做出决定，不应将政治资本浪费在白领工人身上，这些人大多没有加入工会，而且在某些情况下敌视工会（Zazona，2008）。他们忽视了专业人员部的利益，而是专注于影响大多数（低技能）成员的问题和移民政策。

1998 年《美国竞争力和劳动力改善法》（American Competitiveness and Workforce Improvement Act，ACWIA）在国会有几个有影响力的支持者，如共和党参议员史宾塞·亚伯拉罕（Spencer Abraham）（R-MI，共和党-密歇根州）和参议院司法委员会主席奥利恩·哈奇（Orrin Hatch）（R-UT，共和党-犹他州）（Park and Park，2005）。参议员亚伯拉罕和众议院议长纽特·金格里奇（Newt Gingrich）（R-GA，共和党，佐治亚州）都支持增加 H-1B 签证发放限额，并担任资方代表。参议员亚伯拉罕对《美国竞争力和劳动力改善法》提出了附加条件，将 1999—2000 年每年的新签证数量从 6.5 万份增加到 11.5 万份，在 2001 年增加到 10.7 万份，之后将恢复到 6.5 万份。该法规定雇主每份签证支付 500 美元费用，所得款项用于资助美国工人培训。法案[①]新增了 H-1B 签证依赖型雇主的裁员和招聘证明（Wasem，2007a：14）。

---

① 同年 4 月，该法案在参议院司法委员会获得通过，然后在 5 月，该法案在参议院以 78 票对 20 票获得通过。众议院司法委员会通过了一项非常不同的 H-1B 签证法案。并随后进行了谈判，最终众议院和参议院达成了妥协（Sen. Abraham 和 Senate Hearings，1999 年 10 月 21 日）。

新法案增加了对本国工人的解雇保护，具体包括以下3种方式：①H-1B签证依赖型雇主（指拥有15%及以上H-1B劳动力）必须证明，在提出H-1B签证专业人员申请之前或之后90天内，不解雇从事同一工作的美国雇员；②H-1B签证依赖型雇主必须证明，不会将H-1B签证专业人员安排到另一家公司，以填补被解雇的美国人从事的工作；③如果美国雇主故意违反规定，少付给持H-1B签证的个人工资，并替换了一名美国工人，该雇主将被禁止参加所有就业移民计划，为期2年，并对每次违规行为处以25000美元的罚款。第三条规定适用于所有雇主，不考虑雇主对H-1B签证的依赖程度（Tech Law Journal，1999）。关于H-1B签证依赖型工人的新规定适用于不到1%的H-1B签证依赖型雇主，而且有许多漏洞。

正如我们从理论模型中所预期的那样，蓬勃发展的高科技行业为资方创造了更大的动力，推动其预期政策的形成。政策的形成是强大的资方团体之间联合的结果。劳方因额外的工人保护政策和签证费的提高做出了让步，但与资方的收益相比，其收益相对较小。3年来，资方提高了签证发放限额，从而成功地从政策变化中脱颖而出。这大体上证实了假设4。

《2000年美国二十一世纪竞争法》（AC21）

尽管1998年法案增加了H-1B签证的发放数量，但在1999和2000财年结束前几个月，就达到了新设置的限额每年11.5万个。因此，IT企业界游说国会进一步增加H-1B签证的发放数量。国会在2000年秋季通过了一项立法，[①]将2001、2002和2003财年的年度签证限额提高到每年19.5万个（Watts，2001：144）。从2004财年起，尽管美国信息技术协会为了将签证限额保持在每年19.5万个还在进行游说，签证限额还是

---

① 参议院以96票对1票的结果通过了这一新立法，众议院则以口头表决的方式通过了这一立法。2000年10月3日，议员们下午放假，因为宣布当天不就H-1B签证议案进行投票。然而，当晚还是进行了投票，435名国会议员中只有40人出席（Zazona，2008）。

法国、德国、瑞典、英国和美国的比较分析 第二部分

恢复到了每年6.5万个。高科技公司也反对参议员史密斯（R-TX，共和党 - 得克萨斯州）提出的工人保护提案。国会永久豁免了大学和政府研究实验室的H-1B签证限额。该法案延长了最初在1998年法案中批准的签证费500美元/个。此外，个别雇主可以控制雇员的法律地位，人们担心H-1B雇员可能因此受到剥削，其他变化旨在解决人们的担忧（Zazona，2008）。

资方非常支持提高H-1B签证限额，并提出了符合理论预期的论点。美国国际人才理事会（American Council on International Personnel，ACIP）[1]主席奥斯丁·弗拉格曼（Austin Fragomen）声称，"我们正在与其他国家竞相吸引生物技术、半导体、信息技术等方面的技术工人，我们非常希望看到限额能够得到增加"（1999年8月5日听证会）。

美国商会的艾莉森·克利夫兰（Alison Cleveland）和美国电子协会的威廉姆·阿尔奇（William Archey）都强调，H-1B签证工人创造了"知识产权，继而创造了其他就业机会，确实创造了财富"。因此，美国需要一个"更加透明、稳定和有效的移民制度"（1999年10月21日参议院听证会）。美国竞争力联盟（ABLI）和美国制造商协会（NAM）[2]也提出了关于保持美国竞争力和简化H-1B签证手续的类似观点（1999年8月5日听证会）。资方继续表明希望更多的高技能移民入境，并认为增加H-1B签证对整体经济有重大意义。

高技能劳工代表继续呼吁在移民法中增加保障措施，不要提高H-1B签证限额，制定更具限制性的高技能移民政策。程序员协会的约翰·米安诺（John Miano）敦促"国会不要扩大H-1B签证计划，开始清理滥用H-1B签证现象，并停止汽车修理厂使用H-1B签证"（1999年8月5日听证会）。美国电气电子工程师学会主席保罗·科斯特克（Paul Kostek）指

---

[1] 美国国际人才理事会（ACIP）是一个非营利贸易协会，成立于1972年，旨在促进人员跨国流动。美国国际人才理事会拥有3000多个公司和机构成员。

[2] 美国制造商协会（NAM）代表了14000个成员和350个成员协会，为每个工业部门和所有50个州的制造商和雇员提供服务。

出，H-1B 签证计划没有加入"对美国工人的就业机会、工资和工作条件恰当、有效和可执行的保障措施"（1999 年 8 月 5 日听证会）。美国电气电子工程师学会反对（1998 年）将 H-1B 签证限额从 6.5 万个临时提高到 11.5 万个，因此准备与国会合作，雇用高技能劳工，"让他们移民，给他们颁发绿卡，而非让他们成为客籍劳工。绿卡，而非客籍劳工——这就是解决办法"（1999 年 8 月 5 日听证会）。与临时高技能移民相比，高技能工会更喜欢永久高技能移民，因为永久移民更有机会成为工会会员。

劳联－产联专业人员部认为要限制 H-1B 签证，并给劳联－产联政治主任写了一份备忘录。备忘录建议围绕 1998 年和 2000 年扩大 H-1B 签证的主要倡导者参议员亚伯拉罕的问题写一篇文章，以说服共和党工会会员在 2000 年选举中投票反对亚伯拉罕。备忘录没有得到回应，但亚伯拉罕还是落选了（DPE，2005a）。劳联－产联不愿意采取行动反对增加 H-1B 签证，因为大多数（低技能）成员都可以从高技能移民政策中获益，而专业人员部的成员在该组织工会会员中只占少数。劳联－产联对赦免非法工人更感兴趣，因其将这些工人视为潜在的工会会员。

尽管劳联－产联仍然坚持不应扩大 H-1B 签证计划的官方立场，但工会联合会并没有对大规模增加签证到每年 19.5 万个这一提议表示反对。"民主党重量级人物试图说服劳联－产联，通过支持 H-1B 签证可以实现大赦非法移民这一更紧迫的目标"（Zazona，2008）。与 1998 年一样，反对 H-1B 签证的团体缺乏强大的盟友，在高科技行业也没有很好的根基。他们寻求反移民组织和政治家的支持（Freeman and Hill，2006）。

我们可以通过理论模型来理解本节论述的进展情况。尽管 IT 行业经济下滑，但资方受到劳动力日益短缺的影响，对 H-1B 签证的使用量达到了限额。这加剧了资方对提高签证限额的需求。高技能劳工代表有限，不足以阻止政策变更。劳方因额外的工人保护政策、签证费的提高和可能的非法劳工合法化做出了让步，但与资方的收益相比，其收益相对较小。资方获得了 3 年签证限额提高，以及大学和研究中心签证限额豁免。政策变化是资方团体之间成功联合的结果，大体上证实了假设 4。

《2004年H-1B签证改革法案》(《2005财年综合拨款法案》)

在H-1B签证限额恢复到每年6.5万个后，微软和英特尔等跨国公司以及美国商会、美国信息技术协会和美国竞争力联盟等高科技协会开始推动国会采取行动，而保护IT工人的组织希望保持年度限额（6.5万个）。美国专业工程师学会等高技能劳工团体反对增加签证限额。《综合支出法案》通过，修正案名为《2004年H-1B签证改革法案》。[①] 2004年，布什总统签署了该法案。该法案恢复了美国竞争力和劳动力改善法费用，提高到1500美元，对雇员少于25人的公司降低了费用（750美元）。新设立的500美元反舞弊执法费已经生效。在资方的激烈游说下，第一批从美国院校获得硕士或更高学位的20000名外国毕业生获得了签证限额豁免（Freeman and Hill, 2006）。该法案规定了延期条款，但没有相关条款涉及自动转换为永久居留。95%的规则取消了，雇主至少须支付现行工资的100%。从2005年3月8日起，法案恢复了H-1B依赖性雇主以及H-1B故意违约雇主需要持有特殊证明，引入了新的"诚信"合规抗辩。

高技能劳工代表直言不讳地继续反对增加H-1B签证发放量。2004年，美国专业工程师学会强烈反对提高H-1B签证数量上限。该协会在随后的几年里放弃了这一立场。美国专业工程师学会成员既有雇主又有工人，董事会拒绝对H-1B签证站队（2008年9月3日美国专业工程师学会访谈）。

劳联-产联成员工会——美国通信工人工会起草了一份关于H-1B签证的提案，但该工会不一定能获得国家组织（劳联-产联）的支持。劳联-产联默契地决定，不再强调H-1B签证，这样就可以为那些他们希望加入工会的非法移民赢得特赦（Zazona, 2003）。美国通信工人工会希望将每年H-1B签证的数量保持在每年6.5万个，并取消对教育机构的豁免。其他要求包括将临时方案的期限限制在1年、2年或3年（不可延期）；要求

[①] 该法案在参议院以65票对30票获得通过，在众议院以344票对51票获得通过。

雇主努力在美国诚心诚意地招聘，而不是为了雇用移民工人而解雇本国工人。美国工人的平均工资也将增加（Zazona，2003）。H-1B 签证工人的雇用成本为 5000 美元，但企业雇用移民工人而节省的工资、福利和总体薪酬可达 3 万美元，移民工人只是廉价劳动力（2007 年 10 月 22 日劳联-产联访谈）。

美国通信工人工会十分清楚：H-1B 签证会加剧劳工市场的竞争，进而对其成员造成伤害。如果高技能劳工想与强大的商业游说团抗衡，就需要联合起来共同努力。专业人员部通过与美国通信工人工会和许多其他国际工会协调，制定了一系列关于 H-1B 签证计划的改革建议（2002 年 12 月）。这些改革包括将 H-1B 签证每年发放量减少到原来的 6.5 万个。该上限是立法者于 2000 年不顾专业人员部的反对批准的，使每年获准进入美国的外国专业工人的数量增加了 2 倍，达到 19.5 万人。如果国会不采取行动，该上限将自动恢复到原来的 6.5 万人。专业人员部也开始与国会议员和主要工作人员就这些建议进行会谈，并努力建立一个全国联盟——由希望改变 H-1B 签证计划的组织共同组成。已经有 14 个代表专业/技术工人的组织加入了该联盟（DPE，2003）。

2003 年 8 月，劳联-产联通过了拖延已久的关于 H-1B 签证改革的声明，这对全国大部分无组织的私营部门 IT 工人来说是一个重要问题。这个问题隐藏在劳联-产联公共关系和信息结构中，尽管专业人员部在努力让 20 多个技术工人组织相信劳方是站在他们一边的。一些关联公司很担心客籍劳工的地位不符合移民权利政策以及专业客籍劳工会受到限制，这种不安显然占了上风（DPE，2005a）。

尽管委员会保证，劳联-产联移民委员会会在短时间内完成 2003 年执行理事会会议上提出的政策声明，但实际上花了 5 个月时间，而且是在美国通信工人工会、国际专业技术工程师联合会（International Federation of Professional and Technical Engineers，IFPTE）以及最后劳联-产联主席斯维尼（Sweeney）的干预下，委员会才完成这项工作。这一延迟导致该声明在参议院就签证滥用问题举行听证会 3 周后才发布。这些行动不利于劳联－产联专业人员部团结和组织受到客籍劳工计划负面影响的高科技工人（DPE，2005a）。

此案例描述证实了模型的理论预期。由于外部因素，高技能劳工更加倾向于更具限制性的政策。由于 H-1B 签证数量在 2004 财年回到了每年 6.5 万个，来自地区/州的资方代表也有政治动机去游说更开放的政策。两组代表对高技能移民政策有不同的偏好和目标。最终，双方妥协并建立联盟：资方代表提出的增加普通 H-1B 签证数量不予通过，但可免除 2 万名拥有美国大学硕士或更高学位的外国毕业生签证上限。作为回报，高技能劳工代表为本地工人争取到了更多保护政策。

与先前的两项立法相比，现行的政策更具限制性。在 H-1B 签证滥用再次出现后，高技能劳工的限制性偏好加强了。高技能代表增加了游说行动，并要求加大工人保护措施（如现行的工资情况、新的认证程序）并增加费用。他们使每年 H-1B 签证的额度恢复到了 6.5 万个。尽管由于劳动力持续短缺，资方需要更加开放的高技能移民政策，但必须向高技能劳工做出让步，才能获得政策改变。最终，双方妥协并建立联盟：资方代表未能实现普通 H-1B 签证数量的增加，但通过免除美国大学 2 万名外国毕业生的签证上限，仍然获得了一些收益。作为回报，高技能劳工代表最终为本地劳工争取到了更多的保护。该案例大体上证实了假设 2，即高技能劳工和资方建立了联盟。

《2006 年综合移民改革法案》（《肯尼迪－麦凯恩法案》，CIRA06）

在《2004 年 H-1B 签证改革法案》出台后，劳资双方代表之间的斗争愈演愈烈。资方支持提高 H-1B 签证发放数量上限，而劳方反对任何改变。美国国家科学基金会、美国电子协会、美国信息技术协会以及美国企业和大学指出劳动力短缺问题，并呼吁增加 H-1B 签证发放量（AEA，2006）。美国电子协会呼吁：①将 H-1B 签证上限从每年 6.5 万个提高到 11.5 万个；②实施基于市场的方法，以确保可预测性（如果在某一财年达到了年度上限，则下一财年应增加 20% 的签证发放量，如果没有达到上限，则下一财年的签证上限保持不变）；③为以下专业人员设立无上限豁免：从美国大学获得硕士或更高学位的专业人员；获得科学、技术、工程或数学专业硕士学位或更高学位，并且在申请移民签证前 3 年内在美国从事相关领域的工作的人员；就业移民的配偶或未成年子女（AeA，2006）。

商业软件联盟、美国电子协会、美国国际人才理事会、美国竞争力联盟和微软等资方一致认为，较低的 H-1B 签证上限损害了美国的竞争力，并对许多商业部门、医疗机构和教育机构产生了负面影响。如果在美国无法获得高技能劳工，雇主将不得不把项目转移到国外。美国将在创造就业、创新和研究方面遭受失败。资方面临退出的威胁，因此代表们游说国会提高 H-1B 签证上限。美国电子协会的约翰·帕拉弗塔斯（John Palafoutas）的声明总结了资方的立场：

> 如果世界上最优秀的人才发现很难进入我们的国家，他们将去我们的竞争对手那里，这会对我国的经济和国家安全构成真正的威胁……我们能够吸引并留住世界各地精英人才，这对美国保持竞争优势至关重要。因此，我们敦促国会通过的任何移民政策都要提高 H-1B 签证上限。
>
> （2006 年 3 月 30 日 H.R. 听证会）

尽管资方进行了激烈的游说，但雇主未能提高 2006 年和 2007 年《综合法案》中的 H-1B 签证上限。2006 年法案由参议员阿尔伦·史拜克特尔（Arlen Specter）（R-PA，共和党，宾夕法尼亚州）[①] 提出，旨在：①将基本签证限额从每年 6.5 万个提高到每年 11.5 万个；②每当达到基本签证限额时，自动将基本签证限额提高 20%，没有降低签证限额的规定；③在基本签证限额之外增加 6800 个贸易协定签证；④为获得外国研究生学历者增

---

① 该法案在参议院以 65 票对 30 票获得通过，在众议院以 344 票对 51 票获得通过。

加2万个签证；⑤将向获得美国研究生学历者发放的签证从2万个提高到不限数量；⑥使非营利性组织的签证免受签证限额限制。尽管该法案在参议院获得通过，但在众议院却没有获得通过（Wasem，2007b）。①

尽管以前可以将移民法分为就业和家庭两部分，但一些团体，特别是来自家庭团聚和合法化阵营的团体，出于对自己利益的担忧，反对在这种情况下进行划分。

在高技能劳工代表中，专业人员部致函主要的司法会议与会者，要求减少使用H-1B签证语言（DPE，2005b）。随着2005年会议的迅速结束，司法会议与会者无法就如何调和他们在该法案签证问题上的分歧达成一致。这一行动对H-1B签证反对者来说是巨大的成功，对代表商业、高科技行业、移民律师协会和印度游说团体的大量游说者来说是一个失败。一年前，这些团体成功地在最后一分钟预算法案中，通过豁免H-1B签证年度限额的方式增加了2万个签证。

专业人员部的迈克尔·格尔迪（Michael Gildea）强调说，他们"强烈反对该计划随着时间的推移在执行过程中完全违背其初衷，如今让大量高技能的美国专业人员成为受害者"（2006年3月30日H. R. 听证会）。专业人员部提交了立场文件和声明，并在国会作证，但抱怨"政府只是倾听，实际上是为企业界服务……无论比尔·盖茨说什么，都像是福音"（2008年9月2日专业人员部访谈）。

美国工程协会强烈反对工程师、科学家、程序员和高科技专业人员移民。有证据表明，引入H-1B签证工人的目的是降低劳动力成本，相对于美国专业人员而言，他们在技能上没有任何优势。在许多情况下，美国工程师和程序员受指示培训外国人作为他们的替代者，否则无法获得遣散费（AEA 2006）。美国工程协会的比利·里德声称，"是时候让国会停止用移民工人扭曲劳工市场了。产业对廉价劳动力始终贪得无厌。这是产业的'首选良药'"（2006年3月30日听证会）。程序员协会的约翰·米安诺表

---

① 参议院于2006年5月25日以62票对36票通过了主要移民立法（S. 2611）。

示,"H-1B 计划已经成为美国技术工作向海外转移的主要驱动力。"(2006年3月30日H. R. 听证会)

美国电气电子工程师学会声称,"H-1B 签证计划能够并且确实对在美国的美国工人和外国工人的工作机会、工资和工作条件产生不利影响"(2006年3月30日H. R. 听证会)。该协会希望将 H-1B 签证上限维持在目前的水平,加强对工人的基本保障,促进有效监督,并确保方案的完整性(2006年3月30日H. R. 听证会)。

由于这是一项综合移民法案,参众两院不能仅对高技能移民问题进行表决,也不能就法案的不同章节达成一致。该案例为理论模型提供了支持。本书预计参与主体的偏向会随着外部因素的变化而改变。由于该制度一直遭到滥用,并且人们愈发注意到该制度对本土劳工的负面影响,高技能劳工越来越倾向于采取更具限制性的政策,因而他们加强了游说力度,不愿意向资方让步。此外,该法案遭到公共舆论的强烈反对,因此强大的反移民团体也动员起来了。因此,高技能移民政策没有发生变更。

《2007 年综合移民改革法》(《哈格尔-马丁内兹法案》,CIRA07)

2006 年法案未通过,随后《2007 年综合移民改革法》提出。该法案的参议院唯一提案人是多数党领袖哈利·里德(Harry Reid)(D-NV,民主党,内华达州),但在很大程度上得到参议员泰德·肯尼迪(Ted Kennedy)(D-MA,民主党,马萨诸塞州)、约翰·麦凯恩(John McCain)(R-AZ,共和党,亚利桑那州)、约翰·凯尔(Jon Kyl)(R-AZ,共和党,亚利桑那州)和琳赛·格兰汉姆(Lindsey Graham)(R-SC,共和党,南卡罗来纳州)的支持,并得到了前总统布什的大力支持。更多的参议员参与了该法案的制定,有时称为"12 人帮"。小组成员还包括参议员戴安·芬斯特恩(Dianne Feinstein)(D-CA,民主党,加利福尼亚州)、梅尔·玛提耐兹(Mel Martinez)(R-FL,共和党,佛罗里达州)、肯·撒拉扎尔(Kcn Salazar)(D-CO,民主党,科罗拉多州)和阿尔伦·史拜克特尔（R-PA，共和党，宾夕法尼亚州）。参议员吉姆·德敏特（Jim DeMint）（R-SC，共和党，南卡罗来纳州）、杰夫·塞森斯（Jeff Sessions）（R-AL，共和党，阿拉巴马州）和大卫·维特尔（David Vitter）（R-LA，共和党，路易斯安那州）主要在非法移民问题上带头反对。

该法案（S. 1348）将 H-1B 签证限额从每年 6.5 万个提高到每年 11.5 万个，并在每年达到该财年的限额时，提高 20%。此外，该法案将豁免向美国大学毕业的高学历人士发放的 H-1B 签证限额（Wasem，2007b）。S. 1348 法案几乎等同于参议院在第 109 届国会通过的 S. 2611 法案。

参议院于 2007 年 6 月 28 日投票反对推进该法案。[1] 该法案的条款侧重于高技能移民改革问题，微软和其他大型技术公司大力游说移民法案（例如，加入美国信息技术协会）（2007 年 10 月 26 日微软访谈）。支持者希望该法案能够加入"增加每年 H-1B 临时工作签证数量"的条款，并获得通过。技术公司主要抱怨的是限制太多。资方代表们也团结起来，继续为增加 H-1B 签证进行密集的游说，但最终没有成功形成他们所期望的政策。根据现行法律，只有持 H-1B 签证的工人超过 15% 的公司（H-1B 签证依赖型雇主）才会受到更严格的规定。拟议的法案将适用于所有 H-1B 签证雇主，不论是否为 H-1B 签证依赖型雇主。

工程和技术界的一些组织支持 H-1B 签证计划。美国竞争力联盟的成员包括美国工程公司理事会、美国移民律师协会、思科系统、英特尔、微软、摩托罗拉、不结盟运动和美国商会。该组织认为，提供世界一流的教育和就业培训，建立安全有效的以就业为基础的移民制度，欢迎高学历和有才华的专业人员进入美国，是美国创新和经济领导力的基础（Boykin，2008）。

---

[1] 该法案于 2007 年 5 月 9 日提交参议院。尽管进行了一系列关于修正案和终止辩论的投票，但始终未进行过表决。2007 年 6 月 7 日进行了最后一次终止辩论的投票，以 34 票对 61 票失败告终。根据终止辩论规则（规则二十二），参议院可将未决事项的审议时间限制在 30 小时之内，但只能由参议院全体成员的 3/5 投票决定，通常为 60 票（Senate glossary，2015）。

但是劳资双方无法就立法的具体条款达成一致。高技能劳工想要为工人提供更多保护，而资方却竭力反对。例如，美国电气电子工程师学会工程师和科学家在政坛上十分活跃，他们亲自向他们在国会山的代表提出解决方案。他们表达了自己的观点以及美国电气电子工程师学会的观点（Perrotti，2007）。美国电气电子工程师学会不相信系统性劳动力短缺的存在，但他们可以接受特定地区特定工程类型劳动力短缺的说法（2008年9月5日美国电气电子工程师学会访谈）。他们抱怨说，资方使用 H-1B 签证工人是因为他们成本更低，更容易处置（美国电气电子工程师学会访谈）。尽管美国电气电子工程师学会游说反对增加 H-1B 签证、支持保护美国工人，但其上级组织国际电气电子工程师学会更不情愿这样做，因为它代表着全世界的雇员、雇主和学术界。此外，国际电气电子工程师学会有移民成员。在某些情况下，国际电气电子工程师学会向美国电气电子工程师学会表示，学会不会采取自己的立场，董事会要求在这个问题上冷静下来。美国只有约 20% 的工程师加入了工会（美国电气电子工程师学会访谈）。

美国专业工程师学会反对提高 H-1B 签证上限，并支持聘用接受过道德实践培训的持证专业工程师。在美国专业工程师学会看来，H-1B 签证计划减少了专业工程师的聘用，并允许未接受过美国道德实践培训的工程师从事工程服务，这不利于公共卫生、安全和福利（Boykin，2008）。

其他大型组织，如劳联-产联专业人员部和美国通信工人工会都站出来反对 H-1B 签证计划（Perrotti，2007）。美国工程协会反对增加 H-1B 签证或任何与劳工相关的签证，避免加大对美国科学家和工程师的伤害（Pop. Stop，2007）。2007 年法案也是综合移民法案——包括非法移民合法化、加强边境执法和调整高技术工人签证标准的条款。这使得所有主体之间难以达成共识，迄今为止也无法达成共识。

前面的描述可以通过回顾理论模型来解释。在外部因素中，由于国家面临经济衰退，经济增长放缓较多。此外，该法案遭到公共舆论的强烈反对。反移民团体继续动员起来。大量反对者联系参议员，以至于参议院的互联网服务器和电话系统多次崩溃。由于反对党势力强大，很多人不是仅

法国、德国、瑞典、英国和美国的比较分析 第二部分

联系自己州的参议员,而是联系了所有的参议员。与 2006 年改革一样,由于出现了滥用计划和本地工人面临劳工市场竞争的说法,高技术劳工继续游说,要求为本地工人提供更多保护以增加高技能移民限制。尽管资方代表在推动更开放的政策,但他们无法与高技能劳工达成妥协,政策也没有变更。高技能劳工成为赢家,大体上证实了假设 4。

《2013 年边境安全、经济机会和移民现代化法案》(S.744)

面对 2006 年和 2007 年未通过的立法,资方的应对方式是:加大游说力度、采取相关的政治行动(Teitelbaum,2014)。新的 Sunlight 数据库显示,从 2008 年到 2012 年的几年中,就有逾 3000 人就移民问题充当说客的记录。有证据表明,游说支出至少有 15 亿美元。其中大部分来自移民的潜在雇主,尤其是高科技行业的雇主(Teitelbaum,2014:95)。Facebook 创始人马克·扎克伯格(Mark Zuckerberg)于 2013 年创立了一个倡导团体 FWD. US,该组织由科技界的创新者、所有者和创始人组成,试图为移民游说筹集约 5000 万美元(Teitelbaum,2014)。

2013 年春季,由查尔斯·舒默尔(Charles Schumer)(D-NY,民主党,纽约州)、约翰·麦凯恩(R-AZ,共和党,亚利桑那州)、理查德·杜尔宾(Richard Durbin)(D-IL,民主党,伊利诺伊州)、琳赛·格兰汉姆(R-SC,共和党,南卡罗来纳州)、罗伯特·蒙恩德兹(Robert Menendez)(D-NJ,民主党,新泽西州)、马尔科·罗比欧(Marco Rubio)(R-FL,共和党,佛罗里达州)、迈克尔·本奈特(Michael Bennet)(D-CO,民主党,科罗拉多州)和杰夫·弗雷克(Jeff Flake)(R-AZ,共和党-亚利桑那州)等 8 位参议员组成的两党小组提出了一项新法案(S. 744)(Immigration Policy Center,2013)。这项综合移民法案涉及三大内容:改善边境和工作场所控制,授权外国人在美国居留,以及管理美国雇主要求的未来外国工人流动。特别是对高技术移民的分析问题,该法案提出进行下列变更:①H-1B 签证的上限将提高到每年 11.5 万

193

个，以后根据公式进行调整，最高可达每年18万个，加上美国硕士毕业生的每年2.5万个。如果管理、专业和相关职业的失业率超过4.5%，签证上限将不会提高。②工资要求将大幅提高，H-1B签证依赖型雇主的增幅更大。将制定美国工人招聘要求，并加大舞弊检测措施和处罚力度。③对劳动力中H-1B签证持有者占比大的雇主的费用将增加，从2016财年开始，禁止劳动力中签证持有者占比超50%。④向来自某些派遣国的员工配偶提供工作许可。⑤在雇用H-1B签证工人之前，将实施新的网上招聘要求。⑥为工人提供60天的换岗期（MPI，2013：21）。这些变更将回应雇主对增加H-1B签证的要求，但也将为本地工人提供更多保护。因此，该法案将是通过资方和高技能劳工之间妥协达成的。虽然修订法案于2013年6月在参议院获得通过，但没有在众议院获得通过（Immigration Policy Center，2013）。原因与2006年和2007年《综合移民改革法》失败的原因类似。公众强烈反对这项提案，该提案导致高技能劳工代表游说采用限制性政策，并获得成功。这再次大体上证实了假设4。

2014年之后

综合移民改革法案是否比具体细分的移民法案（如高技能移民法案）更容易通过，这一问题尚无定论。前者主要得到许多工会、奥巴马总统和一些民主党人的支持，而后者得到雇主和一些共和党人的支持。继续游说改革高技能移民政策的利益集团包括微软、Facebook、美国商会、新美国经济伙伴关系组织的首席执行官，以及拉·拉扎（La Raza）和卡萨·德·马里兰（Casa De Maryland）等开放边境团体（Sessions，2015）。

S.744综合法案未能通过后，几项具体法案又被陆续提出。例如，由达利尔·伊萨（Darrell Issa）（R-CA，共和党，加利福尼亚州）提出的H.R.2131《提供人才移民以及提升工科签证法案》（技能签证法案）将修改高技能非公民签证的数量。更具体地说，该法案将H-1B签证的上限从每年6.5万个增加至每年15.5万个，把具有研究生学历的非公民签证数量从每年2万个增加至每年4万个，并将这些签证仅发给获得STEM学历的个人（CBO 2014）。此外，该法案将对使用非移民劳工的雇主提出新的工资要求，并向持有H-1B签证的非移民配偶授予工作许可（CBO，2014）。但是众议院司法委员会于2013年6月投票否决了该法案（Zamora，2015）。

2015年1月，参议员奥利恩·哈奇（R-UT，共和党，犹他州）、艾米·科罗布查尔（Amy Klobuchar）（D-MN，民主党，明尼苏达州）、马尔科·罗比欧（R-FL，共和党，佛罗里达州）、克里斯·库恩斯（Chris Coons）（D-DE，民主党，特拉华州）、杰夫·弗雷克（R-AZ，共和党，亚利桑那州）和理查德·布鲁门塔尔（Richard Blumenthal）（D-CT，民主党，康涅狄格州）提出的《2015年移民创新法案》（或称I-Squared法案，S.153）将通过改革H-1B签证计划增加高技能移民：①H-1B签证上限将从每年6.5万个增加到每年15.5万个，并取消对获得美国大学高级学位的外国毕业生的人数限制。②将建立一个基于市场的升级机制，使H-1B签证的供应量适应某个财年或每年需求量的增加或减少。上限增减不得超过2万份签证。③H-1B签证持有者的配偶也将获得工作许可。④对于在授权入境期满前辞职或被解雇的持有者，将引入60天的宽限期（Zamora，2015）。尽管如此，在撰写本书时，该法案正处于司法委员会讨论中，并受到了主席查克·格拉斯雷（Chuck Grassley）（R-IO，共和党，爱荷华州）的批评，查克·格拉斯雷鼓励增加对H-1B签证的限制，并确保美国工人获得优先权（Zamora，2015）。

英国和美国雇主组织的差异

与美国的情况相反，英国资方并未积极参与游说。资方的积极性也没有必要达到同样的程度，因为"它的需求都可以通过政府来满足"（多个访谈，2008）。英国政府试图通过减少移民招募的官僚作风、更好地满足雇主的需求，来使企业满意。此外，英国没有高技能工作许可签证限额，因此英国雇主在招聘策略上也没有美国雇主那么受限。美国与英国立场的另一个不同点是，在英国，资方代表之间的合作通常是间接的、秘密的，即通过非正式渠道进行。例如通过私人晚宴，包括英国石油公司和壳牌公司在内的英国大公司的首席执行官，都能有机会与议会主要成员发展私人关系（多个访谈，2008）。

英国企业主要由移民律师代表，因此被排除在多种因素的平衡之外。这意味着他们对游说活动的影响力比其他国家（如美国）更为有限。尽管如此，如果有问题需要解决，企业就会变得活跃起来。伦敦金融城对英国国民生产总值增长做出了重大贡献，代表了许多重要领域，如金融业。当大卫·布兰克特将工作许可从教育与技能部（Department of Education and Skills, DfES）转移到内政部（HO）时，思维观念也发生了转变。内政部更多地关注准入控制，而较少关注经济。尽管有一些抱怨，但教育与技能部和雇主之间的关系很融洽。10多年来，英国财政部一直推动着高技能移民政策的改革（2008年3月11日移民学者访谈）。此外，政府各部门对更开放的高技能移民的支持力度也各不相同，其中财政部、就业和养老金部（Department for Work and Pensions, DWP）、贸易和工业部（后改为商业、企业和制度改革部，Department for Business, Enterprise and Regulatory Reform, BERR）是立场最鲜明的支持者，而内政部则是对限制要求最高的部门。可以看出，雇主与财政部以及贸工部之间的联系是显而易见的。

在美国，雇主和雇主协会非常积极地游说政府增加H-1B签证的数量。美国商会与不结盟运动、商业圆桌会议和主要跨国公司（如微软、英特尔等）一同致信、发表立场文件、出席听证会并会见国会议员和参议员，以便让更多H-1B签证移民劳工入境。微软的比尔·盖茨曾多次在司法委员会前论证，试图推动政界人士在没有任何数字限制的情况下实现高技能移民政策放宽，并敦促国会改善美国的中等教育（Perrotti, 2007; Teitelbaum, 2014）。英国雇主可以相对自由地接触高技能移民，但美国雇主如果想达成自己的意愿，就需要积极主动一些。

法国、德国、瑞典、英国和美国的比较分析 第二部分

直到《1990年移民法》的通过，美国资方才真正参与高技能辩论；并且直到20世纪90年代中期以及"乔丹委员会"（Jordan Commission）成立，才真正参与进来。[①]此后，资方在1998—1999年前后开始游说提高H-1B签证上限。随着劳动力短缺日益严重，每年6.5万个的H-1B签证已经不足以满足需求。然而，自2003年签证上限恢复到每年6.5万个以来，资方似乎已经失去了一些影响力。这主要是工会/专业协会越来越多地游说的结果，他们指出了H-1B签证体系的弊端。互联网泡沫破灭后，美国经济开始放缓。此前，高技能移民作为整体移民政策的一部分，将高技能和低技能移民以及合法和非法移民结合在一起。同时，这也与家庭移民有关。从这一点上讲，多部法案只针对高技能移民，主体和联盟就更清晰明了了。

从20世纪90年代开始，高科技公司拨出大量资源游说增加H-1B签证的发放数量。例如，根据无党派、非营利性研究组织响应性政治中心报告，在1995—1996年的选举周期中，计算机和互联网公司向政治行动委员会捐赠了8891792美元、软资金和个人捐款。这比1991—1992年的选举周期多了46%。2000年选举周期的初步报告显示，计算机和互联网行业向联邦候选人和政党捐赠了38941626美元（Watts，2002：162-163）。

美国雇主在经济增长缓慢和增长快速时期都公开支持高技能移民，这与英国雇主形成鲜明对比。诸如微软、英特尔、德州仪器和甲骨文，作为自由代理人和跨国公司，经常直接游说国会议员。在英国，公司主要由雇主协会（CBI）代表。除了个人游说，美国公司还通过协会代表他们的利益，如美国信息技术协会、美国电子协会或半导体行业协会（Watts，2002），其目标是加大游说力度，推动预期政策的形成。美国雇主对高技能

---

① 美国国会于1990年成立了移民改革委员会（CIR），以严格审查美国的移民政策。两党委员会由国会女议员芭芭拉·乔丹（Barbara Jordan）担任主席，通常被称为"乔丹委员会"。委员会在1997年的最后一份报告中总结道："我们目前的体制必须进行重大改革"，并且不建议新的客籍劳工计划（Briggs，2007）。很感谢琳赛·罗威尔的评论。

移民政策更感兴趣,因为这些政策的签证限额会对他们产生影响。但包括英国在内的欧洲雇主协会采取了更加"低调、官僚的方式"(Watts,2002:163)。

比较分析及结论

本章介绍了英国和美国的高技能移民政策。在这两个国家,工会/专业协会和雇主协会的作用和影响各不相同,这对联盟和高技能移民政策的形成造成了影响。英国和美国都期望有相当开放的高技能移民政策。然而,英国对高技能移民政策的开放程度比美国更大,至少在2008年之前是这样的。当政治和偏好发生变化时,英国机构对此类变更的审批会更快。英国的联盟与美国的联盟不同。劳工市场参与主体在美国的游说更加激烈,而英国政府更关注资方。然而,近年来,高技能劳工在高技能移民政策中的影响力越来越大,移民政策的限制也越来越大。在美国,参与主体的数量比英国多得多;而在英国,雇主和雇员主要通过工会和雇主协会来代表。相比之下,美国雇主经常单独游说,也在协会内部游说。在这两个国家,尤其是在美国,参与主体数量众多并不意味着他们都同样强大。

新工党领导下的英国政府让雇主和工会参与协商和决策。例如,工会联合会是参与最多的一个。然而,在2002年,职业合同工集团(IT行业的高技能劳工代表)成功地将IT职业从短缺职业名单中移除。资方或资方连同低技能劳工的游说要比高技能劳工通过高技能工会/专业协会游说更能促进更开放政策的出台。总体而言,直到2008年,英国对高技能移民一直相当开放。积分制和杰出人才签证分别于2008年和2011年实施,但由于资方和高技能劳工的参与,使得限制更加严格。近年来,高技能工会和专业协会越来越多地参与协商和游说,特别是在出现滥用高技能移民体系的情况下。联盟发生了变化,并导致高技能移民政策也随之发生变化。

在美国,资方从20世纪90年代初就指出了某些行业严重的劳动力短缺及其对美国竞争力和经济增长的负面影响,以此为由一直在游说政府出台更加开放的高技能移民政策。在20世纪90年代末和2000年年初,资方成功地实现了立法改革,从而提高了移民政策的开放程度。高科技公司和协会在高科技繁荣时期组织起来,并联手游说增加H-1B签证名额。尽管H-1B签证适用于特殊职业,且涉及范围广,但某些时候超过半数的签证都集中在高科技行业。高科技行业在国会山非常突出,为提高H-1B签证上限贡献了大量资金。

随着资方对H-1B签证的需求不断增加,出现了对H-1B签证体系滥用的指控和对劳动力是否"真的"短缺的质疑。高技能劳工的代表参与了辩论,并加大了在国会的游说力度。越来越多的代表联合起来,因此资方做出了一定的让步。由于高技能劳工活动的增加,主体之间的联盟发生了变化。2006年和2007年,高技能工会/专业协会成功阻止了政策变化。在后来的几年里,随后的政策变化和提议导致了更多的限制性政策。在2007年的高技能移民指数中,美国仅排在中间位置,而英国的高技能移民政策非常开放。然而,在2012年的高技能移民指数中,英国的排名也靠近了中间位置,美国也设置了更多限制。

理论框架表明,工会密度低、工会和雇主协会集中度低、决策参与度低的国家将采取更开放的高技能移民政策。这是包括资方和后来的(低技能)劳动力在内的联盟所导致的结果(假设4和假设3)。英国和美国的案例研究证实了这些预期。由于高技能劳工没有通过工会得到很好地代表,也没有很好地融入决策过程,因此形成的政策是开放的。然而,在英国和美国,随着时间的推移,代表本地高技能劳工的工会/专业协会变得更有组织性,并为政策限制进行游说。联盟转向让高技能劳工参与(假设2)。形成的政策对高技能移民的限制性也加强。将英国和美国与之前分析过的德国和瑞典进行比较,有四点非常突出:①与德国和瑞典相比,英国和美国的劳工市场主体的游说活动更加无序。在德国和瑞典,工会和雇主协会会参与决策之中;②劳工市场的组织可能会随着时间的推移而发生变化,特定的主体也可能会变得更有组织性、针对性,而且力量更加强大;③英国的专业协会(更多的是美国专业协会)制定了更具限制性的政策,并取得了与瑞典(高技能)工会类似的产出。然而,这需要更大的努力、更好的组织技能,有时还需要多年的游说才能推动形成它们预期的政策。在瑞典,工会是三方决策的一方,政府从一开始就让它们参与谈判;④德国的产出有时与英国相似。尽管在德国,工会参与了政策制定,但它们主要代表的是低技能劳工。英国提供了一个类似的例子。如果工会参与协商或决策过程,它们一般都是支持高技能移民的,因为它们的大多数成员技术水平较低,因此可以从更开放的高技能移民政策中获益。总体而言,德国政府必须让工会参与谈判,而英国政府在行动上受到工会的限制要少得多。在很多政策变化过程中,政府会与雇主协会和企业展开合作,以推动形成理想的政策。下一章将讨论国家在法国高技能移民政策中的重要作用。

【参考文献】

[1] AEA, 2006. Improve utilization and development of the American professional workforce and opposition to importing foreign workers [R]. [S.l]: Position statement of American Engineering Association, September 23.

[2] AEA, 2006. Policy priority for high-skilled visa reform [R]. [S.l]: American Electronics Association.

[3] AVCI G, MCDONALD C, 2000. Chipping away at the fortress [J]. International Migration, 38(2): 191-213.

[4] BILL R, 2006. Are there too few engineers? Enough of the shortage shouting[J]. Manufacturing and Technology News, April 4.

[5] BOSWELL C, 2003. European migration policies in flux: Changing patterns of inclusion and exclusion [M]. Oxford: Blackwell.

[6] BOYKIN D, 2008. Domestic or imported [J]. NSPE Magazine, May.

[7] BRIGGS V, 2003. Immigration policy and low-waged workers: The influence of American Unionism [R].[S.l]: the U.S. House of Representatives Committee on the Judiciary Subcommittee on Immigration, Border Security, and Claims,

October 30.

[8] BRIGGS V, 2007. Immigration policy and organised labour: A never-ceasing issue [R]. [S.1]: Testimony before the subcommittee on immigration U. S. House of Representatives, May 24.

[9] CAVIEDES A, 2010. Prying open fortress Europe: The turn to sectoral labor migration [M]. Lanham: Lexington Books.

[10] CBI, 2007a. Note for House of Lord's economic affairs committee [R]. London: CBI.

[11] CBI, 2007b. Oral evidence to the EAC [R]. London: CBI.

[12] CERNA L, 2014. Attracting high-skilled immigrants: Policies in comparative perspective [J]. International Migration, 52(3): 69-84.

[13] CERNA L, WIETHOLTZ A, 2011. Immigration and immigrant policy-making in the United Kingdom [M]// PENNINX R. The policy-making of migration in Europe, ed. Amsterdam: Amsterdam University Press, 146-195.

[14] CLARKE J, SALT J, 2003. Work permits and foreign labour in the UK: A statistical review [J]. Labour Market Trends, 11.

[15] Congressional Budget Office (CBO), 2014. Cost estimate for supplying knowledge-based immigrants and lifting levels of STEM visas act [R]. Washington, D.C.: CBO.

[16] Congressional Quarterly (CQ), 1990. Almanac [R]. Washington D. C: CQ.

[17] CWA, 2002. Resolution of annual CWA convention [R]. [S.1]: CWA.

[18] DEMOSS R, 1991. New rules on immigration—Immigration Act of 1990 [R]. [S.1]: Nation's Business.

[19] DPE, 2003. Legislative and public policy reports [R]. [S.1]: DPE.

[20] DPE, 2005a. Organized labour in a white-collar world: Can the labour movement rise to the challenge? [R]. [S.1]: DPE.

[21] DPE, 2005b. DPE newsline [R]. [S.1]: DPE.

[22] DPE, 2008. About DPE—Who we are [R]. [S.1]: DPE.

[23] DTI, 1998. Our competitive future: Building the knowledge driven economy [R]. London: DTI.

[24] EMPLOYABILITY FORUM, 2005. Managed migration for Britain: A joint statement from the Home Office, CBI and TUC [R].[S.l]: Employability Forum.

[25] ENSOR J, SHAH A, 2005. United Kingdom[M]// NIESSEN J, SCHIBEL J, THOMPSON C. Current immigration debates in Europe: A publication of the European Migration Dialogue. Brussels: Migration Policy Group.

[26] FACCHINI G, MAYDA A M, MISHRA P, 2011. Do interest groups affect US immigration policy? [J] Journal of International Economics, 85: 114–128.

[27] FLYNN D, 2003. Tough as old boots?Asylum, immigration and the paradox of New Labour policy [R].[S.l]: JCWI, JCWI Discussion Paper.

[28] FREEMAN G, HILL D, 2006. Disaggregating immigration policy: The politics of skilled labour recruitment in the US [M]// SMITH M P, FAVELL A. The human face of global mobility: International highly skilled migration in Europe, North-America and the Asia-Pacific. New Brunswick: Transaction Publishers, 103–129.

[29] GOVERNMENT, 2015. Tier 1 exceptional talent [R]. London: Government UK.

[30] HAUS L, 1995. Openings in the wall: Transnational migrants, labour unions and US immigration policy [J]. International Organization, 49 (2): 285–313.

[31] HOME OFFICE, 2006. Immigration, asylum and nationality bill receives royal assent [R].[S.l]: Home Office.

[32] HOUSE OF REPRESENTATIVES, 1998. Workforce improvement and protection act of 1998 [R].[S.l]: H. R. report 105–657, July 29.

[33] HOUSE OF REPRESENTATIVES, 2000. Status of regulations implementing the American Competitiveness and Work Force Improvement Act of 1998 [R]. [S.l]: H. R. Hearings, May 25.

[34] IMMIGRATION POLICY CENTER, 2013. A guide to S. 744: Understanding the 2013 Senate immigration bill [R].Washington D. C.: American Immigration Council, Special Report, July.

[35] JILLSON C. 2002. American Government: Political change and institutional development [M]. 2nd ed. Belmont, CA: Wadsworth/Thomson Learning.

[36] JOPPKE C, 1999. Immigration and the nation-state. The United States, Germany, and Great Britain [M]. Oxford: Oxford University Press.

[37] KAWALEROWICZ J, 2013. Attracting highly qualified and qualified third country nationals—UK National contribution [R]. London: EMN study.

[38] KEEP E, 1999. Skills and training policies reviewed [R]. [S.l]: EIRO, June 28.

[39] MACK C, 1997. Business, politics and the practice of government relations [R]. Westport, CT: Quorum.

[40] MARTIN P, 2003. Managing labour migration: temporary worker programmes for the 21st century [R]. Geneva: International Institute for Labour Studies.

[41] MARTIN P, RUHS M, 2011. Labour shortages and US immigration reform: Promises and perils of an independent commission [J]. International Migration Review, 45 (1): 174-187.

[42] MCDONALD I, WEBBER F, 2005. Immigration law and practice in the United Kingdom [M]. 6th ed. London: LexisNexis Butterworths.

[43] MCKAY D, 2005. American politics and society [M]. 6th ed. Oxford: Blackwell.

[44] MEYERS E, 2004. International immigration policy: A theoretical and comparative analysis [M]. Basingstoke: Palgrave Macmillan.

[45] MIGRATION POLICY INSTITUTE, 2013. Side-by-side comparison of 2013 senate immigration bill with 2006 and 2007 senate legislation [R]. [S.l]: MPI Issue Brief, April 4.

[46] MILLAR J, SALT J, 2006. The mobility for expertise in transnational corporations [R].Bristol: Paper prepared for Leverhulme conference, 16-17 March.

[47] OECD, 2014. International migration outlook (SOPEMI 2014)[R]. Paris: OECD.

[48] PAPADEMETRIOU D, O'NEIL K, 2006. Selecting economic migrants [M]// PAPADEMETRIOU D. Europe and its immigrants in the 21st century: A new deal or a continuing dialogue of the deaf?ed. Washington, D.C.: Migration Policy Institute, 223-256.

[49] PARK J, PARK E, 2005. Probationary Americans: Contemporary immigration

policies and the shaping of Asian American Communities [M]. New York: Routledge.

[50] PCG, 2002. PCG makes progress on Fast Track Visa List [R]. [S.l]: PCG.

[51] PCG. 2006. PCG welcomes points based immigrations system [R]. [S.l]: PCG.

[52] PERROTTI D, 2007. Round 4: H-1B war-IEEE-USA vs. Bill Gates [EB]. Computerworld Bloggs, March 8.

[53] PITCHER G, 2008. Experts warn government against appealing HSMP verdict [R]. [S.l]: Personnel Today, April 8.

[54] POLLARD N, LATORRE M, SRISKANDARAJAH D, 2008. Floodgates or turnstiles?Post-EU enlargement migration flows to (and from) the UK [R]. London: IPPR.

[55] POP STOP, 2007. What others are saying about importing more foreign labour [R]. [S.l]: Pop Stop

[56] RAI G, 2004. Beverly Hughes report [R]. [S.l]: PCG.

[57] RAI G, O'CALLAGHAN T, LEAVESLEY J, 2004. The outsource-offshore of IT work and the government's new immigration strategy [R]. [S.l]: PCG.

[58] ROCHE B, 2000. UK migration in a global economy [R]. [S.l]: IPPR.

[59] SALT J, KITCHING R, 1990. Labour migration and the work permit system in the United Kingdom [J]. International Migration, 28 (3): 267-279.

[60] SESSIONS J, 2015. Immigration handbook for the new republican majority [Z]. A memo for Republican members from Sen. Jeff Sessions, January.

[61] SOMERVILLE W, 2007. Immigration under new labour [M]. Bristol: Policy Press.

[62] SPENCER S, 2002. Recent changes in UK immigration [R]. [S.l]: IPPR.

[63] STATHAM P, GEDDES A, 2006. Elites and the 'organised public': Who drives British immigration politics and in which direction? [J]. West European Politics, 29 (2): 248-269.

[64] TECH LAW JOURNAL, 1999. Congress: H-1B visa bills [J]. Tech Law Journal.

[65] TEITELBAUM M, 2014. Falling behind?Boom, bust and the global race for scientific talent [M]. Princeton: Princeton University Press.

[66] TICHENOR D, 2002. Dividing lines [M]. Princeton and Oxford: Princeton University Press.

[67] UKBA, 2010. Points-based system tier 1: An operational assessment [R]. London: UKBA, November 16.

[68] UK IMMIGRATION, 2005. Public opinion needed [R]. London: UK Immigration, July 21.

[69] US SENATE, 1999. America's workforce needs in the 21st century [R]. Washington D.C.: Senate Subcommittee on Immigration Hearings, October 21.

[70] WASEM R E, 2007a. Immigration of foreign workers: Labour market tests and protections [R]. Washington D.C.: CRS, Report for Congress-RL33977, April 24.

[71] WASEM R E, 2007b. Immigration: Legislative issues on non-immigrant professional specialty (H-1B) workers [R]. Washington D.C.: CRS, Report for Congress-RL30498, May 23.

[72] WATTS J, 2001. The H-1B visa: Free market solutions for business and labour [J]. Population Research and Policy Review, 20: 143-156.

[73] WATTS J, 2002. Immigration policy and the challenge of globalisation [M]. Ithaca: Cornell University Press.

[74] WORK PERMIT, 2006. HSMP suspended pending a new scheme in a month[R]. [S.l]: Work permit UK, November 7.

[75] ZAMORA L, 2015. Analysis: New high-skilled immigration reform bills [R]. [S.l]: Zamora January 29.

[76] ZAZONA, 2003. CWA drafts proposal on H-1B[R].[S.l]: Zazona, January 9.

[77] ZAZONA, 2008. A legislative history of H-1B and other immigrant worker visas [R]. [S.l]: Zazona, March 31.

第 6 章

法国国家
和沉默的劳工市场主体

在本章的理论框架中,笔者提出了一种不同于政府的劳工市场主体组织,这与德国和瑞典等国普遍存在的更具社团性的组织形成了对比。在法国,由于劳工市场的参与主体,特别是工会和雇主协会,一直都相当薄弱且不活跃(Hall and Soskice, 2001),政府往往被视为高技能劳工招聘工作的推动者(Paul, 2015)。本章重点介绍法国劳工移民历史上的主要事件,并分析参与主体、它们之间建立的联盟以及各自的政策成效。由于劳动力短缺问题加剧,1998 年启动了一项调查。调查显示,2012 年,法国总劳动力中有 11.6% 是外籍人口,2013 年,外籍人口中受过高等教育的比例约为 27.6%(OECD, 2014: 48)。

法国是西欧主要的移民国之一,自 20 世纪 70 年代禁止招工以来,一直没有公开宣布需要移民。但移民一直是公共领域长期争论的焦点(Guiraudon, 2008: 133)。与德国和瑞典类似,在 20 世纪 70 年代的石油危机后,法国也开始禁止招聘移民劳工,并将移民政策重点转向了移民的家庭团聚和社会融合上——至少直至此次高技能部门再次出现劳动力短缺之前是如此。

法国高技能移民政策的放宽始于 IT 行业的劳动力短缺,更具体地说,是始于 1998 年一项政策通知函的发布,该通知函放宽了外国 IT 工人的招聘。随后又有其他政策通知函相继发布,但直至2006—2007年的法律颁布后,政策才发生了重大变化。当时设立了技能人才签证,时任总统的尼古拉·萨科齐(Nicolas Sarkozy)强调,法国对招募的移民将有所挑选。近年来,尽管法国的劳工市场开始向高技能移民开放,但其开放程度仍不如其他国家。

与其他研究案例相比,法国劳工市场参与主体在高技能移民政策中的参与度相对较低。其工会密度非常低——不到10%（尽管所有工人都通过集体协议就职）且高度分散（雇主相对集中）,并且决策参与度也低于雇主(Martin and Swank, 2004; Traxler et al., 2001; Visser, 2013);此外,也没有特定的工会联合会参与决策。正因如此,法国的雇主比工会更有影响力。然而,即使在历史上,政府和企业之间曾有过密切的联系,但它们之间的关系特点仍表现为明显的不平衡,政府代表更占优势,而利益集团数目通常会缩减到接近国家机构的水平(Grossman and Saurugger, 2004: 206)。尽管雇主尤其喜欢在信息技术繁荣时期进行游说,呼吁实施更加开放的高技能移民政策,但他们并没有清楚地表明向高技能移民开放的必要性。除了信息技术繁荣时期之外,[①]并没有太多人认为存在明显的劳动力短缺。对于已有的高技能移民政策,工会并不反对,专业协会也极少反对。

虽然法国的工会和雇主在经济及社会理事会(ESC)等三方机构中有代表,并在政策提案中参与咨询,但利益集团对国家的影响很小。相反,通过雇主提出的倡议,法国劳工移民的规模常常通过行政制度得以扩大(Schain, 2008)。与最近议会批准的法律不同,以往的许多倡议都是由政府和有关部委执行的政策通知函。

但政策变化并不多。法国雇主更青睐于法国培训的工人,并充分利用了欧盟内部的流动(Chaloff and Lemaître, 2009: 29)。因此,政府和

---

① 职位空缺数量从1996年的最低点19.3万个到2007年的最高点30.9万个不等（1996—2012年数据）(INSEE, 2012)。然而,这些空缺中有多少是高技能工作尚不清楚。

雇主之间的（弱）联盟一直在发挥作用，同时雇主和精英学校（grandes écoles）之间也有着重要的联系。[①]因此，到目前为止，高技能移民政策的变化更多是象征性的，而非实质性的。

精英学校经常被认为是"CAC 40"（法国股市基准指数）公司的筛选机器和高效的猎头公司（Veltz, 2007: 11）。这些公司（如法国巴黎银行、法国电力公司和法国电信公司）的首席执行官和经理通常从他们就读的精英学校招聘，因为这些机构之间有着密切的联系。他们不太愿意雇用（公立）大学毕业生（即使雇用公立大学毕业生，薪水也会很低），更不愿意雇用国际毕业生（Lebègue and Walter, 2008）。因此，人力资源主管更青睐从精英学校中招聘应聘者，因为法国的跨国公司是出了名的保守，而且不愿意承担风险（Lebègue and Walter, 2008: 145）。校友网络的持续存在很值得关注（Philippon, 2007）。

但在法国这样的创新经济体中，精英学校由于缺少科技发展而饱受批评，这个问题也使其未能对企业家精神和国际学生的招聘起到鼓励作用（Veltz, 2007）。此外，由于公共领域和行政领域的进一步分离，私营部门和公共部门官员之间的传统精英学校联系的重要性正在逐步丧失（Grossman and Saurugger, 2004: 207）。因此，如今对高技能移民的需求更为迫切。接下来的章节将探讨法国的联盟协议，以及政策变化。

劳工移民史

与其他欧洲国家类似，法国在20世纪50～60年代也出现了大规模的劳工移民潮。然而，很少有人知道，法国在20世纪30年代针对移民劳工和专业人员实施了更具限制性的政策。在20世纪20年代，由于雇主的

[①] 这些都是大学以外的有声望的、很具有选择性的高等教育机构，与法国公共和私营部门的高级职位晋升有关。

推动，劳工移民政策放宽，随着20世纪30年代经济危机的发生，情况发生了巨大变化。[①] 在专业协会成立后，自由职业者采取了特殊的保护主义措施。[②] 相反，企业则游说政府缓和其限制行为，放宽移民限制。

法国政府随后组织了一波劳工移民潮，以应对"黄金30年"（1945—1975）中的经济增长和劳动力短缺问题。法国聘用了来自意大利、西班牙和葡萄牙的工人从事农业、建筑业和工业。进入20世纪60年代以后，摩洛哥、突尼斯、土耳其和南斯拉夫移民也加入了他们的行列（Wenden，2009：69）。1945年的法令并没有给予国内求职者优先于外国人的待遇（Kretzschmar，2005）。然而，法国在1973年石油危机后，于1974年停止了劳工移民，此后一直试图阻止移民。从1976年起，法国设立了家庭团聚计划并鼓励移民返回迁出国（Guiraudon，2002；Wenden，2009）。此外，由于结构调整和经济衰退，以及公众舆论的仇外情绪，法国雇主不再需要移民劳工（Guiraudon，2002）。然而，自20世纪90年代末以来，一些变化已经初露端倪。

综　述

由于1974年招聘禁令的颁布，法国劳工移民在1998年之前一直受到限制。IT行业的劳动力短缺促使IT专业组织（法国计算机行业协会）加大了游说劳工部和内政部的力度；随着新世纪和欧元的到来，法国大概需要3.5万名IT专业人员来建立计算机系统（Bertossi，2008）。由于资方

[①] 招聘政策得到了面向大企业和快速经济增长的共和党右翼（尤其是戴高乐派）的主要群体和旧共和党左翼（激进分子、社会主义者和共产主义者）的支持（Hollifield，2004：185）。

[②] 1933年4月，《阿姆布鲁斯特（Armbruster）法》将行医权利限制在法国公民和在法国保护下的国家的公民，只要他们在法国获得了医学博士学位。律师们以不同的方式保护自己：由于担心德国律师（难民）的到来，他们于1934年6月投票通过了一项法律，禁止入籍的法国公民从事某些由政府或法律确立的公共职业（Weil，2004：27-28）。

可以很好地接触到政府，因此他们要求出台更开放的高技能移民政策的意愿得到了满足。社会党政府在1998年颁布了一项法令，促进了外国IT劳工的招募，标志着法国高技能移民政策放宽的开始。1998—2004年政府暂停了对IT行业劳工市场的测试，并简化了移民程序（Cerna，2014）。

在劳动力短缺问题的推动下，雇主再次成功游说政府在几年后进一步放宽了移民政策。2004年3月通过了另一项法令，法令精简了高技能移民的程序，并提出雇主和移民雇员之间只有一个官方中间人。移民抵达法国后可以立即工作，配偶亦可获得工作许可（Bertossi，2008）。

但是直到2006—2007年的萨科齐法案颁布，政策才发生重大变化。法国政府试图重新平衡劳动力和家庭移民的比例，从10∶90增加到50∶50，并与希望引进更多高技能移民的雇主建立联盟。因此，技能和人才签证（la carte compétences et talents）得以创建；其目的是增加劳工移民的数量，并去掉新工作许可证的劳工市场测试环节（Commission nationale 2008）。同时，政府还支持雇主推动更开放的高技能移民政策。

1998年通知函

1998年的《舍委内芒法》（Chevènement law）已经为科学家和学者们确立了一种特殊地位。这项法律和随后关于IT专业人员的通知函受到了《移民和国籍报告》（L'immigration et la nationalité）的极大影响，这是一份由派特里克·威尔（Patrick Weil）撰写的报告，他被社会党总理利昂内尔·若斯潘（Lionel Jospin）选中负责这项任务。该报告称，"1993年的《帕斯夸法》（Pasqua law）阻止了外国学生和年轻专业人士在法国定居。因此，该法案剥夺了国家的人力资源，并损害了国家在全球高级人才竞争中的利益"（Guiraudon，2002∶3）。

社会党政府于1998年7月16日颁布了DPM/DM2-3/98/429号通知函，

以方便外国 IT 劳工的招募，这标志着法国高技能移民政策放宽的开始。[①]通知函中规定，如果 IT 行业的劳工市场出现短缺，则不再反对通过派驻或直接雇用的方式招聘合格的 IT 专家（至少每年 2740 欧元），也不再反对招募合格的外国学生担任 IT 工程师（平均最低工资每年 2250 欧元）。[②] 劳工部和内政部回应了 IT 专业组织（如法国计算机行业协会）的说法，即需要 3.5 万名 IT 专业人员为新纪元和欧元准备计算机系统（Bertossi 2008）服务。新的程序使工作许可审批更快更容易，IT 专业人员可以持有永久或临时工作许可来法国工作（McLaughlan and Salt，2002：84）。

法国雇主也有意招募其他行业的外国人才，如金融、管理和研发（Menz，2009）。智库蒙田研究所（Institut Montaigne）的一项研究（2003：41 & 177）认为，"移民潮翻番，再加上应聘者的遴选，每年可为法国劳动力市场再增加 5 万名员工"，从而解决技能劳动力"已经明显短缺"的问题。法国通过与地区和国家两级雇主开展问询和会议的方式，从而明确了劳动力短缺问题的存在。低技能和高技能行业（如银行、保险或信息技术）都受到劳动力短缺的影响。而系统对不断变化的需求反应过于缓慢（McLaughlan and Salt，2002）。为了鼓励更开放的劳工移民政策，政府和资方之间形成了联盟（在很大程度上证实了假设 5）。然而，资方的态度并不如英国的资方那么热情。例如，雇主联合会（MEDEF）在放宽劳工移民政策的立场上有些动摇（Monnot and Zappi，2001）。

2004 年通知函

2004 年 1 月，萨科齐（时任内政部长）和弗朗索瓦·菲永（François Fillon）（时任劳工部长）废除了关于 IT 专业人员的通知函。2004 年 1 月

[①] 1998 年的行政通知函建议各省政府考虑 IT 专业人员的快速居留许可申请（Menz，2009）。

[②] 1998 年 12 月 28 日关于签发外国计算机工程师工作及居留许可的第 DPM/DM2-3/98/767 号通知函。

13日发布的关于招聘外国IT工程师的第DPM/DMI2 2004-12号通知函[1]指出，劳工市场形势已经发生了重大变化，利益集团普遍认为当前经济形势不利于招聘（Bertossi，2008）。[2]因此，1998年的通知函在这种情况下没有必要再继续保留。虽然与利益集团进行了磋商，但受理IT工人事务的专业协会（MUNCI）多年来一直在游说政府撤销关于1998年IT专业人员的通知函。尽管IT行业实际上在2001年年中就已经出现了危机，但两年多以后2004年新颁布的通知函才替代了先前两项通知函，并反对之前对劳工状况的论断（MUNCI，2005）。对工会和专业协会的要求缺乏回应是法国制度中饱受诟病的地方（2010年3月26日MUNCI访谈）。

一些统计数据表明，自1999年以来，有6374名IT专业人员根据颁布的通知函获得了雇员临时居留证，另有4179名获得了临时工作许可证（Bertossi，2008）。然而，受理IT工人事务的专业协会称，在法国有1.5万到3万名外国IT专业人员持有居留证或临时工作许可证，约占所有聘用IT专业人员的3%~5%。大多数人是在1998—2001年"并非真正的"IT专业人员短缺期间来到法国的。他们的居留许可也每年更新（MUNCI，2005）。

受理IT工人事务的专业协会进一步指出，IT行业人员已经出现过剩，约有5万名法国IT专业人员在法国全国就业办事处（ANPE）登记。但是资方在法国计算机行业协会的首席代表表示："在1999—2000年，当我们缺乏资源时，我们实际上仍要求助于移民。而且，随着向欧元的过渡和2000年新千年的到来，我们对IT专业人员的需求还在激增"（Le Monde，2003）。虽然劳工市场不再向外国IT专业人员开放（存在例外情况），但其他行业仍对高技能移民有需求。经过近两年的时间，专业协会终于成功地撤销了1998年通知函。法国政府对高技能劳工的需求反应缓慢，大体上证实

---

[1] 2004年1月13日关于招聘外国计算机工程师和简化引进外国计算机工程师有关程序的第DPM/DMI2 2004-12号通知函。

[2] 2003年3月3日关于向来自欧盟以外国家并持有外国学位的护士提供居留和工作许可的第DPM/DMI2/DHOS/P2 2003-1001号通知函。

了假设 4 和假设 5。尽管 IT 行业放宽政策已经接近尾声，但雇主和政府都表示支持其他行业的劳工移民政策进一步开放。资方很快又获得了成功。

2006 年《移民和融合法》

2006—2007 年萨科齐和奥尔特弗（Hortefeux）颁布的法案发生了重大的政策变化。2006 年 7 月 24 日，新的《移民和融合法》[①]生效，其中包括一系列关于就业条件的规定，以吸引更多的技能劳工并为临时移民提供便利。一些劳动力短缺的职业中，就业市场状况已经不能再被用作反对理由（OECD，2007：248）。

该法最具创新性的方面是引入了技能和人才许可证，旨在增加劳工移民的数量，并去掉了劳工市场审查条件环节（Menz, 2009）。这个为期 3 年的临时许可证允许移民在法国从事带薪工作或商业活动，专门服务于那些有潜力为法国及迁出国的经济发展，特别是在智力、科学、文化、人道主义、体育领域做出长期贡献的外国人（Invest in France，2009）。除"优先团结区"的公民之外，该许可证均可以续期，这意味着发展中国家尤其面临人才外流的风险。持证人的家庭完全有权获得临时私人和家庭生活居留证（la carte deséjour temporaire vie privé et familial），这使他们能够在不申请工作许可证的情况下来法国找工作，或在没有任何手续的情况下创办企业（Invest in France，2009）。

此外，政府成立了一个新的部门（法国移民、融合、民族认同与合作发展部）[②]，负责制定政策，并由公共机构法国移民和融合办公室（Office Français de l'immigration et de l'intégrution，OFII）负责实施。政府还必须向议会提交一份关于政策方向的年度报告，例如关于居留许可和签证

[①] 2006 年 7 月 24 日关于移民和融合的第 2006-911 号法律。

[②] 后来由更名后的法国内政部（Ministère de l'intérieur, de l'outre-mer, des collectivités territoriales et de l'immigration）主持。

的"年度量化目标",同时要考虑到人口状况,以及法国在住房、教育和公用事业方面的市场就业需求和受理能力的增长前景(Menz,2009:148; Van Eeckhout,2007b:33)。

2006年的法律增加了一个新的政策导向:法国希望增加高技能移民(L'immigration choisie)数量,并减少家庭移民(L'immigration subie)数量。尼古拉·萨科齐试图吸引特殊能力人才、高技能人才、IT专业人员,以及生物技术专家和科学家(Alma,2006)。这项立法延长了1998年的社会党计划,但由于对家庭团聚的新限制,遭到了法国社会党的强烈反对(Schain,2008:106)。时任总统和内政部部长在给新任命的移民部部长布里斯·奥尔特弗(Brice Hortefeux)(之后由埃里克·贝松 Eric Besson 继任)的信中明确指出,法国必须重新平衡劳工移民和家庭移民的流动,比例从以前的10:90分别调整到50:50(Ministère,2008)。更严格的家庭团聚条件可能阻碍了高技能劳工来法国工作(Van Eeckhout,2007a)。新政策的另一个目标是使移民流动多样化,从而将移民从前殖民地的转入转变为从亚洲、拉丁美洲和非洲其他地区国家的转入(2010年2月15日访谈奥尔特弗内阁前主任;移民历史中的国家城市,2010年3月29日)。

劳动力短缺问题出现在了多个行业,如教育、人文、科学和医疗专业(Le Monde,2003)。法国公立医院系统依赖于外籍医生——大约有8000位医生的医学学位是在国外获得的,超过该行业劳动力的1/3。他们占4.8万多名全科医生的15%,还有25%是急诊医生,30%是外科医生。医院里至少50%的夜班人员是外籍医生(Le Monde,2003)。各种人口和经济预测表明,到2020年,法国对外国劳动力的需求将从每年5万人增加到每年25万人(Kretzschmar,2005:16)。

研究表明,由于法国的教育系统多年来一直效率低下,因此需要高技能移民。经济及社会理事会指出,法国并没有培养出足够的毕业生:每年获得学士或更高学位的法国人不到15万人。为了平衡退休人数,每年则必须增加3.5万名学生(Kretzschmar,2005:10)。因此,经济及社会理事会建议开放劳工移民来满足现有的和未来的经济需求,从而重启了关于移民需求的辩论（Le Monde，2003）。雇主联合会的一位更直言不讳的领导人，丹尼斯·高提尔-索瓦格纳科（Denis Gautier-Sauvagnac），对经济及社会理事会为劳工移民的呼吁感到很高兴。他告诉《法国世界报》："几年来我一直都在表示我们迫切需要一项新的移民政策。"法国巴黎工商会倡导劳工移民的自由化，并在2000年的一份报告中声称外国劳动力是法国经济增长的参与者。劳动力短缺问题可以通过简化移民工人的手续来解决（Justeau，2001）。

雇主协会成为了非正式咨询机构，并在国家层面考虑采取更灵活的劳工移民政策方面发挥了重要作用，特别是在高技能行业。雇主联合会内部规模较大的跨国公司最为积极主动，因为他们很担心现有的和未来的劳动力短缺问题（Menz，2009：149）。雇主在政策建议方面展开非正式协商，并从与政府的大量接触中获益。雇主联合会与地区联合会展开商讨，以确定劳动力短缺问题。

雇主的要求既包括IT和新经济领域的高技能工作，也包括建筑、公共工程和服务领域的低技能工作（Conan，2003）。然而，并非所有的主体都主张采取更开放的劳工移民政策。代表法国工人的法国国家就业中心（L'Agence nationale pour l'emploi，ANPE）指出，法国有大量失业工人（约300万人）和200万储备工人（接受培训的工人、55岁以上的女工）。因此，法国国家就业中心主张加大工作力度，应先培训/再培训本地劳动力，再招聘移民劳工（Le Monde，2003）。尤为突出的问题是，高技能工会并没有正式参与决策，而低技能工会则更关心歧视以及与现有移民工人的融合问题。总的来说，在法国，工会成员的数量少，意识形态存在分歧，体制也支离破碎：这些都是不利因素。法国政府认为他们的立场并不重要，因此也没有定期与他们展开正式协商（Menz，2009）。少数几个倾向于采取强限制性高技能移民政策的专业协会（如MUNCI）可独立运作，但没有足够的权力立即对政府产生影响。

综上所述，资方和政府之间形成了联盟。法国的政策改革是由雇主制定的，他们寻求更开放的劳工移民政策，以填补特定行业短缺的劳动力。

但这仍是国家层面（特别是政府和总统）的推动引发移民体系发生了的重大改革。这大体上证实了假设5。

2007年修订的《移民、融合和庇护管理法》

经修订的《移民、融合和庇护管理法》[①]取代了2006年7月24日的《移民和融合法》。为促进劳动力移民，采取了若干措施：放宽了发放"派遣员工"和"技能和人才"居住证的程序，而且不要求许可证持有人签署受理和融合合同。法国政府还确定了两个单独的短缺职业清单：第一份清单涉及受过渡性措施约束的来自10个欧盟成员国的公民，包括150种职业，其中就包括低技能职业；第二份涉及第三国公民，包括30种技能职业（OECD，2008：244）。[②]

劳动市场主体每年应该向政府就现有的短缺职业清单提供参考意见，但事实上却并非如此。不少工会和专业协会都抱怨政府对不断变化的劳动力需求反应太慢（2010年2月12日FO-Cadres访谈；法国民主工会CFDT，2010年3月11日；CFDT-Cadres，2010年3月12日；受理IT工人事务的专业协会，2010年3月26日）。政策变化放宽了对不同工作许可类别的要求，并制定了新的短缺职业清单，使得雇主从中受益，但并没有定期征求劳工代表的意见。这大体上证实了假设5。

2007年关于设立法国国家技能与人才委员会的法令

根据2007年3月22日的法令，法国国家技能与人才委员会（CNCT）成立。皮埃尔·贝伦（Pierre Bellon）随后被任命为委员会主席。该委员

[①] 2007年11月20日关于移民、融合和庇护管理的第2007-1631号法律。
[②] 经济危机之后，这份名单被缩减了。

会由15名成员组成，包括1名主席、1名副主席、1名参议员、1名经济及社会理事会成员、法国国际投资署主席，以及来自各部门（内政、外交、劳工、经济、教育、文化、体育）的1名或2名代表。委员会负责制定技能和人才许可标准（Barcellini，2007）。其首要目标是使法国对外国应聘者更具吸引力，因为工业化国家之间人才竞争激烈；其次是简化公司的审批程序，因为目前的行政程序对于公司引进外籍工人来说过于烦琐和缓慢（Fouteau，2007）。为此，委员会与前移民部长就是否将在审查所有工作许可证方面发挥更大作用问题上进行了广泛辩论（2010年4月15日国家技能与人才委员会主席访谈）。

很明显，虽然国家技能与人才委员会在一定程度上代表了劳工市场主体，但在流程上还是偏向于雇主。委员会主席皮埃尔·贝伦是一家跨国公司（索迪斯，Sodxso）的创始人和前首席执行官。其他成员是法国雇主利益的支持者。由于公司代表们要招收移民劳工，主席也要求增加公司代表的人数。因此，委员会成员的人数得以增加。但劳工代表人数有限——经济及社会理事会只有1名代表。从访谈中可以看出，从业人员比政府机构代表更有发言权（2010年1月28日国家技能与人才委员会成员访谈；2010年4月15日国家技能与人才主席访谈）。此外，委员会还向专业组织（法国计算机行业协会）的负责人发出了一份问卷，要求他们具体说明未来几年的劳工市场需求（国家技能与人才委员会主席访谈）。资方与政府再次结成联盟，在很大程度上证实了假设5。

2007年之后

2008年2月1日的通知函概述了法国发放技能和人才签证需要满足的标准，以及国家技能与人才委员会起草的关于薪金和学位要求的指导方针（Amiel et al.，2015）。尽管通知函中并未指明具体的薪金标准，但指出应优先考虑将申请人的薪金等同于同一地理区域的高管人员；同时还应考虑到申请人的年龄和项目情况（Amiel et al.，2015）。

虽然预计每年将发放2000个许可证，但实际所提供的技能和人才许可证的数量相差很大，平均每年只有约300个（Breem，2012；Bernard, et al.，2013；Fekl，2013）。委员会和政府似乎并不关心签证数量低的问题，并将此归咎于经济危机的影响，以及劳动力短缺（2010年2月11日移民部访谈；CNCT主席访谈）。2008年，法国参议院进行了一次政策审查，并得出结论，认为签证数量少可能是由以下原因导致的：①各行政大区在海外缺乏广告宣传；②现有许可证种类繁多；③许可证的限制性条件多，项目必须涵盖共同发展的要求；④行政办事拖延（Sénat，2008）。另一项评估得出的结论认为，由于引入了严格的标准，技能和人才签证并没有达到预期的目标，这阻碍了签证的顺利办理和发放（Bernard et al.，2013；EMN，2013b）。虽然法国仍然对高资质的第三国公民有吸引力，但其在国际竞争中的地位却受到了威胁（Bernard et al.，2013）。

为了提高劳工移民对技能和人才签证的兴趣，国家技能与人才委员会和政府机构代表于2008年开始在移民的主要迁出国宣传人才签证。移民、高等教育和经济部长也向所有行政大区发出了信函，建议它们广泛宣传关于劳工移民的信息，并推广人才和技能签证（Ministère，2008）。但法国移民部还是更青睐欧盟蓝卡，希望它能为法国带来更多高技能移民。一些政策制定者甚至认为蓝卡比他们自己的技能和人才签证更好（移民部访谈）。[①]尽管如此，发放的蓝卡数量很令人失望（Bernard et al.，2013）。

2013年的其他评估批判了不同条件下的工作和居住许可证的多样性；因此，他们提倡采用跨年度居留许可证，并改善各行政大区第三国公民申请的受理和处理条件（EMN，2013b；Fekl，2013）。有审计小组建议实施单一的居住许可证，有效期为3年，可续签1次，这将取代旨在吸引人

---

① 蓝卡指令的目标是增加欧盟对来自第三国的高技能劳工的吸引力，并解决他们的家庭问题（Council，2009）。该指令于2009年6月19日生效，法国在2011年6月19日的到期日期前将其引入到法国法律中。

才的若干居住许可证（Bernard et al.，2013）。他们建议的"法国白卡"后来重命名为"人才护照"。

2014年人才护照

尽管前总统萨科齐努力将移民从"被迫接收的移民"转变为"筛选移民"，但高技能移民的数量仍然只占总移民的一小部分。根据几份报告提出的建议，议会于2013年春季就劳工移民和学生流动问题进行了辩论，并在起草委托报告时咨询了许多利益攸关方，如专业组织、大学和学生团体（Amiel et al.，2015）。辩论于2013年4月在参议院、6月在国民议会举行。内政部长贝尔纳·卡泽纳夫强调了简化劳工移民程序的必要性。尽管劳工市场应受到保护，但解决各地区的具体劳动力需求仍然很有必要（Amiel et al.，2015）。

根据先前的辩论，内政部长于2014年8月签署了一项法令，以促进为法国招募国际人才，并减轻拥有硕士学位的国际学生加入劳工市场的行政负担。这些人才的卓越能力和专业知识可以巩固法国在全球舞台上的地位，增强法国的影响力，并促进法国经济增长。自2012年以来，这一直是政府的优先事务之一（Ministère de l'intèrieur，2014a）。该法令将创建一个新的居住证，即"人才护照"（le passeport talent），有效期为4年，并将取代现有的9个许可证（如欧盟蓝卡、技能和人才签证、公司内部调动许可证等）。许可证持有人及其家人的生活也会变得更加轻松。预计有5000～10000名外国人才可以持此人才护照来到法国工作（Corbier，2014）。该法令的案文必须经过法国议会审查，才能纳入移民法（Ministére de l'intérieur，2014b）。从上面的描述中可以清楚地看出，法国政府和资方代表在推动劳工移民政策的进一步自由化方面发挥着强大的作用。这大体上证实了假设5。

比较分析及结论

1998年，法国像其他欧洲国家一样，放开了IT专业人员的移民政策。但在制定高技能移民政策方面，法国却迟迟未动。2000年年初，法国只派第三助理代表出席了国际大都会会议（为移民政策制定者组织的会议），而澳大利亚、加拿大、荷兰和美国则派出了移民部长。这些国家担心高技能移民的争夺会非常激烈，另外一些国家则认为法国会乐意将这些移民留给他们（2010年3月8日移民学者访谈）。因此，会议的讨论点完全不同，因为法国关注的是歧视和移民的融合问题（移民学者访谈）。直至经过萨科齐的不懈努力（先是担任内政部长，后又担任总统），才将重点从家庭移民转移到高技能移民上。虽然政府试图限制家庭移民和增加劳工移民，但将其定义为两类移民之间的"重新平衡"，或许在政治上更为准确一点。

在法国的移民政策中，政府仍然发挥着强大的作用，这在很大程度上证实了假设5。尽管政府会征求工会和雇主协会等利益团体的意见，但最终决定还是取决于政府。尤其是工会/专业协会，抱怨他们的意见没有得到听取（2010年2—3月FO-Cadres、CFD和CFDT-Cadres访谈）。虽然工会更关注对移民工人和非法移民的歧视问题，但专业协会很少有机会参与。例如，尽管IT业的繁荣到2002年已经结束，在1998年关于IT专业人员的通知函于2004年被撤销之前，受理IT工人事务的专业协会曾游说政府好几年。

与工会相比，雇主协会更有机会与政府打交道，但与德国和英国等国家的雇主协会相比，法国雇主协会在放宽政策方面的发言权更少。相反，他们依赖本土人才，似乎不像其他国家那样担心劳动力短缺问题（Chaloff and Lemaître, 2009）。因此，在2000年年初的一次新闻发布会上，当雇主联合会的一位执行董事丹尼斯·戈蒂埃·索瓦尼亚克（Denis Gautier-Sauvagnac）提议放宽劳工移民政策时，这很让人出乎意料。他认为，由于人口结构的演变和劳工市场的需求，如果没有劳工移民，欧洲在未来几年将无法生存。这一提议被媒体采纳，因为雇主代表在移民问题上表现出如此积极的态度很不寻常（2010年1月23日与丹尼斯·戈蒂埃·索瓦尼亚克的私人信件）。

总体而言，劳工市场主体与国家决策者的接触渠道主要是非正式的，且关系脆弱（Menz，2009）。但是雇主及其代表在某些情况下会对国家施加压力，要求简化规则，减轻官僚作风。根据法国政府投资部（一个向外国投资者和公司宣传法国的公共组织）的建议，法国设立了一个新的许可证（salariés en mission）（2010年2月12日FO-Cadres访谈）。总的来说，支持更开放的劳工移民政策的联盟包括资方和法国政府。

法国愈加认识到，为了在全球竞争中取得一席之地，就必须吸引"精英"，这一战略已被其他国家广泛采用。2008年的现代化法案[①]将重点放在高技能移民身上，因为他们为法国带来了活力，应该通过减税和长期居留许可来鼓励他们在法国工作。

然而，统计数据表明，移民流动的再平衡似乎并不顺利。来自第三国的（永久性）家庭移民数量仍然是劳工移民的4倍左右——2010年约有8.6万的家庭移民和2.4万的劳工移民（Breem，2012：25）。但是，自2006—2007年实施新法案以来，临时（高技能）劳工移民有所增加，家庭移民有所减少。这就是为什么政府提出了"人才优先"的概念。这将有助于招聘外国人才，并将取代包括技能和人才签证在内的其他许可证。

在其他方面，法国与其他国家有所不同。虽然就确定签证限额问题的辩论很广泛，但最终什么举措都没有实施，但是确定了一些年度量化目标（每年2000个技能和人才签证）。梅兹伍德（Mazeaud）委员会（于2008年2月成立，旨在寻找改革宪法的方法）最终确定，签证限额的效率低下，体现出明显的种族主义，并与法国的共和传统相冲突（Bertossi，2008；Kretzschmar，2005）。

[①]《经济现代化法》，2008年7月23日。

澳大利亚、加拿大和英国等国家会定期公布移民对经济、税收制度和创新的贡献，而法国则不报告移民的经济效用（2010年2月9日《世界报》访谈；2010年2月16日前移民部官员访谈）。尽管如此，法国确实在根据经济需求吸引高技能移民加入。根据前总统萨科齐的说法，"法国是唯一一个剥夺了自己邀请移民入境可能性的发达国家，而这些移民是促进法国经济增长和繁荣所必需的"（Roger and Van Eeckhout，2006）。这种观点已经引起了工会和左翼政党（法国绿党和共产党）的强烈反对。

此外，政治也起到了一定的作用。在法国赢家通吃的选举制度中，左翼和右翼政党夸大了党派分歧，并在移民等新问题上采取了行动（Guiraudon，2002）。极右翼已经介入了这一领域，"要么是为了从极右翼那里赢回选民，要么是为了让竞争政党失去公民阵线的选票"（Guiraudon，2002：3；Marthaler，2008）。

本章并非为法国的例外情况寻求证据。相反，本章从法国高技能移民政策具体的一些方面，来证明法国的案例如何能够为劳工市场主体（特别是雇主）的角色和国家（如西班牙和葡萄牙等其他混合经济体）的作用这一普遍议题，以及移民政策的制定，提供一些有益的见解。法国高技能移民政策的发展为研究劳工市场主体和国家之间的联盟提供了一个耐人寻味的案例。很明显，法国已经意识到其在全球市场的地位，且认识到了与其他国家竞争"精英人才"的必要性。由于政策效果的显现一般在政策形成之后，法国将如何应对吸引这些移民的挑战还有待观察——人才护照等一些新政策已经提出。下一章将重点讨论政治代表制度对形成高技能移民政策的影响。

【参考文献】

[1] ALMA M，2006. Sarkozy détaille son immigration choisie [R]. [S.l]：RTL，February 6.

[2] AMIEL M-H，2015. Rapport annuel 2014 sur les politiques d'asile et

d'immigration [R]. Paris: Ministère de l'intérieur.

[3] BARCELLINI L, 2007. Immigration: la Carte compétences et talents fait pschit [R]. [S.l]: Rue89, October 28.

[4] BERNARD H, 2013. Rapport sur l'accueil des talents étrangers [R]. [S.l]: General Audit Offices of the Ministers for Foreign Affairs, Interior, Higher Education and Research and Economy and Finance, April.

[5] BERTOSSI C, 2008. France: The state strives to shape chosen immigration [R]. [S.l]: CeSPI Working Papers.

[6] BREEM Y, 2012. Rapport du SOPEMI pour la France [R]. Paris: Ministère de l'intérieur, de l'outre-mer, des collectivités territoriales et de l'immigration.

[7] CERNA L, 2014. Attracting high-skilled immigrants: Policies in comparative perspective [J]. International Migration, 52 (3): 69-84.

[8] CHALOFF J, LEMAÎTRE G, 2009. Managing highly-skilled labour migration: A comparative analysis of migration policies and challenges in OECD countries [R]. Paris: OECD Social, Employment and Migration Working Paper 79.

[9] CONAN E, 2003. Faut-il relancer l'immigration [N]. L'Express, 12-10.

[10] CORBIER M-C, 2014. L'exécutif veut faciliter l'entrée des étudiants étrangers [N]. Les Echos, 02-17.

[11] COUNCIL, 2009. Council Directive 2009/50/EC of 25 May 2009 on the conditions of entry and residence of third-country nationals for the purposes of highly qualified employment [R]. Brussels: Council of Ministers.

[12] EMN, 2013. Attracting highly qualified and qualified third-country nationals to France: Good practices and lessons learnt [R]. Brussels: Home Affairs.

[13] FEKL M, 2013. Sécuriser les parcours des ressortissants étrangers en France [R]. [S.l]: Report to the Prime Minister, May 14.

[14] FOUTEAU C, 2007. Immigration: les critères de la carte compétences et talents enfin dévoilés [N]. Les Echos, 12-02.

[15] GROSSMAN E, SAURUGGER S, 2004. Challenging French interest groups: The state, Europe and the international political system [J]. French Politics, 2: 203-220.

[16] GUIRAUDON V, 2002. Immigration policy in France: US-France analysis [M]. Washington, D.C.: The Brookings Institution.

[17] GUIRAUDON V, 2008. Different nation, same nationhood: The challenges of immigrant policy [M]// CULPEPPER P, HALL P, PALIER B. Changing France: The politics that markets make. London: Palgrave Macmillan, 129-149.

[18] HALL P, SOSKICE D, 2001. Varieties of capitalism: The institutional foundations of comparative advantage [M]. Oxford: Oxford University Press.

[19] HOLLIFIELD J, 2004. France: Republicanism and the limits of immigration control [M]// CORNELIUS W, TSUDA T, MARTIN P, et al., Controlling immigration: A global perspective. 2nd ed. Stanford: Stanford University Press. 183-214.

[20] INSEE, 2012. Offres d'emploi [R]. [S.l]: INSEE, September 6.

[21] INSTITUT MONTAIGNE, 2003. Compétitivité et vieillissement [R]. Paris: Institut Montaigne.

[22] INVEST IN FRANCE, 2009. Attirer les talents, une priorité pour la France [R]. Paris: Invest in France.

[23] JUSTEAU S, 2001. L'immigration-le retour des années 60 [N]. Le Figaro, 03-09.

[24] KRETZSCHMAR C, 2005. France [M]// NIESSEN J, SCHIBEL Y. Immigration as a labour market strategy—European and North American perspectives. Brussels: Migration Policy Group.

[25] LEBÈGUE T, WALTER E, 2008. Grandes écoles: la fin d'une exception française [M]. Paris: Calmann-Lévy.

[26] LE MONDE, 2003. Besoin d'étrangers [N]. Le Monde, 11-08.

[27] MARTHALER S, 2008. Nicolas Sarkozy and the politics of French immigration policy [J]. Journal of European Public Policy, 15 (3): 382-397.

[28] MARTIN C J, SWANK D, 2004. Does the organisation of capital matter?Employers and Active Labour Market Policy at the national and firm levels [J]. American Political Science Review, 98 (4): 593-611.

[29] MCLAUGHLAN G, SALT J, 2002. Migration policies towards highly skilled

foreign workers [R]. London: Migration Research Unit.

[30] MENZ G, 2009. The political economy of managed migration: Nonstate actors, Europeanization, and the politics of designing migration policies [M]. Oxford: Oxford University Press.

[31] Ministère de l'immigration, de l'intégration, de l'identité nationale et du dével-oppement solidaire, 2008. Circulaire NOR/IMI/G/09/00029/C du 25 juin 2008 relative à l'organisation de l'immigration professionnelle' [S]. Paris: Ministère de l'immigration.

[32] MINISTÈRE de l'intérieur. 2014a. Le projet de loi relatif au droit des étrangers [EB]. Press release, July.

[33] MINISTÈRE DE L'INTÉRIEUR. 2014b. Signature du décret portant diverses mesures des-tinées à favoriser l'accueil des talents internationaux [N]. Communiqué, 08-22.

[34] MONNOT C, ZAPPI S, 2001. La pénurie de main-d'oeuvre relance le débat sur le recours à l'immigration [N]. Le Monde, 02-12.

[35] MUNCI, 2005. L'onshore en France…ou le dumping social en informatique. MUNCI Press Release, January 11.

[36] OECD, 2007. International migration outlook (SOPEMI 2007)[R]. Paris: OECD.

[37] OECD, 2008. International migration outlook (SOPEMI 2008)[R]. Paris: OECD.

[38] OECD, 2014. International migration outlook (SOPEMI 2014)[R]. Paris: OECD.

[39] PAUL R, 2015. The political economy of border drawing: Arranging legality in European labour migration policies [M]. New York, Oxford: Berghahn.

[40] PHILIPPON T, 2007. Le capitalisme d'héritiers: la crise française du travail[M]. Paris: Editions de Seuil.

[41] ROGER P, VAN EECKHOUT L, 2006. Avec l'immigration, le gouvernement engage un nouveau chantier sensible [N]. Le Monde, 04-15.

[42] SCHAIN M, 2008. The politics of immigration in France, Britain and the

United States [M]. London: Palgrave Macmillan.

[43] SÉNAT, 2008. Immigration professionnelle: Difficultés et enjeux d'une réforme [R]. Paris: Sénat.

[44] TRAXLER F, BLASCHKE S, KITTEL B, 2001. National labour relations in industrialized markets: A comparative study of institutions, change and performance [M]. Oxford: Oxford University Press.

[45] VAN EECKHOUT L, 2007a. La nouvelle loi sur l'entrée des étrangers oublie l'objectif de relance de l'immigration de travail [N]. Le Monde, 09-18.

[46] VAN EECKHOUT L, 2007b. L'Immigration—Débat public [M]. Paris: Odile Jacob.

[47] VELTZ P, 2007. Faut-il sauver les grandes écoles?De la culture de la sélection à la culture de l'innovation [M]. Paris: Sciences Po Presses.

[48] VISSER J, 2013. Database on Institutional Characteristics of Trade Unions, Wage Setting, State Intervention and Social Pacts (ICTWSS) in 34 countries between 1960 and 2007, Version 4 [DB].

[49] WEIL, P. 2004. La France et ses étrangers [M]. Paris: Gallimard.

[50] WIHTOL DE WENDEN C, 2009. La globalisation humaine [M]. Paris: Presses Universitaires de France.

第 7 章

高技能劳工的政治代表权

本章举例说明了政治代表权在形成高技能移民政策过程中发挥的作用。本章特别关注 4 个国家（德国、瑞典、英国和美国）对近期经济危机做出的回应，并根据不断变化的外部因素研究了主体的偏好和动员能力情况。正如第 2 章所详细论述和解释的，政治代表权对于高技能移民政策的产出至关重要。人们通常认为本土高技能劳工只占少数，但是随着人口受教育程度的提高，本土高技能劳工的数量也一直在增加。本书将本土高技能劳工看成一个团体，但他们各自的目标往往各不相同。这并不意味着所有本土高技能劳工都会反对更开放的高技能移民政策。在受保护的国内产业和公共部门工作的人群比在以出口为导向的行业就业的高技能人才（特别是 IT、技术和工程领域）受到影响的可能性更小。这些产业和公共部门的工作者能通过政治程序获得代表权。可以通过不同的机制，例如通过政党、地区 / 州内的联盟或劳工市场主体与政党之间的联系，来获得代表权。

政党对高技能移民政策的偏好有时并不是清楚明确的，因为政党可能不仅仅代表一个选区的选民，所以可能在高技能移民问题上存在着分歧。他们要么表现出一种含混不清的立场，要么表现出一个可以主导核心选区整个进程的立场。政党内部的不同派别也是可以建立联盟的。如果政府中的政党与特定的劳工市场主体结成联盟，党派分歧也是很显著的。那么，政党行为就可以更好地与联盟形式联系起来了。

但在美国等一些国家，移民游说一直由左右两派的利益集团主导，与两个政党都保持着良好的关系。这里需要说明的是，尽管政党政治在过去10年里变得更加重要，但不能从传统的左派或右派意识形态层面来理解移民问题。相反，如果利益集团发现自己在移民政策方面处于陌生的联盟中，即使他们追求的目标不尽相同，也会支持很多共同的政策。结果是产生了不寻常的左右联盟或者是"陌生的盟友"，例如，右翼自由主义支持者和左翼自由主义支持者之间的联盟，或是传统的劳工团体和有组织的劳工团体之间的联盟（Teitelbaum，2014：105）。这些团体由充满活力的拥护团体和个人构成（Teitelbaum，2014），在促进全面移民改革方面尤为重要。

本章分析了主体的政治代表性、联盟的建立以及各自推动形成的政策。外部因素为主体的偏好提供了重要的刺激，从而促使联盟进行政策变革。第2章中关于政策形成的一些假设（包括假设5和假设6）可以用于解释高技能劳工所拥有（或缺乏）的代表权问题。在拥有特定高技能工会的国家，如瑞典和其他斯堪的纳维亚国家，工会与政党的联系非常重要。相比之下，还有一些国家虽然拥有数量庞大的高技能劳工，但没有设立代表劳工利益的工会。在这些国家，政党派系关系相当重要。在联邦制国家，可以通过政党实现代表制，不同的政党可以在国家和联邦层级掌握权力，各州可以获得某政策工具来宣传他们对国家政策的反对意见（Perlmutter，1996：379）。地区/州/选区在澳大利亚和美国等国家十分重要。正如曼妮（Money）所说，"在地理位置上，移民社区是集中在一起的。这种集中造成了成本和收益的不均衡分布，为移民政治提供了空间背景"（1997：685）。因此，主流政党的政策立场将倾向于向当地的中间选民靠拢。当人们对移民控制的偏好发生转变时，政党的立场也会发生转变。

一方面，高技能移民会与本土高技能人才竞争更大的劳动力市场。他们在地理区域上的集中可能导致区/州代表推动更具限制性的高技能移民政策，尤其是那些失业率较高、移民数量增加以及移民比例较高的地区（Money，

1997：685）。另一方面，高科技资方在区域地理上的集中可以使区/州代表支持更宽松的高技能移民政策。一个政党或区/州的政治代表是目的明确的，特别是在拥有适中的代表权的情况下。然后，高技能劳工代表会与其他团体建立联盟，以增强他们的政治权力，并推动限制性的移民政策。

各国经济危机和应对政策

最近的全球经济危机提供了一个合适的案例来检验理论模型和外部冲击的影响，这些外部冲击导致经济增长放缓、失业率下降和创造就业机会疲软（Cerna et al.，2015）。考虑到经济危机对国家政策有重大影响，因此本书对主体的政治代表性和动员情况进行了专门研究。

一些国家以这次危机为契机来限制其高技能移民政策，而另外一些国家则利用此次危机进一步放宽高技能移民政策。本章探讨了不同的外部因素（如失业率上升、经济产出下降和劳动力短缺问题加剧），这些因素增强了主体的偏好选择，并促使他们为推动所预期高技能移民政策的形成而进行动员并建立联盟（Cerna，2016）。研究全球危机的应对措施非常重要，因为危机已经影响到世界大部分地区，而且国家政策也首次将高技能移民作为目标对象。本章通过分析不同因素以及这些因素如何影响4个国家的利益相关者的动员情况，从而对危机时期高技能移民政策的变化进行了解读。此外，本章还讨论了不同主体在政治体系中的代表性。

基于这一理论框架可以预期，包括高技能劳工在内的联盟，将在受危机影响严重且最近有大量移民劳工涌入的国家里游说限制性移民政策。在相对较好地经受住了危机，但仍面临劳动力持续短缺的国家，预计包括资方在内的联盟可能将游说进一步放宽移民政策（Cerna，2016）。

政策变更可以通过以下机制进行：①调整数量限制；②加强劳工市场测试；③限制状态改变和许可证更新的可能性；④针对家庭团聚等非自由流动实施附加条件；⑤促进移民返迁（OECD，2009：23）。一些国家实施了更具限制性的（临时性）高技能移民政策，其中包括澳大利亚、加拿大、爱尔兰、新西兰、英国和美国。

本章以下列文献内容为基础：关于危机和移民政策的文献（Awad, 2009; Cerna, 2016; Cerna et al., 2015; Ghosh, 2011; Green and Winters, 2010; Hatton, 2014; Kuptsch, 2012; Nieuwenhuysen et al., 2012）；关于主体在商业周期所享有的权利、发言权和退出框架的文献（Milner and Keohane, 1996; Shughart et al., 1986）；关于主体的政治动员情况的文献（Birkland, 1998; Kingdon, 1995; Rowley and Moldoveanu, 2003）。

在经济危机和失业率不断上升之际，限制性高技能移民政策已经提上议程。这让我们又回到了经常被提及的论点，即劳工移民政策的开放性和限制性会随着失业率的变化而变化。该论点声称，在经济利好的形势下，开放的移民政策会更容易获得通过。然而，这些因素并不能解释政策的变化。它们只是框架之外的外部因素，仅能够对某些主体的偏好选择和影响力产生影响。

正如现有文献（Money, 1997; Shughart et al., 1986）所述，与经济繁荣时期相比，当失业率上升、经济增长下降时，本土劳工和移民劳工处于更直接的竞争状态，整体劳工市场的竞争会加剧（Money, 1997：693）。经济状况恶化导致调查对象对移民的态度更加消极（Espenshade and Hampstead, 1996）。埃瑟斯（Esses）等人认为，即使是出于确保经济繁荣的目的而制定的移民政策，如有利于高技能职业的就业政策，倾向于认为移民劳工与本土劳工争夺资源的可能性也会增加，从而增加资源压力和偏见（2001：395）。这个研究发现相当令人惊讶，因为先前的研究表明，尽管有很少移民能享受这些政策优惠，但当地人却对这些移民——尤其是哪些需要社会服务的移民——持有消极态度。这种消极的看法似乎也同样针对成功的高技能移民（Esses et al., 2001）。

德国的案例表明，一些政界人士通过指出高失业率来证明实施更具限制性的高技能移民政策的合理性。根据所进行的采访，一些政党（自由民主党、联盟党）在发表这一观点的演讲时，听众中总是有一些失业的选民。

法国、德国、瑞典、英国和美国的比较分析 第二部分

有些选民和政界人士有时候不能理解劳动力供求不匹配的具体情况,并且他们认为指责(高技能)移民抢走他们的工作机会是理所当然的。例如,德国在土木工程领域方面,初级且相对低薪的岗位大多数会出现劳动力短缺状况,而失业的工程师主要从事管理类高薪职位。

研究表明,即使当地劳工均在业在岗,选民对劳工移民的看法也可能是消极的。据拉哈伍(Lahav)所说,"在国家劳工市场(社会条件)衰退的情况下,对失去工作机会的担忧似乎是比失业本身更有影响的因素"(2004:1169)。这些发现与美国的趋势一致,即个人经济状况在公众反对移民方面所发挥的作用小于对国家经济的信念(Citrin et al., 1997)。

流动生产要素(金融资本)的持有者以及公司所有人若是可以将生产转移到海外,那么在同非流动生产要素(通常是低技能劳工)以及依赖特定本土资产的企业议价时,他们将占据上风,而后,这些主体可能会通过扬言要"退出"以增加他们在国家政治中的影响力(发言权)(Hirschman, 1970; Milner and Keohane, 1996:250)。在经济繁荣时期,像微软这样的跨国公司一再扬言要将其业务和服务转移到美国境外。微软在加拿大开设了一家子公司,而加拿大的高技能移民政策更为宽松,这证明了其可信度(微软公司访谈)。据舒格哈尔特(Shughart)等人(1986)所说,随着一个国家的经济经历了商业周期,其政策组合也会发生变化——工人在经济衰退中获得了更大的影响力,而资方/所有者在经济增长中更具影响力。

问题所在仍然是各国政府将如何应对这些经济挑战。全球化既有约束机制,也有能动机制(Weiss, 2003)。由于经济开放限制了各国政府在一系列政策领域的行为能力,这些机制受到了限制(Weiss, 2003)。能动机制揭示了"竞争和无保障的政治逻辑,促使各国政府采取措施,加强国家创新和社会保护体系"(Weiss, 2003:15)。这种机制可以为全球化的失利者带来更大的补偿。因此,各国政府将会处理高技能移民的再分配问题,目的是尽量减少失利者的数量,增加优胜者的数量。

在这种情况下,保护本土高技能劳工可能更加重要,因为各政党要努

力获得选举人的选票，并为支持更具限制性的高技能移民政策的群体提供代表权。资方失去了权力，而高技能劳工获得了影响力，以推动其限制性的偏好选择。危机也可能会导致资方的权力和影响力从资本转移到高技能劳工。国家制度可以为有组织的团体（此处是指高技能工会/专业协会）带来优势，为它们提供机会和发言权，从而阻止资方充分利用其流动性（Milner and Keohane, 1996: 250）。在一些国家，高技能劳工与低技能劳工之间更有可能建立起联盟，因为一般来说，劳工支持是对所有工人的保护。我们发现，更高程度的联盟伴随着高技能劳工的参与。

然而，尽管发生经济危机时采取了应对的限制性措施，但在某些行业高技能劳工仍然处于供不应求的状态（Uchitelle, 2009）。劳动力短缺的现象会由于地域差异性的存在和行业专业知识的影响（如医疗保健，以及包括工程、IT、高等科学等在内的技术工作）一直存在。因为本土工人无法轻易且快速地接受针对这些工作的需求而进行的再培训（The Economist, 2009）。考虑到家庭因素，或者可能想从事具有吸引力的工作，失业的本土工人或移民劳工也可能不愿意迁往有工作机会的地区（Papademetriou and Terrazas, 2009）。选择对高技能移民制定限制性政策，可能会被认为是缺乏远见的。由于先前的政策变化，当劳工市场需求在经济复苏阶段发生变化时，各国可能无法及时采取应对措施（Awad, 2009）。特别是应对高技能劳工市场需求尤其如此。对经济危机的短期应对措施可能会阻碍中长期的政策需求。这种需求包括某些行业的较小规模且更有针对性的移民流入（OECD, 2009）。因此，由于劳动力持续短缺和资方代表联盟的建立，一些国家的高技能移民政策也会变得更加宽松。联盟的论点证实了其动态性——当外部因素对主体的偏好产生影响时，联盟就会发生转变。

有些学者研究了利益相关者的政治动员情况，以解释政策的变化。伯尔克兰德（Birkland）（1998）认为，焦点事件——即灾难或危机等相对罕见的突发事件，可能会导致利益集团、政府领导人、政策企业家或社会公众发现新问题，或者更加关注一些初现端倪的问题，并在明显政策失败后寻求解决方案。同样，金顿（Kingdon）（1995）发现，不同主体之间对变革时机的到来还远远没有达成共识，需要有焦点事件出现才能把这样的政治议题提到议程上。心怀不满的（和有组织的）利益相关团体也需要有（金融或非金融）资源，才能够动员起来追求他们的共同利益（Rowley and Moldoveanu，2003）。危机可以被认为是政策变革的机遇之窗，前提是各个主体必须利用这场危机来实现他们的政策偏好（Kingdon 1995）。虽然危机也可能会导致移民政策更具限制性，但是，在公众已经开始有这方面的诉求，并对此类变革进行施压的情况下，这种结果才更有可能发生（Green and Winters，2010：1063）。无论情况如何，也不论计划改革的方向如何，决策者都需要提出强有力的变革理由。这需要估量和了解改革的影响，承认不改革的代价，认清变革中的获利者和失利者，因为后者需要得到补偿，尽管这种补偿不是无限期的（OECD，2014：159）。

因此，决策者、政党和选民需要更好地理解不同团体的进程和联盟建设。接下来的几个小节概述了4个国家的政治代表情况，以及一些选择的国家应对经济危机的高技能移民政策的实例。

德 国

政治代表概况

在德国，主要政党在各种场合对高技能移民表达了不同的立场。代表更多本土高技能劳工群体的政界人士反对更开放的高技能移民政策，而代表资方选民的政界人士则支持更开放的高技能移民政策。最终的法例往往通过修改提案来体现做出让步和妥协。一些主体担心会接收大量临时移民，而这些移民会像特邀劳工一样永久居留。他们不愿意废除1973年提出的关于招募移民劳工的禁令，因为这样的政策变化将导致更多的移民劳工涌入。尤其是基督教民主联盟（Christian Democratic Union，CDU，简称"基民盟"）和基督教社会联盟（Christlich-Soziale Vnion，CSU，简称"基社盟"）曾多次声称，德国在失业率较高时期不能接受高技能移民劳工，在招募移民劳工之前,必须优先考虑本土工人并对本土劳工进行再培训。在大多数情况下,联盟党代表了高技能劳工的利益。

每个政党都由不同的派别组成,派别间有着不同的偏好选择。基民盟也是如此,既有关注经济方面的派别,也有保守派。因此,在支持资方利益的同时,它也有更保守的偏好选择(Boswell and Hough,2008)。在一些提案中,高技能劳工代表与基民盟/基社盟内部的文化保守派建立了联盟,以推行更具限制性的高技能移民政策(假设6)。但是,限制移民入境可能与大量廉价劳动力的商业利益相冲突,或者与吸引高素质劳动力的目标相冲突(Boswell and Hough,2008:334)。雇主可能会继续游说实行更开放的高技能移民政策,以填补劳动力缺口。像基民盟这样的政党将设法平衡资方利益和保守立场(Boswell and Hough,2008)。虽然社民党在很大程度上支持放宽高技能移民政策,但其内部也存在不同的派别——一些群体更注重发展,而另外一些群体更注重保护劳工利益。这些派别在当前的政策放宽辩论中脱颖而出。

基民党大多支持更具限制性的移民政策,并至少在一定程度上代表高技能劳工的利益。即使在反对党中,基民盟/基社盟在第二议院中获得了多数席位,同样也发挥了重要作用。此外,高技能劳工与联盟内部的文化保守派建立了联系,以反对进一步的移民自由化。正如第4章所讨论的,特别是在2002—2004年的移民辩论中,社民党政府不得不对基民党做出让步,并在提案中省略了积分制度等一些放宽性的观点。联盟党将高失业率与保守立场联系在一起:

> 除了其对大众的吸引力,强调移民的成本为许多社会经济弊端提供了表面上看似合理的解释。非本国国民可能被认为会与本国国民——德国人争夺稀缺的工作、住房、福利援助和社会服务。
>
> (Boswell and Hough,2008:337)

尽管如此,移民政策放宽在基民盟与社民党结成大联盟时发生(2005年至今)。而政治主体又是如何应对经济危机的?

法国、德国、瑞典、英国和美国的比较分析 第二部分

继续放宽政策

德国在 2004 年通过了一项更加开放的移民政策，但劳动力短缺问题依然存在，新的高技能劳工移民的流入量仍然很低。资方的代表们继续游说实行更加开放的政策，特别是降低工资门槛（目前为 8.5 万欧元）。

例如，时任萨尔州州长的彼得·米勒（Peter Müller）（基民盟）声称，应降低高技能移民的限制条件和当前外国专家的工资门槛（8.5 万欧元）（Migration Info，2007a）。时任教育部部长的安妮特·沙万（Annette Schavan）（基民盟）支持实行更加开放的高技能移民政策，建议将工资门槛降低到每年 4 万～6 万欧元，以填补劳动力缺口。在此之前，如果高技能移民的年薪只要达到 8.5 万欧元，则他们大体上已经获得了永久居留许可（Migration Info，2007a）。受劳动力短缺的影响，沙万（Schavan）得到了行业的支持，尤其是在土木工程行业。

此外，还有关于是否应该比原计划提前结束欧盟新成员国过渡期的类似辩论。时任经济部部长的迈克尔·格罗斯（Michael Glos）（基社盟）要求提前向欧盟新成员国的员工开放劳工市场。社民党和左翼对沙万要求放宽劳工移民条件持批评态度。社民党的教育政治家尤拉·布尔夏特（Ulla Burchardt）认为，劳动力短缺问题是雇主自身造成的，因为几十年来，公司一直忽视对本土劳工的教育和培训。基民盟议会党团主席沃尔克·考德尔（Volker Kauder）也倾向于加强对德国年轻人的培训，而不是放宽高技能移民政策（Migration Info，2007b）。

2008 年 7 月，大联合政府提议不允许新的欧盟成员国进入劳动力市场，但欧盟和非欧盟国家的学者除外。但是，2009 年通过的《劳工移民控制法》将年薪门槛从 8.5 万欧元降低至 6.3 万欧元（BMAS and BMI，2008），其中还规定了其他一些条款。政策的变化也体现在 2012 年高技能移民指数中。

这种政策放宽发生在经济危机时期，因为德国认识到，"作为一个知识型社会和世界经济体，国家依赖于知识和思想的交流，特别是通过高技能移民可以加强知识和思想的交流"（Schütz，2010）。由于劳资双方代表之间建立了联盟，因此有可能会实施更加开放的高技能移民政策。雇主和工

业协会（如德国雇主协会联合会和德国工业联合会），以及低技能工会联合会（德国工会联合会）参与了德国政府的政策制定，他们认为德国需要高技能移民来填补日益严重的劳动力缺口。限制性政策只会对经济和社会造成损害。经济危机期间，高技能移民的低流入量和持续的劳动力短缺导致大多数资方进行进一步的游说活动，以及为开放的《2009年劳工移民控制法》（IOM，2010）做出解释。

根据该理论模型，本书认为主体的偏好会随着外部因素的变化而改变。除了高技能移民流入量相对较低之外，德国是少数几个从危机中迅速复苏的欧洲国家之一。尽管失业率较高，但德国仍然面临严重的劳动力短缺问题，因此很需要（高技能）移民。高技能劳工的失业率也维持在较低的水平（Federal Ministry of Labour and Social Affairs，2014）。这导致政治和劳工市场层面的资方和低技能劳工代表在经济危机期间建立了联盟，以推行更加开放的高技能移民政策（假设3）。

瑞　典

政治代表概况

瑞典的案例证明了劳工市场主体和政党之间存在紧密联系。多年来，执政的社民党（或与左翼的联盟）反对进行劳工移民的变革，支持高技能与低技能劳工工会建立强大的联盟（假设6）。由于担心失去控制权，他们不愿意修改移民法。2001年末，雇主争取放宽劳工移民限制，但遭到劳工市场委员会、社民党政府和工会的批评。更倾向于资方的政党（中间党、自由党、温和党和基民党）从2002年开始施压。然而，在2002年的议会选举中，社民党（SAP）强调，瑞典在向更多高技能移民放宽限制条件之前，必须先解决本国的失业工人和已经入境的移民的就业问题。他们与工会有同样的偏好选择，即保护国内工人的利益。2003年，由于4个资产阶级反对党和绿党在议会中获得多数席位，社民党无法阻止他们之间建立联盟。这些反对党组成了一个强大的联盟，并成立劳工移民议会委员会，以审查移民法规和条例。

社民党特别关注工资倾销问题以及由于放宽高技能移民政策而对社会福利造成的威胁。移民可能会在工作、住房和社会服务方面与本土劳工存在着竞争。相反，社民党政府宣称，应重点关注国内失业工人的培训和重新安置问题。因此，高技能移民政策只被允许应用于特定的劳动力短缺的行业，并且还规定了诸多条件，例如要求在入境之前有工作录用证明、住房安排以及提供与瑞典工人相同的薪资待遇和工作条件的证明。一般而言，来自欧盟／欧洲经济区以外国家的居民必须经过全面的审查流程才能拥有在瑞典合法工作的权利。瑞典政府针对高技能劳工或杰出人才移民采取了更有针对性的许可制度，以及可以缓解技能短缺需要的临时劳动力短缺许可制度（OECD，2004a）。

2006年的委员会报告呼吁进一步放宽高技能移民政策，这得到了新的中右翼联合政府的支持。社民党希望保留现有的制度，由瑞典国家劳动力市场委员会（AMS）判定劳动力短缺状况，并与工会和雇主协商。相比之下，时任首相的弗雷德里克·赖因费尔特（Fredrik Reinfeldt）和移民与政庇部部长图比亚斯·比尔斯特罗姆（Tobias Billström）赞成修改移民法例，并提出了一项推动欧盟以外劳工移民的提案。在中右翼政党联盟执政后，他们与资方的联系更加紧密，因此在2008年12月通过了一项更加开放的移民政策。这在大体上进一步确认了假设6。

自我监管系统

尽管不是最直接的应对措施，但《2008年移民法》是在经济危机期间实施的，而且没有调整标准和条件，因为据说该法规体系灵活可变通，能适应新情况，且由雇主主导（OECD，2011）。在整个经济危机期间，劳动力短缺和人口老龄化的挑战一直存在着。瑞典驻欧盟代表处参赞阿萨·卡尔兰德（Åsa Carlander）指出，瑞典有一套"由需求驱动的自我监管式劳工移民制度"（Carlander，2009a）。当经济趋势发生负面的转变时，有一套灵活的制度来应对劳工市场的需求，这是很重要的。此外，阿萨·卡尔兰德还认为，阻止移民的行为是不明智的，也是缺乏远见的（Carlander，2009b）。瑞典专业雇员联合会还意识到劳工移民可以刺激经济增长（Quirico，2012）。

这一案例为理论模型提供了支持。本书预计相关主体的偏好会随着外部因素的变化而改变。瑞典因其在经济危机发生之前，移民流入量相对较低，并且没有像爱尔兰和英国等国家在经济上受到同等程度的影响，因此支持对劳工移民开放的立场（Quirico，2012）。此外，劳动力短缺问题持续存在，预计未来还会进一步加剧。这促使资方代表动员和支持移民政策的进一步开放，而这一主体得到了中右翼执政党的支持（Cerna，2016）。2014年，社民党再次当选为执政党。虽然到目前为止还没有提出任何政策上的改变，但这在将来可能会发生变化，因为他们始终支持工会提出的实施限制性政策的要求，包括进行劳工市场测试，至少要让公共就业服务组织和工会在批准工作许可证申请方面发挥更大的作用（Johansson and Heed，2013；Nandorf，2013）。

英 国

政治代表概况

大多数情况下，英国是高技能劳工的政治代表权很有限的典型案例。唯一的例外发生在2002年，当时有一项政策变化是将IT行业从紧缺行业清单中删除。在这种情况下，高技能劳工通过政治主体（议会成员）获得了代表权，但这个代表权是经过近两年的游说之后才实现的。这样，英国多年来的政策就持续保持相当开放。但最近的政策变化表明，高技能劳工可能获得了更多的代表权。

工党政府于1997年当选，并于2001年以绝大多数选票再次当选。该党在实行新的移民政策方面留有余地，也得到了公众的广泛支持。主要政党在政党宣言中很少提到高技能移民。工党政府在执政期间面临的政治挑战寥寥无几。作为反对党的保守党支持工党的立法，通常将他们的攻击面局限于工党的执政能力，而不是政策方向（Somerville，2007）。史密斯认为，在传统意义上，保守党在移民问题上的态度比工党更为强硬，但两党在政府政策上的实际差别不大。两党只在政策和实施的细节上处于竞争地位（Smith，2008：416）。更多的争议聚焦在寻求庇护者、非法移民和来自欧盟新成员国劳工的自由流动等问题上。

多年来，高技能移民问题在很大程度上未成为下议院和上议院之间激烈辩论和反对的事项。但在2005年大选中，保守党呼吁实行年度签证限额，并从2010年起，与自由民主党的联合政府一起推行更具限制性的移民政策改革。保守党始终秉持这一做法，特别是在移民人数不断增加，教育、卫生服务和住房方面的总体压力越发明显以来。而工党不支持实行任何签证限额，尽管戈登·布朗（Gordon Brown）和利亚姆·伯恩提出在经济危机期间移民政策应该更加具有限制性的观点。

英国首相和内政大臣的作用比在其他国家要大得多。[①] 移民法规中介绍了高技能移民政策的变化，其中有许多方面并没有经过长时间的辩论或磋商，而是直接由内政部和后来的英国边境署宣布的。根据《1971年移民法》，英国内政大臣在移民法规方面享有广泛而灵活的规则制定权力（Clayton，2006）。这使得决策者能够对不断变化的需求做出快速反应。下一章节将探讨经济危机期间主体的政治代表。

更具限制性的政策

随着经济危机的加剧，2008年秋天，英国首相——戈登·布朗承诺"把英国的工作机会留给英国工人"（Summers，2009），边境与移民部长菲尔·伍勒斯（Phil Woolas）评论道："移民只有在有利于英国人民的情况下才会获得工作机会，我们决心确保这成为事实"（Migration News，April 2009）。2009年，英国的失业人数达到了200万，这促使英国政府加强了对想要雇用非欧盟移民劳工的雇主的监管。工会抱怨称，许多雇主在雇用非欧盟外国劳工之前并没有对当地工人进行适当的审查。从2009年1月开始，雇主在非欧盟国家发布招聘广告之前，必须先在政府的就业中心（Jobcentre Plus，劳动就业机构）公布职位空缺。2008年，英国估计

---

① "毫无疑问，移民管制是在行使行政权；也就是说，移民管制由政府的行政部门负责。在这种情况下，主要是由内政大臣、内政部公务员、移民官员和入境检查官员负责"（Clayton，2006：ch.1）。

有8万个工作岗位面向国外招聘,但在国内招聘效果不佳。2007年向非欧盟外国人员签发了约14万个工作许可证,而2008年前11个月就已经签发了15.1万个。2009年3月,政府对每个非欧盟移民劳工和学生征收了50英镑的费用,以筹集1500万英镑,帮助当地社区支付与移民相关的费用(Migration News, April, 2009)。

英国政府对一项大幅减少高技能移民数量的提案进行了审议。"在人们失业这样的经济时期,英国工人和原住居民能够获得重返工作岗位的机会是至关重要的"(Home Office letter, stated in Contractor, 2009)。英国前内政大臣雅基·史密斯(Jacqui Smith)宣布了一项计划——即非欧盟移民不能在英国从事技能型工作,除非这类工作先面向英国工人招聘(BBC, 2009)。这是英国政府对当前经济形势做出的反应。移民至少需获得硕士学位,且在此之前的薪资至少达到每年2万英镑(BBC, 2009)。最后,政府通过了一项新法案(Home Office, 2009),包括:①非英国公民或永久居民的移民将不能享受全方位的服务、福利和社会住房;②移民必须向学校、医院和其他当地服务机构缴纳税款,这样英国的移民新潮才不会给社区带来压力(Plaza, 2009)。紧缺职业清单也根据英国移民咨询委员会的建议进行了相应更新(Gower, 2015)。

自2011年4月起,英国政府对3类非欧盟经济移民的人数实行年度数量限制,分别是获得工作机会的新技术工人(二级普通类),每年签发20700个签证;特殊人才移民,每年签发1000个签证;创业的毕业生,每年签发2000个签证(Gower, 2015)。

随着失业率上升、经济产量下降以及相对较多的移民在经济危机前涌入,英国对高技能劳工的偏好随着经济危机而加剧。因此,本土工人开始参与游说活动,要求提高对高技能移民的限制条件。工会/专业协会在推动政策限制方面得到了政治代表的支持。高技能劳工实现了对高技能移民政策施加更具限制性的条件和移民上限的目标,这大体上证实了假设6。这些变化体现在修订后的积分制度以及2011年推出的杰出人才签证中。

与此同时,新的保守党联合政府在移民问题上采取了限制性立场。自

2010年执政以来，英国政府希望吸引"精英人才"，但与此同时也希望到2010—2015年议会结束时，将净移民总数从几十万人减少到几万人（Gower，2015：1）。这一目标要通过最大限度地减少制度滥用机会和提高入境标准来实现（Gower，2015）。这些变化是为了回应公众对移民问题的担忧，向选民发出保护本国工人的明确信号，并纠正上届工党政府的"政策失误"（BBC，2012；Gower，2015）。因此，危机成为实施这些限制措施的机会之窗。[1]在2012年高技能移民指数中可以看出重大的政策变化。

这一案例为理论模型提供了支持。本书预期相关主体的偏好会随着外部因素的变化而改变。英国国内劳工移民的流入量相对较高，并在失业率和经济产量方面受到经济危机的影响。认识到制度的滥用和抱怨也促使高技能劳工代表动员起来，并推动高技能移民限制政策的实施。然而，由于劳动力持续短缺，实施的限制政策比预期的更为严格。例如，科学、工程、制造和技术联盟（SEMTA）估计，为了满足英国到2017年对工程师的预期需求，需要每年招聘1.2万~3.1万名具有研究生水平技能的人员（Institute of Mechanical Engineers，2011）。这一政策响应也可能是由于政府更迭，出于经济和政治原因，政府对移民问题采取了更具限制性的立场。

美　国

政治代表概况

在美国，两大政党（即民主党和共和党）在各自的政党宣言中对高技能移民问题提出了十分相似的立场，但在参议院和众议院，资方和（高技能）劳工都拥有各自不同的拥护者。美国的政治制度允许各选区和各州的国会议员和参议员作为选民代表。随着时间的推移，不同的群体可以通过

---

[1] 然而，在过去的几年里，移民的数量并没有太大的变化。例如，虽然在2011—2013年非欧盟国家的移民人数减少了39%，但是欧盟国家的移民人数增加了53%（Vargas-Silva and Rienzo，2014）。

不同的选区/州获得代表权。国会议员的选民，即其所在地区的选民，是唯一可以决定其能否保住当前工作的群体。国会议员密切关注他们所在选区的意见（Jillson，2002：256）。由于美国的移民政策是在立法层面制定的，国会应承担修改签证限额的职责，因此行政部门在调整计划方面没有多大的灵活性。处理立法事务的权力下放给由众议院和参议院授权的专门委员会。司法委员会有权将启动新立法的责任委派给移民问题小组委员会。

例如，在参议院，参议员查克·格拉斯雷（共和党，爱荷华州）和理查德·杜尔宾（民主党，伊利诺伊州）是高技能劳工的代表。资方代表包括参议员史宾塞·亚伯拉罕（共和党，密歇根州）、阿尔伦·史拜克特尔（共和党，宾夕法尼亚州）、纽特·金格里奇（共和党，佐治亚州）、约翰·麦凯恩（共和党，阿肯色州）以及玛丽亚·坎特韦尔（Maria Cantwell）（民主党，华盛顿州）。在众议院，资方代表包括布鲁斯·莫里森（Bruce Morrison）（民主党，康涅狄格州）、佐伊·洛夫格伦（Zoe Lofgren）（民主党，加利福尼亚州）、大卫·德雷尔（David Dreier）（共和党，加利福尼亚州）、克里斯·坎农（Chris Cannon）（共和党，犹他州）以及约翰·科尼尔斯（John Conyers）（民主党，密歇根州）。更具体地说，众议员洛夫格伦支持保护硅谷的利益，而参议员坎特韦尔则代表华盛顿州的高科技资本，如微软。资方代表支持企业的利益，他们从企业获得财政捐助。然而，当更多关于欺诈和制度滥用的媒体报道以及政府研究出现时，参议员和国会议员在支持资方增加 H-1B 签证数量的利益方面则变得更加困难。

国会持续致力于平衡美国雇主的需求和美国居民的就业机会（Wasem，2001：11）。不仅个别参议员/国会议员在这个问题上持有不同的立场，而且移民法案也必须得到参议院和众议院的一致同意。移民委员会的主席和高级成员是最受人瞩目且最具影响力的成员。

很多受访者证实，高技能移民问题并非政党问题。民主党和共和党内部的不同派系也存在倾向于支持或反对高技能移民的分歧。对于高技能劳工而言，关键是需要与其他团体建立联盟。另外，高技能劳工的政治代表可以与反对移民的国会代表一起投票，反对实施更加开放的高技能移民政策。据美国通信工人工会的一名代表称，"一些共和党人总体上是反对移民的。我们试图让他们和我们（高技能劳工）一起投票，即使这是出于错误的原因"（2007年10月26日，美国通信工人工会访谈）。

随着时间的推移，本土高技能劳工已经与这些代表建立起制度化的联系，并推动更具限制性的高技能移民政策，特别是在最近的提案中。例如，参议员理查德·杜尔宾（民主党，伊利诺伊州）和查克·格拉斯雷（共和党，爱荷华州）对H-1B签证计划中允许美国工作外包这一漏洞都一再表示担心（Durbin and Grassley，2008）。众议员马克西恩·沃特斯（Maxine Waters）（民主党，加利福尼亚州）和史蒂夫·金（Steve King）（共和党，爱荷华州）也支持本土高技能劳工的利益，认为雇主应该首先依靠美国人来填补职位空缺（H. R. Hearings，2006）。这一政治主张，再加上反移民团体的支持，一起成功驳回了几项综合性的移民提案（假设6）。而政治主体又是如何应对经济危机的呢？

即将实施的限制性政策

美国受经济危机的影响很大——国内生产总值下降，失业率上升。[①] 此外，美国在此次经济危机之前接纳了大量劳工移民（Cerna et al.，2015）。这促使本土高技能劳工开始游说更具限制性的高技能移民政策，并取得了成功。2009年2月6日，美国参议院通过了一项法案，增加了公司雇用H-1B签证劳工的难度。当国会就问题资产救助计划（TARP）的具体条款和条件展开辩论时，一些政界人士主张停止金融行业的H-1B签证计划，推动"购买美国货"（Buy America）条款。最终的结果是对所有银行和其他接受者对依赖H-1B签证的公司适用相同的要求，具体包括：①在申请H-1B签证或延长签证有效期之前或之后的90天内，雇主不能雇用H-1B签证员工来代替任何类似级别的美国本土员工；②雇主不能将H-1B签证员工安排到另一位雇主的工作场所，这意味着雇主不能为满足客户要求而

---

① 然而，尽管失业率较高，但是劳动力短缺问题仍然存在（Uchitelle，2009）。

外派员工，除非雇主在分派 H-1B 签证员工之前或之后的 90 天内，首先对另一位雇主是否已经或将会分派一名美国员工进行"诚意"调查；③雇主必须采取诚信的措施，优先考虑和招聘美国员工，以填补职位空缺，其工资至少与 H-1B 签证员工的工资相当。如果任何提出工作申请的美国工人具有与 H-1B 签证员工同等或更好的资质，雇主必须把工作机会提供给这个美国工人（Herbst，2009）。这项法案得到了参议员格拉斯雷（共和党，爱荷华州）和桑德斯（Sanders）（无党派独立议员，佛蒙特州）的支持，并以口头表决的方式获得通过，作为巴拉克·奥巴马（Barack Obama）总统提出的经济刺激计划的修正案，这意味着为美国工人提供更多的保护（Herbst，2009）。

基于该模型，我们认为主体的偏好会随着外部因素的变化而改变。由于滥用制度和对该计划的反对意见越来越多，高技能劳工可以在政治层面有力地推动更具限制性的移民政策。他们推行了一些劳工移民的限制性政策，这在 2012 年的指数中是显而易见的。这大体上证实了假设 6。

比较分析及结论

本章从政治经济学的角度解释了在什么情况下可以改变高技能移民政策。主体的偏好可能是移民政策改变的外部因素。这反过来又产生了更大的动力，促使相关主体采取行动，推动预期政策的形成。主体（本地高技能劳工、低技能劳工和资方）之间的联盟也会相应变化。主体的政治代表权成为决定他们是否可以通过政治机制来实施更具限制性或更开放的高技能移民政策的一个重要因素。

案例研究表明，高技能劳工的政治代表对政策的形成有影响。在瑞典，高技能工会与社民党/左翼政党建立了联系，并与低技能工会建立了联盟，因此可以实行更具限制性的政策。高技能劳工也可以通过政党（执政党或反对派，如德国）以及选区/州（如美国）获得代表。如果高技能劳工的政治代表有限，则形成的高技能移民政策就会更加开放。英国为这一假设提供了支持，但近年来情况也有所变化。随着时间的推移，在高技能劳工为实行更具限制性的政策寻求政治支持时，政治代表可能会制度化。

本章也分析了近期的经济危机对移民的影响，并探讨了4个国家在高技能移民政策方面的应对措施。经济危机为政策变革打开了一扇机会之窗，尽管各国采用的方式有所不同。一些国家实施了政策限制，而另一些国家对高技能移民持有开放的态度，甚至进一步放宽了政策。不同的应对政策是由于经济危机对各国的影响不同以及移民流入量的差异，这促使不同的主体动员起来并建立了不同的联盟。主体之间的这种动员是以现有的国家劳工市场和政治制度为条件的。

案例研究表明，各国应对危机的政策各不相同。英国和美国由于动员高技能劳工而实行了限制性政策，而德国和瑞典由于雇主继续大力游说和支持，而出台了更加开放的移民政策。尽管背景条件在移民政策中很重要，但这4个国家可以代表更广泛的国家群体。如果社会经济条件和利益相关者的动员情况与本章中所述案例相似，其他国家也可以在政策上采取类似的应对措施。

最近的经济危机凸显了一些政府所面临的挑战和压力。随着失业率不断上升、国内生产总值不断下降，以及经济和社会状况不断恶化，选民很难支持多个不同的行业引进高技能移民来填补劳动力缺口。本土工人要求政府和雇主给予其更多的保护，这样他们就可以获得比移民更多的优待（Cerna，2016）。

我们可以从最近的政策变化中推断出高技能移民指数的变化。瑞典在2008年12月放宽了劳工移民政策，并趋向于实行更加开放的政策。尽管有一些关于进一步放宽高技能移民政策的讨论和提议，德国仍然保持其现有的政策力度。自2004年以来，美国的政策只做了略微改变，在经济危机之后实施了一些限制性措施。由于高技能劳工和政治代表之间的制度化关系，英国从2008年起对积分制和2011年杰出人才签证采取了更具限制性的政策。最后一章将对本书进行总结，并讨论此次研究更广泛的政策影响。

【参考文献】

[1] AWAD I, 2009. The global economic crisis and migrant workers: Impact and response [R]. Geneva: ILO, International Migration Programme.

[2] BBC. 2009. Migrants face tighter work rules [EB]. BBC, 02-22.

[3] BBC. 2012. Miliband shifts immigration policy, saying Labour "got it wrong" [EB]. BBC, 06-22.

[4] BIRKLAND, T. 1998. Focusing events, mobilisation and agenda-setting [J]. Journal of Public Policy, 18 (1): 53-74.

[5] BMAS and BMI. 2008. Aktionsprogramm der Bundesregierung: Beitrag der Arbeitsmigration zur Sicherung der Fachkräftebasis in Deutschland [R]. Berlin: BMAS and BMI, July 16.

[6] BOSWELL C, HOUGH D, 2008. Politicizing migration: Opportunity or liability for the centre-right in Germany? [J]. Journal of European Public Policy, 15 (3): 331-348.

[7] CARLANDER A, 2009a. Labour migration and circular migration [R]. Prague: [s.n], June 5-6.

[8] CARLANDER A, 2009b. Migration and the economic crisis [R]. Brussels: [s.n], December 10.

[9] CERNA L, 2016. The crisis as an opportunity for change? High-skilled immigration policies across Europe [J]. Journal of Ethnic and Migration Studies, 03-22.

[10] CERNA L, HOLLIFIELD J, HYNES W, 2015. Trade, migration and the crisis of globalisation [M]// PANIZZON M, ZÜRCHER G, FORNALÉ E. Palgrave handbook of the law and policy of international labour migration. Basingstoke: Palgrave, 17-40.

[11] CITRIN J, GREEN D, MUSTE C, 1997. Public opinion toward immigration reform: The role of economic motivations [J]. Journal of Politics, 59: 858-881.

[12] CLAYTON G, 2006. 'Textbook on immigration and asylum law [M]. 2nd ed. Oxford: Oxford University Press.

[13] CONTRACTOR A, 2009. Graduate glut sparks immigration review [N]. The Australian, 02-11.

[14] DURBIN R, GRASSLEY C, 2008. Durbin and Grassley zero in on H-1B visa data [Z]. Letter from Durbin and Grassley offices, April 1.

[15] ESPENSHADE T, HAMPSTEAD K, 1996. Contemporary American attitudes toward US immigration [J]. International Migration Review, 30 (2): 535-570.

[16] ESSES V, DOVIDIO J, JACKSON L, et al., 2001. The immigration dilemma: The role of perceived group competition, ethnic prejudice and national identity [J]. Journal of Social Issues, 57 (3): 389-412.

[17] Federal Ministry of Labour and Social Affairs. 2014. Progress report 2014 on the Federal Government's skilled labour concept [R]. Berlin: BMAS.

[18] GHOSH B, 2011. The global economic crisis and migration: Where do we go from here? [R]. Geneva: International Organisation for Migration.

[19] GOWER M, 2015. Immigration and asylum: Changes made by the Coalition Government 2010-2015 [R]. [S.l]: Library House of Commons, Home Affairs section, Note SH/HA/5829.

[20] GREEN T, WINTERS A, 2010. Economic crisis and migration: Learning from the past and the present [J]. World Economy, 33 (9): 1056-1072.

[21] HATTON T, 2014. The slump and immigration policy in Europe [R]. Berlin: IZA Discussion Paper 7985.

[22] HERBST M, 2009. H-1B visas: 'Buy American' comes to TARP [J]. Businessweek, 02-06.

[23] HIRSCHMAN A, 1970. Exit, voice and loyalty: Responses to decline in firms, organisations, and states [M]. Cambridge: Harvard University Press.

[24] HOME OFFICE, 2009. Borders, citizenship and immigration bill [S]. London: Home Office.

[25] House of Representatives, 2006. Should Congress raise the H-1B cap? [R].

[S.l]: H. R. Hearings 109-195, March 30.

[26] Institute of Mechanical Engineers, 2011. Meeting the challenge: Demand and supply of engineers in the UK [R]. [S.l]: Institute of Mechanical Engineers.

[27] IOM, 2010. Migration and the economic crisis in the European Union: Implications for policy [R]. Brussels: IOM.

[28] JILLSON C, 2002. American Government: Political change and institutional development [M]. 2nd ed. Belmont, CA: Wadsworth/Thomson Learning.

[29] JOHANSSON E, HEED M, 2013. Unions call for changes to labour immigration rules [R]. EurWork, July 30.

[30] KINGDON J, 1995. Agendas, alternatives and public policies [M]. New York: Longman.

[31] KUPTSCH C, 2012. The economic crisis and labour migration policy in European countries [J]. Comparative Population Studies, 37: 15-32.

[32] LAHAV L, 2004. Public opinion toward immigration in the European Union: Does it matter? [J]. Comparative Political Studies, 37 (10): 1151-1183.

[33] MIGRATION INFO, 2007a. Deutschland—Debatte um Zuwanderungsgesetz im Bundestag, Migration und Bevölkerung [Z]. Newsletter, May 4.

[34] MIGRATION INFO, 2007b. Deutschland—Arbeitsmigration in der Diskussion. Migration und Bevölkerung [Z]. Newsletter, September 6.

[35] MIGRATION NEWS, 2009. UC Davis, April 2009 16 (2)[EB/OL]. [2015-07-24]. http://migration.ucdavis.edu/mn/more_entireissue.php?idate=2009_04.

[36] MILNER H, KEOHANE R, 1996. Internationalisation and domestic politics [M]. Cambridge: Cambridge University Press.

[37] MONEY J, 1997. No vacancy: The political geography of immigration control in advanced industrial countries [J]. International Organisation, 51 (4): 685-720.

[38] NANDORF T, 2013. LO vill hejda jobbinvandring [N]. Dagens Nyheter, 05-29.

[39] NIEUWENHUYSEN J, DUNCAN H, NEERUP S, 2012. International migration in uncertain times [M]. Montreal and Kingston: McGill-Queen's University Press.

[40] OECD, 2004. Developing highly skilled workers: Review of Sweden [R]. Paris: OECD.

[41] OECD, 2009. International migration and the financial crisis: Understanding the links and shaping policy responses [R]. Paris: OECD.

[42] OECD, 2011. Recruiting immigrant workers—Sweden [R]. Paris: OECD.

[43] OECD, 2014. International migration outlook (SOPEMI 2014) [R]. Paris: OECD.

[44] PAPADEMETRIOU D, TERRAZAS A, 2009. Immigrants and the current economic crisis: Research evidence, policy challenges and implications [R]. Washington D.C.: Migration Policy Institute.

[45] PERLMUTTER T, 1996. Bringing parties back in: Comments on modes of immigration politics in liberal democratic societies [J]. International Migration Review, 30(113): 375-388.

[46] PLAZA S, 2009. The financial crisis and immigration policy: How some developed countries are coping [EB]. People Move Blog, January 23.

[47] QUIRICO M, 2012. Labour migration governance in contemporary Europe: The case of Sweden [R]. [S.l]: FIERI-Forum Internazionale ed Europeo Di Richereche sull'Immigrazione, Working Papers, April.

[48] ROWLEY T, MOLDOVEANU M, 2003. When will stakeholder groups act? An interest-and identity-based model of stakeholder group mobilisation [J]. Academy of Management Review, 28(2): 204-219.

[49] SCHÜTZ H-P, 2010. Bundesregierung befürchtet Notstand [J]. Stern, 11-17.

[50] SHUGHART W, TOLLISON R, KIMENYI M, 1986. The political economy of immigration restrictions [J]. Yale Journal on Regulation, 51: 79-97.

[51] SMITH J, 2008. Towards consensus? Centre-right parties and immigration policy in the UK and Ireland [J]. Journal of European Public Policy, 15(3): 415-431.

[52] SOMERVILLE W, 2007. Immigration under new labour [M]. Bristol: Policy Press.

[53] SUMMERS D, 2009. Brown stands by British jobs for British workers remark [N]. The Guardian, 01-30.

[54] TEITELBAUM M, 2014. Falling behind?Boom, bust and the global race for scientific talent [M]. Princeton: Princeton University Press.

[55] THE ECONOMIST, 2009. People protectionism [J]. The Economist, 07-01.

[56] UCHITELLE L, 2009. Despite recession, high demand for skilled labour [N]. New York Times, 06-24.

[57] VARGAS-SILVA C, RIENZO C, 2014. Highly skilled migration to the UK 2007-2013: Policy changes, financial crises and a possible "balloon effect"? [R]. Oxford: COMPAS, University of Oxford.

[58] WASEM R E, 2001. Immigration: Legislative issues on non-immigrant professional speciality (H-1B workers)[R]. Washington, D.C.: CRS.

[59] WEISS L, 2003. States in the global economy: Bringing domestic institutions back in [M]. Cambridge: Cambridge University Press.

第 8 章

结论和政策影响

本书的写作动机来自对移民问题政治化的日益关注,以及经合组织(和非经合组织)国家对高技能移民日益增长的需求。高技能移民是移民的一个重要类型,具有自己特定的限制因素和时机因素,也存在自己的问题。

已有一些富有影响力的工业民主政治经济学理论可用于解释高技能移民现象,但本书中提出的理论框架对此提出了挑战。该理论框架对传统的党派主义解释路径提出了质疑,对重要的"资本主义多样性"解释路径进行了改进,对认为各国政策正在趋于共同的(盎格鲁-撒克逊)模式的全球化理论提出反对观点,对认为劳工移民政策会遵循经济增长和失业率周期的观点提出了质疑。本书以劳工市场组织和政治代表的联盟为考察重点,对高技能移民问题做出了更为全面的解释。最后,本章将对一些重要发现做一个总结,并对高技能移民政策的影响和未来发展发表一些看法。

偏好、联盟和政策

高技能移民可以填补重要经济行业的劳动力缺口，缓解人口老龄化问题，增加人力资本存量。据了解，各国政府需要通过吸引高技能移民，来促进经济增长、创新和发展，进而提升参与国际竞争的能力。看起来好像政府应该尽可能地促使高技能移民输入，应该会实施开放的高技能移民政策。然而，通过仔细考察发现这一结论并不正确。各个国家的高技能移民政策条款及其条件存在着显著的跨国差异，但已有的参考文献很少有针对性地对这一结果给出令人满意的解释。分析各国高技能移民政策之间的差异是适时且必要的。

本书的前半部分阐述了高技能移民的问题，提出了解释高技能移民政策差异的理论框架，并构建了实际反映各国政策差异的指数。本书后半部分对5个国家进行了详细的比较，研究了自1990年以来高技能移民政策的发展情况，并追溯了影响高技能移民政策的因果过程。

尽管"精英人才"的竞争在未来几年继续出现在各个国家的政策议程上是预料之中的事，但在很大程度上高技能移民的问题仍未在政治学中得以探讨和研究。第2章提出的理论框架描述了高技能劳工、低技能劳工和资方之间的联盟，并针对高技能移民差异给出了比现有的关于党派和结构性经济因素的文献更加充分的说明。3个主体（高技能劳工、低技能劳工和资方）之间的联盟是由制度（劳工市场组织和政治代表）促成的，这会推动形成更加开放或更具限制性的高技能移民政策。本书对单一的高技能移民政策持有不同的看法，原因是①本地高技能劳工、低技能劳工和资方的偏好不同，且偏好会随着时间的推移而变化；②可能会有6种不同的政治联盟存在；③制度是偏好转化为政策的中间载体。

第3章构建了一项高技能移民指数，以便系统地对政策进行分类和衡量，从而显示高技能移民政策的差异。本章根据20个国家在2007年和2012年有关数据构成的高技能移民指数，分析了各国高技能移民政策和准入机制的开放性，简要说明了对各国政策差异的分类情况。这项指数把立法准入政策考虑在内。在2007年的排名中，瑞典是高技能移民限制性最强的国家，其后依次是奥地利、丹麦、意大利、日本、西班牙和瑞士。爱尔兰、荷兰和英国是在吸引高技能移民方面具有较开放项目的国家，大多数国家在排名中处于中间位置。然而，政策的开放性与政策能否成功吸引移民有时并不相关，因为还有其他因素也发挥相当大的作用。在更新后的2012年高技能移民指数中，对全球经济危机的不同应对措施加剧了各国之间的差异。因此，各国的排名有所变化。例如，瑞典经历了大规模放宽高技能移民政策的时期，奥地利、丹麦和日本也是如此。相比之下，英国和爱尔兰的高技能移民政策却更具限制性。在这5年期间，加拿大也对高技能移民政策进行了限制，这主要是由于经济危机以及危机后对临时劳工移民政策的响应。

法国、德国、瑞典、英国和美国的劳工市场组织和政治代表

在证实各国的高技能移民政策存在差异后，本书的研究重点转移到了解释这些差异的艰巨任务上。第二部分的研究广泛证实了本书第2章中构建的6个假设。① 第4章和第5章侧重于讲述劳工市场组织，并对两个国家进行了比较分析。

第4章讨论了德国和瑞典的情况。尽管两个国家的工会和雇主集权度／

---

① 并非所有的案例研究都遵循这一框架而不出现复杂情况。一些情况下，主体必须在政治经济范围之外建立联盟。全面的移民法例就是如此。在德国，高技能劳工被认为是一个相当小的群体，他们与文化保守派建立了联系，为全面的移民改革制定了更具限制性的移民政策。美国在2006年、2007年和2013年的全面移民改革尝试中也见证了类似的联盟。然而，最终的政策并没有发生变化。在其他年份，甚至资方也不得不与少数游说团体和家庭团聚团体建立联盟，以推动更加开放全面的移民政策，如《1990年移民法》。如果高技能移民政策是涉及合法移民和非法移民，以及低技能和高技能移民的更广泛移民改革的一部分，那么仅仅分析高技能移民联盟可能会很困难。在这些情况下，联盟的论点仍然适用，但主体可能不同。

协调度都相当高，但其工会密度却不尽相同（分别为30%和70%）。瑞典的工会密度之所以非常高，关键在于工会成员涵盖了各个技能水平的成员，包括低技能劳工、技术工人和高技能劳工（如高校毕业生）。因此，两国的联盟是不同的。在德国，低技能劳工和资方建立了联盟，而瑞典多年来一直是高技能劳工与低技能劳工建立联盟。在德国，个别的高技能工会或专业协会在有关移民问题的辩论中并没有发挥显著作用，因为他们在决策层面是由（主要是低技能）联合工会联盟作为代表的。相比之下，瑞典的政策变革受阻多年，当时高技能劳工和低技能劳工已经结成了联盟。2006年，随着政府更迭，联盟发生了转变，形成了一个与资方联系更紧密的中右翼联合政府，最终实现了劳工移民自由化。

第5章介绍了两个在经济上有诸多相似之处，但在高技能移民政策方面却有所不同的国家，即英国和美国。尽管人们普遍认为这些国家（尤其是美国）会实施相当开放的高技能移民政策，但结果却是出乎意料的。在这两个国家，工会/专业协会和雇主协会的作用和影响各不相同，这对联盟和高技能移民政策的形成造成了影响。英国在高技能移民政策的开放程度方面超过了美国。在英国，一直存在着的资方与低技能劳工之间的联盟，使得高技能移民政策开放程度相对略高。尽管新工党逐步将工会纳入协商范围，但英国政府还是更加关注资本方面。当高技能工会和专业协会参与游说时，联盟会发生变化，形成的高技能移民政策也随之发生变化。随着2008年积分制度的实施和2011年杰出人才签证制度的实施，英国的高技能移民政策变得更具限制性。

在20世纪90年代初期的美国，资方对更加开放的高技能移民政策的游说非常成功，并推动立法产生了很大的变化。尤其是在互联网繁荣时期，高科技公司和协会的合作为高科技行业提供了重大机遇，他们联合起来游说增加H-1B签证发放数量。随着资方对更多H-1B签证的需求不断增加，对制度滥用的指控以及对劳动力短缺"真实情况"的质疑越来越多，高技能劳工的代表们开始参与辩论，并在国会组织加强了游说工作。书中的分析表明，随着高技能劳工活动的增加，久而久之主体之间的联盟也会随之发生变化。2006 年、2007 年和 2013 年，高技能工会 / 专业协会成功阻止了政策变化。在 2007 年的高技能移民指数中，美国排在中间位置，而英国的高技能移民政策非常开放。与英国不同的是，美国的高技能群体成了联盟的组成部分，并且其产出的政策限制性更强。在 2012 年的指数中，由于实施的政策发生变化，英国的高技能移民政策变得更具有限制性，并向排名中间位置靠拢。

随后的第 6 章探讨了法国的情况。在法国，政府在移民政策的制定方面仍然具有较大的影响力。尽管政府会征求工会和雇主协会等利益团体的意见，但最终决定权还是掌握在政府手里。工会 / 专业协会会抱怨他们的意见未被采纳。虽然工会更关注对移民劳工和非法移民的歧视问题，但专业协会很少有机会参与其中。与工会相比，雇主协会更有机会与政府联系，但与德国和英国等国家的类似的组织相比，雇主协会在放宽政策方面的发言权更少。相反，他们更多依赖于国内人才，似乎不像其他国家那样担心劳动力短缺问题。

第 7 章主要探讨主体的政治代表。高技能劳工通常被认为是一个较小的群体，而政界人士往往会忽视这一群体。在哪些条件下，高技能劳工可以在更具限制性的高技能移民政策中获得代表权，并与重要主体建立联系呢？高技能劳工的政治动员变得愈发重要。本章探讨了一些政策变化，尤其是为应对经济危机而进行的政策变化，并分析了这种外部冲击如何强化了主体的偏好选择，以及他们如何动员起来游说限制（或放宽）高技能移民政策。

政策影响

本书向决策者阐明了一些重要观点。随着劳动力日益短缺，国际上"精英人才"的争夺战将日益激烈。一些由主体和政治经济制度建立的联盟可能会进一步阻碍各个国家高技能移民政策放宽的进程。这就提出了这些国家在国际竞争力方面是否会落后的问题。另外，当政党逐渐屈服于资本压力时，他们是否会忽视本土高技能劳工的利益？由于劳动力短缺威胁到经济增长和发展，各国政府需要对进一步放宽高技能移民政策的要求做出回应，还必须对本土高技能劳工的限制性政策偏好做出回应。将来高技能移民的人数可能还会增加。这可能会加剧移民迁入国和迁出国政府之间的紧张关系，因为在高技能移民问题上无法实现双赢局面。决策者需要制定政策来优化福利收益，同时将损失降到最小（Nathan，2014）。

如果管理不善，国际移民可能会产生负面后果，例如迁出国丧失宝贵的人力资源和技能，或者仇外心理加剧，这可能导致移民迁入国的种族差别待遇、歧视、剥削甚至虐待问题（IOM，2010b）。这将依赖于国家政府的各个政党来调和这些紧张局势，以及各个国家建立起管理得当的移民制度。这就引发了几个问题：

第一，各国政府应该如何协调资方和劳工之间时有发生的政策偏好冲突？资方通常需要更多的高技能移民，因此会推动移民政策放宽，而本土高技能劳工通常会游说限制高技能移民。在部分国家，一方面雇主表示劳动力短缺，而另一方面失业率又很高。各国政府越来越不依赖雇主关于劳动力短缺的数据——因为这些数据仅仅是企业层面的调查，他们需要较之雇主调查更为精细的分析。

第二，各国政府如何在保持国际竞争力的同时保护本土工人？随着知识经济的重要性日益凸显，吸引并留住高素质工人的竞争也日益激烈（Chaloff and Lemaître，2009）。即使是在本土劳工要求更多保护的经济危机时期，情况也没有发生改变。如果越来越多的高技能劳工组织成专业工会/协会，他们可能会在游说政府方面成为更加具有影响力的主体。一些国家通过谈判成功达成了协议，获得了劳工的支持，并据此对本土劳工提供额外的培训/教育。例如，这些国家用移民签证费用为国内学生和劳工设立了奖助学金。

第三，他们如何在将成本降至最低的同时，最大限度地增加高技能移民的收益？随着高技能移民的不断涌入以及社区压力的增加（如住房、教育和医疗保健），他们又如何限制更多的民粹主义诉求？随着移民人数的增加，移民集中的社区面临更大的压力，这些社区的居民在社会服务和住房方面可能会更强烈地感受到来自移民的竞争。这可能会导致反移民政党获得更多的支持，从而影响高技能移民政策。尽管存在财政和非财政限制，但各国政府仍可通过公开宣传移民的益处和对失利者进行补偿来遏制这种负面影响。包括英国在内的一些国家，政府通过尽量减少移民数量来应对这些压力——但如果双边或多边协议已经生效，这可能是无法实现的。

第四，各个国家还面临着如何在开发国内人才与吸引外国人才之间取得平衡的困境。这与国家的教育和培训体系类型及其移民政策有关。例如，新加坡过去一直把重点放在吸引高技能移民上，但由于最近的政治局势紧张，政府试图减少对外国人才的依赖，转而加大对国内学生教育和劳工培训的投资。许多经合组织国家都先强调对公民的教育/培训，然后当国内储备无法填补劳动力缺口时，它们会逐渐向高技能移民开放劳工市场。这就引发了关于需要实施什么样的政策以及如何才能达到最佳平衡的问题。

第五，经合组织的移民迁入国越发需要与包括新加坡、中国香港和中国台湾在内的非经合组织国家或地区展开竞争。例如，巴西、中国和印度等曾经作为重要的高技能移民迁出国的国家正设法吸引本国公民回国，甚至吸引外国人才。所有主要经济体都很关注发展其知识基础，而高技能劳工是这一战略的一个重要方面。这就产生了额外的人才竞争压力，增加了向高技能移民提供有吸引力的计划或优厚待遇的需求（Papademetriou and Sumption，2013；OECD，2014）。

第六，即使针对高技能群体的政策变得更加开放，移民自由化的主张也未必会转化为预期的政策，从而产生更大的移民流入量（Boeri et al.，2012；Czaika and Parsons，2015）。部分欧洲国家数据参见表8.1。已有的文献表明，移民会根据政策以及预期能够带来最高回报的技能类型来选择迁入国（Greenwood，1985；Borjas et al.，1992）。其他因素也会在选择时发挥作用，包括语言、人际网络、生活质量、家庭问题以及关于受欢迎程度的感受/认知（Chaloff and Lemaître，2009）。

表8.1 国家计划下的高技能移民人数（单位：千人）

迁入国	国家计划下的第一批许可证				
	2008年	2009年	2010年	2011年	2012年
澳大利亚	827	575	668	868	1158
比利时	377	1202	106	119	98
法国	1681	2366	2554	3148	3030
德国	96	119	122	177	210
意大利	无	无	1984	1563	1695
荷兰	6411	4895	5531	5594	5514
葡萄牙	288	307	342	282	313
西班牙	2884	2071	1244	1650	1136
瑞典	无	2810	3476	4406	4751
欧盟25成员国	16157	14980	16999	19604	19988

资料来源：欧盟委员会（2014：11）和欧盟统计局。

造成这种情况的原因是多种多样的。兹勒尔（Ziller，2013）认为，不同于与加拿大或美国，欧洲国家没有提供吸引高技能移民的长期战略。相反，复杂的法规条例、不断变化且往往不连贯的政治信号，导致其越来越不受移民欢迎。向潜在移民提供长期发展前景，并让公众相信劳工移民有利于经济增长和文化多样性，是至关重要的。

另一个原因可能是，虽然大多数移民迁入国要求一定水平的教育、职业和/或薪资，但被接纳的高技能移民并没有、或不能总是从事与其技能水平相符的职业。有证据表明，与从经合组织国家获得的资格证书（Chaloff and Lemaître，2009：39）相比，雇主对从国外获得的资格证书的重视程度偏低。所以对资格/证书的认可往往是一个难题,尤其是在受监管的行业中,对资格要求过高。因此,许多国家试图调整遴选标准,以吸引"精英人才"。例如,要求申请人提供工作录取通知,或鼓励留学生毕业后留下来。此外,一些国家实施了关于承认外籍劳工资格证书的法规条例(如德国的《2012年资格认定法》),而包括澳大利亚和加拿大在内的其他国家要求给申请人签发工作许可证之前须确认其已获得资格认定。

另一个问题是,大多数政策实际上并不是为了"吸引"高技能劳工,而是为了减少高技能移民政策实施的障碍(Chaloff and Lemaître, 2009)。因此,吸引潜在移民的积极移民政策手段通常包括组织招聘会(如澳大利亚和英国举办的招聘会)、与迁出国签订双边协议、建立多语言就业服务网站,以及入境期间和入境后协助办理行政手续等方式(Chaloff and Lemaître, 2009)。如果所在国家的语言不是广泛通用的,那么这个国家应该投资为移民开设语言课程,以减少招聘障碍(Chaloff and Lemaître, 2009)。

最后,高技能移民还提出了一个规范性问题,即因为越来越多的高技能劳工外流,可能会加剧人才外流,并对迁出国造成巨大的损失,在这种情况下,移民迁入国是否应该继续争夺来自迁出国的高技能移民?(Boeri et al., 2012; Kapur and McHale, 2005; UN, 2013)

在欠发达地区,高技能劳工的移民给迁出国政府带来了特殊的挑战。除了投资于教育的公共资源损失外,高技能劳工的移民还会损害迁出国的生产能力,进而导致医疗保健、教育和IT等受影响行业出现劳动力短缺问题(Ratha et al., 2011)。不过,还是有许多高技能劳工因为在自己的国家缺乏机会而移民(Drechsler, 2008)。

人才外流在医疗保健行业尤其是一个问题,因为从发展中国家招聘卫生专业人员可能会影响医疗行业的发展成果。因此,包括英国和法国在内的一些国家以及国际组织(如世界卫生组织)提倡招聘的道德规范,尽管这些规范通常因其不具有约束力而可以被规避。这种道德方面的问题是政策制定中的重要组成部分,并且随着发展中国家高技能劳工移民人数的增加和对人才外流的担忧加剧，这种道德规范问题在未来可能会发挥更大的作用。此外，一些移民回流计划的力度也在加大，从而鼓励人才回流。

前行之路

政治经济学是研究移民问题的一种卓有成效的方法，因为它使我们能够通过关注制度主体来分析经济和政治领域之间的相互作用。本书提到了其他一些重要问题。例如，高技能移民对国内劳工和国家经济有什么影响？高技能移民政策在吸引高技能移民方面取得了哪些成就？除了分析形成的政策，还必须进一步评估在高技能移民流动方面的政策效果，这丰富了有关这一议题的文献内容。最后的问题是在高技能移民政策中，政党和党派都扮演了什么角色。

关于建立联盟的观点，也适用于涉及不同主体的区域层面。以欧盟蓝卡制度为例，已有观点提出要在有关成员国之间建立联盟（Cerna, 2014）。经过多年的讨论，欧洲理事会于2009年5月25日通过了一项关于蓝卡制度的指令（Council, 2009）。最终协议在条件、薪资水平和准入机制方面做出了诸多让步，因此与最初的政策建议有所不同。在全球层面，强大的国际制度可以在推动产出某些成果方面发挥重要作用。以高技能移民为例可以说明，缺乏全球治理导致了政策主体迄今未能取得成功的结果。同样，建立联盟的观点也适用于全球层面。[①]

通过将政治经济学、移民和公共政策方面的文献联系起来，本书为重要的学术和政策讨论做出了贡献。书中强调了高技能移民给各国带来的一些机遇和挑战。由于未来高技能移民在政策领域的相关性可能会越来越大，

---

① 关于全球治理分析的更多详细内容，请查阅笔者的论著（Betts and Cerna, 2011）。另见 Lavenex（2006）。

本书为更好地理解这一重要议题奠定了基础。

【参考文献】

［1］CERNA L, 2011. Global governance of high-skilled labour migration ［M］. Oxford: Oxford University Press.

［2］BOERI T, 2012. Brain gain and brain drain: The global competition to attract high-skilled migrants ［M］. Oxford: Oxford University Press.

［3］BORJAS G J, BRONARS S G, TREJO S J, 1992. Self-selection and internal migration in the United States ［J］. Journal of Urban Economics, 32（2）: 159-185.

［4］CERNA L, 2014. The EU Blue Card: Preferences, policies and negotiations between member states ［J］. Migration Studies, 2（1）: 73-96.

［5］CHALOFF J, LEMAÎTRE G, 2009. Managing highly-skilled labour migration: A comparative analysis of migration policies and challenges in OECD countries ［R］. Paris: OECD Social, Employment and Migration Working Paper 79.

［6］COUNCIL, 2009. Council Directive 2009/50/EC of 25 May 2009 on the conditions of entry and residence of third-country nationals for the purposes of highly qualified employment ［R］. Brussels: Council of Ministers.

［7］CZAIKA M, PARSONS C, 2015. Fishing for talent: Do migration policies really matter? ［R］. Oxford: IMI working paper 110, University of Oxford.

［8］DRECHSLER D, 2008. International labour mobility opportunity or risk for developing countries? ［R］. Paris: OECD. Policy insights 69.

［9］GREENWOOD M J, 1985. Human migration: Theory, models, and empirical studies ［J］. Journal of Regional Science, 25（4）: 521-544.

［10］IOM, 2010b. World migration report 2010—The future of migration: Building capacity for change ［R］. Geneva: IOM.

［11］KAPUR D, MCHALE J, 2005. Give us your best and brightest: The global hunt for talent and its impact on the developing world ［M］. Washington, D.C.: Center for Global Development.

[12] LAVENEX S, 2006. The competition state. In The human face of global mobility: International highly skilled migration in Europe, North America and the Asia-Pacific [M]. New Brunswick: Transaction Publishers.

[13] NATHAN M, 2014. The wider economic impacts of high-skilled migrants: A survey of the literature for receiving countries [J]. IZA Journal of Migration, 3(4): 1-20.

[14] OECD, 2014. International migration outlook (SOPEMI 2014)[M]. Paris: OECD.

[15] PAPADEMETRIOU D, SUMPTION M, 2013. Attracting and selecting from the global talent pool: Policy challenges [M]. German: Bertelsmann Foundation.

[16] RATHA D, MOHAPATRA S, SCHEJA E, 2011. Impact of migration on economic and social development: A review of evidence and emerging issues[J]. Policy Research.

[17] UN. 2013. International migration policies: Government views and priorities [M]. New York: United Nations.

[18] ZILLER D, 2013. How Europe could tackle its growing skills shortage. Europe's World, 6.

附录 A

类别说明

分值	人数上限	劳工市场测试	劳工保护
3分	准入人数是固定的（签证限额），允许有小范围浮动	强大的劳工市场测试（缺少本土劳工），认证程序	对工资设定和其他保障的严格要求（解雇条款、较高的最低工资水平、健康/安全条款等）
2分	准入人数固定，但可酌情调整	雇主需要坚持诚信或政府奖励技能积分（积分制），认证程序	对工资设定和其他保障的要求较少（条件数量少于上述类别）
1分	准入人数固定，但定期调整，或公布计划人数	通过预先确定的紧缺职业（或等级系统/同等职业）筛选申请人，无须公开宣传	对工资设定和其他保障的最低要求（无最低薪酬）
0分	无人数上限	无劳工市场测试	除现行劳动法外，没有针对移民的法律保护
分值	雇主的可变更性	配偶的工作权利	永久居留权
3分	工作授权与雇主、职业/行业和工作地点相关	配偶不允许陪伴劳工或工作	禁止从暂时居留身份转变为永久居留身份
2分	工作授权在一定时间内与雇主有关，但劳工必须申请新的工作许可证方可更改	配偶可以申请独立工作权	不存在预期的自动转变（需要转变计划）或申请永久身份的可能性（超过5年）
1分	工作授权在给定职业/行业或地区的雇主之间是可变更的	在配偶必须申请独立工作权的情况下，配偶在一定时期或简单程序（无须劳工市场测试）后享有无限工作权	几年后（3~5年），相对可能会获得永久居留权
0分	雇主的可变更性不受限制（在任何地方均可就业）	配偶从一开始就享有无限工作权	入籍公民的其他身份转变（或在很短时间内获得永久居留身份，少于3年）

资料来源：塞尔纳，2014b；补充数据。

附录 B

国别说明

一些国家实行了两种计划，需要分别进行分析。而其他国家推出了新的计划，并停止了一些计划。该指数分析了最重要的计划。

澳大利亚

（a）经济流（劳动协议）；

（b）商务工作签证。

澳大利亚提出了一项劳动协议计划、一项医护人员计划和一项商务签证。本书只考虑劳工协议的情况，因为这涉及不同的行业，且吸引了大量的移民。这两项临时计划有一个细微的差别（仅在一个方面），导致它们在指数中有所不同。然而，两者的差别太小，也可以合并成一项计划。

加拿大

（a）临时外籍劳工（TFW）；

(b）软件专业人员试点项目和加拿大软件专业人员临时工作许可证（1997—2010年）。

本书遵循罗威尔（2005）的程序，在指数中仅涵盖了临时外籍劳工计划。在临时外籍劳工计划中，通过了一项程序，简化和加快了向IT专家发放签证的过程。在"软件专业人员试点项目"中，对某些职业给予自动劳工市场测试批准，而无须获得加拿大人力资源发展部（Human Resources Department of Canada，HRDC）对特定就业机会的批准。尽管如此，这并非一项单独的计划。唯一的区别在于，紧缺职业清单是定期修订的，不需要特定的工作证明（在进行"严格的劳工市场测试"的情况下）。因此，分配的数值可以是1，而不是2。

德 国

（a）IT绿卡（2000—2005年）；

（b）工作许可证。

2005年新的移民法例生效时，德国的移民计划发生了变化。德国一直在实行通用工作许可证制度。对高技能移民的关注体现在IT绿卡上，但这在2005年新的移民法例生效时发生改变。因此，多年来，高技能移民计划的评分一直在变化。

爱尔兰

（a）工作许可证；

（b）绿卡（2007年至今），原"工作授权"计划。

新西兰

（a）技术移民工作许可证；
（b）优先职业清单。

葡萄牙[①]

随着 2007 年 7 月法例的通过，葡萄牙的高技能移民政策发生了变化。2007 年 7 月 4 日通过的第 23/2007 号法律恢复了不设签证限额或人数限制的规定。高技能移民必须遵守理事会关于获得专业执照的规则（例如，医师等自我监管型职业）；在其他情况下，必须听从雇主的要求。

如果移民有工会、移民问题咨询委员会、劳动局组织的协会批准的劳动合同（IDICT），则也可以获得居留证。临时许可证与职业范围内的雇主无关。许可证有效期为 1 年，最多可延期 2 年。永久居留许可证必须每 5 年更新一次。

在第 6/2004 号法案通过后，以家庭团聚身份迁入葡萄牙的移民只要遵守某些程序，就有权获得雇主提供的工作机会。他们必须在至少 6 个月前合法迁入葡萄牙，并以增加家庭收入为由证明其就业权利。此外，移民必须申请特别许可证，只有在其已经与雇主签署初步协议的情况下，才能获得特别许可证。关键的问题是，家庭的主要经济支柱无法独自支撑整个家庭。新的移民法最终取代了《欧洲家庭团聚指令》(2003/86/EC)，向主要移民的家人提供了居留许可证，从而赋予前者工作的权利。这项法律为那

[①] 在此感谢乔安娜·利贝罗（Joana Ribeiro）提供的这些信息。Ribeiro J, 2008. Gendering migration flows: physicians and nurses in Portugal [J]. Equal Opportunities International, 27 (1): 77-87.

些已经被认可在研究中心或大学部门工作的非欧盟国民提供了为科学研究目的或接受更高水平教育培训而获得居留许可的可能性。

英　国

（a）工作许可证；在新的积分制下，属于第二级；

（b）高技能移民计划（HSMP）(2002—2008年）；在新的积分制下，属于第一级；

（c）杰出人才签证（2011年至今）；一级一般移民途径取消后。

美　国

美国实施了两项高技能移民计划：H-1B签证和L-1签证。两者都侧重于高技能劳工，但L-1签证不设上限。尽管如此，本书只考虑了H-1B签证，因为较通过L-1签证的移民流入量（2006年约为32万人），通过H-1B签证的移民流入量更大（2006年约为43.2万人）(DHS, 2007：2）。此外，与H-1B签证相比，L-1签证更少引起争议，而且L-1签证主要涉及经理和高管人员（公司内部调动人员）。

附录 C

1990—2015 年的政策变化

法 国

- 1998 年：Chevènement 法案。
- 1998 年：DPM/DM2-3/98/429 号通知函。
- 2002 年：DPM/DMI 发布的行政通知函。
- 2004 年：DPM/DMI 发布的通知函。
- 2006 年：萨科齐法案。
- 2007 年：奥尔特弗法案。
- 2007 年：关于成立国家人才委员会的法令。
- 2014 年：人才护照。

德 国

- 1990 年：《工作居留条例》。
- 1998 年：改革条例。

- 2000年：绿卡。
- 2002年：《移民法》（未通过）。
- 2003年：《移民法》（未通过）。
- 2004年：新《移民法》。
- 2009年：《劳工移民控制法案》。
- 2012年：《居留法》。

瑞 典

- 2001年：紧张局势和政策自由化工作。
- 2003年：成立改革委员会。
- 2006年：发布委员会报告。
- 2007年：新移民提案。
- 2008年：新《移民法》。

英 国

- 1991年：引入两级制度。
- 2000年：工作许可证制度改革（紧缺职业清单）。
- 2002年：实施高技能移民计划。
- 2002年：工作许可证制度改革（紧缺职业清单变更）。
- 2006年：积分制（PBS）。
- 2006年：针对高技能移民计划的新积分制度。
- 2008年：逐步实施积分制。
- 2010年：新的政策变化。
- 2011年：杰出人才签证。

美　国

- 1990年:《移民法》(6.5万/年)。
- 1998年:《美国竞争力和劳动力改善法》(11.5万/年)。
- 2000年:《美国二十一世纪竞争法》(19.5万/年+各大高校)。
- 2004年:《H-1B签证改革法案》(6.5万/年+2万)。
- 2006年:《综合移民改革法》(未通过)。
- 2007年:《综合移民改革法》(未通过)。
- 2013年:《边境安全、经济机会和移民现代化法案》(未通过)。
- 2014年:《提供人才移民以及提升工科签证法案》(技能签证法案)(未通过)。
- 2015年:《移民创新方案》(拟议)。

附录 D

访谈清单

组织机构	访谈对象	地点	访谈日期	电话访谈
法国				
布里斯·奥尔特弗内阁	前任主任	巴黎/圣丹尼	2010年2月15日	
法国民主工会	官员	巴黎	2010年3月11日	
法国民主工会管理人员联合会	官员	巴黎	2010年3月12日	
国立移民历史城（2010年非洲）	前总统	巴黎	2010年3月29日	
国家技能与人才委员会	ECS成员和代表	巴黎	2010年1月28日	
国家技能与人才委员会	前总统	巴黎/伊西莱穆利欧	2010年4月15日	
法国工人力量总会管理人员联合会	官员	巴黎	2010年2月12日	
法国国家人口研究所	移民学者	巴黎	2010年3月8日	
法国投资部	官员	巴黎	2010年4月12日	
《世界报》	新闻工作者	巴黎	2010年2月9日	X
移民事务部	官员	巴黎	2010年2月9日	
移民事务部	前任官员	巴黎	2010年2月16日	
受理IT工人事务的专业协会	官员	巴黎	2010年3月26日	X

271

续表

组织机构	访谈对象	地点	访谈日期	电话访谈
德国					
德国雇主协会联合会	官员	柏林	2008年6月27日	
内政部	官员	柏林	2008年6月24日	
德国基督教民主联盟	成员	柏林	2008年6月17日	X
德国工会联合会	官员	柏林	2008年6月25日	
自由民主党	成员	柏林	2008年6月16日	X
自由民主党	成员	柏林	2008年6月27日	
德国五金工会	官员	法兰克福	2008年7月1日	
德国雇主协会联合会	德国雇主协会联合会前官员，前苏斯穆特委员会成员	柏林	2008年6月23日	
德国联邦教育与研究部	官员	波恩	2008年7月4日	
德国社民党	前内政部长奥托·席利（1998—2005年）	柏林	2008年6月24日	
康斯坦茨大学	移民学者，前苏斯穆特委员会成员	康斯坦茨	2008年4月9日	
瑞典					
瑞典工会联合会	官员	斯德哥尔摩	2008年6月9日	X
瑞典移民局	官员	北雪平	2008年5月27日	
司法部	前移民部长图比亚斯·比尔斯特罗姆（2006—2014年）	斯德哥尔摩	2008年5月23日	
司法部	官员	斯德哥尔摩	2008年5月23日	
公共就业服务组织，前瑞典国家劳动力市场委员会	官员	斯德哥尔摩	2008年5月29日	
瑞典职业协会联盟	官员	斯德哥尔摩	2008年5月22日	
瑞典企业联合会	官员	斯德哥尔摩	2008年7月2日	X
瑞典社民党	前移民部长扬·欧·卡尔松（Jan O. Karlsson）（2002—2003年）	斯德哥尔摩	2008年5月29日	
瑞典社民党	成员	斯德哥尔摩	2008年5月22日	
瑞典工程联盟	官员	斯德哥尔摩	2008年5月29日	
瑞典专业雇员联合会	前任官员	斯德哥尔摩	2008年5月22日	

附录 D　访谈清单

续表

组织机构	访谈对象	地点	访谈日期	电话访谈
英国					
艾米克斯联合	官员	伦敦	2008年3月18日	
英国工业联合会	官员	伦敦	2008年4月17日	
英国内政部	官员	伦敦	2008年4月17日	
英国土木工程师学会	官员	伦敦	2008年3月11日	
英国移民律师公会	官员	伦敦	2008年3月11日	
议会	前内政大臣大卫·布兰克特（2001—2004年）	伦敦	2008年7月9日	
议会	前庇护移民事务部长达米安·格林（Damian Green）（2005—2008年）	伦敦	2008年7月9日	
议会	前移民部长芭芭拉·卢奇（1999—2001年）	伦敦	2008年2月27日	X
职业合同工集团	官员	伦敦	2008年4月17日	
工会代表大会	官员	伦敦	2008年3月18日	
伦敦大学学院	移民学者	伦敦	2008年3月11日	
英国公共服务业总工会	官员	伦敦	2008年3月10日	
美国					
美国国际人才理事会	官员	华盛顿特区	2007年10月24日	
美国劳工联合会–产业工会联合会	官员	华盛顿特区	2007年10月22日	
美国移民律师协会	官员	华盛顿特区	2007年10月24日	
商业圆桌会议	官员	华盛顿特区	2008年9月5日	
美国竞争力联盟	官员	华盛顿特区	2007年10月25日	
国会	职员代表史密斯	华盛顿特区	2008年9月12日	
美国通信工人工会	官员	华盛顿特区	2007年10月26日	
劳联–产联专业人员部	官员	华盛顿特区	2008年9月2日	
美国电气电子工程师学会	官员	华盛顿特区	2008年9月5日	

273

续表

组织机构	访谈对象	地点	访谈日期	电话访谈
美国					
美国信息技术协会	官员	华盛顿特区	2008年9月3日	
微软公司	官员	华盛顿特区	2007年10月26日	
美国国际教育工作者协会	官员	华盛顿特区	2007年10月25日	
美国专业工程师学会	官员	华盛顿特区	2008年9月3日	
美国商会	官员	华盛顿特区	2007年10月24日	

2007—2010年，我还对所有5个国家的工会、雇主协会和决策者的代表进行了访谈。另外，还与国家移民专家进行了几次背景访谈。这些都不直接引用或参考。